HISTORIA MINIMA
DEL PERÚ

秘鲁简史

[秘鲁]卡洛斯·康特雷拉斯
[西班牙]玛丽阿娜·苏洛阿卡——著
缪斯——译

CARLOS CONTRERAS
MARINA ZULOAGA

http://press.hust.edu.cn
中国·武汉

湖北省版权局著作权合同登记 图字：17-2018-357 号

Original title: Historia mínima del Perú
© El Colegio de México, A.C. 2014
All rights reserved
The simplified Chinese translation rights arranged through Rightol Media（本书中文简体版权经由锐拓传媒取得 Email:copyright@rightol.com）

图书在版编目（CIP）数据

秘鲁简史 /（秘）卡洛斯·康特雷拉斯，（西）玛丽阿娜·苏洛阿卡著；缪斯译. ——武汉：华中科技大学出版社，2024.9
（拉丁美洲历史文化译丛）
ISBN 978-7-5772-0344-7

Ⅰ.①秘… Ⅱ.①卡… ②玛… ③缪… Ⅲ.①秘鲁－概况 Ⅳ.① K977.8

中国国家版本馆 CIP 数据核字(2024) 第 034481 号
审图号：国审字（2024）第 02123 号

秘鲁简史 Bilu Jianshi	[秘鲁] 卡洛斯·康特雷拉斯　[西班牙] 玛丽阿娜·苏洛阿卡　著 缪斯　译	

策划编辑：亢博剑　刘晚成
责任编辑：林凤瑶
责任校对：李　弋
责任监印：朱　玢
装帧设计：

出版发行：华中科技大学出版社（中国·武汉）　　电　话：（027）81321913
　　　　　武汉市东湖新技术开发区华工科技园　　邮　编：430223
印　　刷：湖北新华印务有限公司
开　　本：880mm × 1230mm 1/32
印　　张：11.75
字　　数：220 千字
版　　次：2024 年 9 月第 1 版第 1 次印刷
定　　价：49.80 元

本书若有印装质量问题，请向出版社营销中心调换
全国免费服务热线：400-6679-118 竭诚为您服务
版权所有　侵权必究

前言

一般来说，秘鲁历史被划分为三个阶段：以第一批人类的涉足为开端到1532年，以印加帝国的毁灭为终点，西班牙殖民者入侵之前的时期；1532年到1821年间的殖民地时期或者称西班牙殖民时期；自1821年起，直至今日的共和国时期或者独立时期。尽管关于历史阶段的界定众说纷纭，比如巴布罗·马赛拉（Pablo Macera）就曾对几十年前流行的观点进行了整理，并提出秘鲁历史仅被分为两个阶段，即以1532年为分界点，前者为"自治"阶段，后者为"独立"阶段，但是最为大众接受的还是前面提到的第一种划分方式。

三个历史阶段的划分法，也是秘鲁现行政治组织性质的分类轴。从初始阶段到欧洲人入侵的前夕，在印第安人权贵的统领下，形成了秘鲁的帝国政治。即由一位至高无上的君主统领的中央集权政府。再后来，最终形成了民选政府。它是独立的，却与其他国家和组织发生着种种难以剥离的贸易和政治联系。本书将要介绍的秘鲁历史，遂按此方法划分。其缘由有二，一是从实际角度出发（这样的历史划分方式，在表述其他国家历史时也同样适用，并符合读者们的习惯）；二是因为我们相信，一个国家的政治组织对该国社会其他方面的发展发挥着巨大的、决定性的影响。不管怎么样，在讨论历史阶段划分的范畴之外，在进入秘鲁历史介绍的开篇之际，还有两个方面我们打算重点提及，因为它们在整个秘鲁历史进程里具有关键且持久的影响。

  第一个方面，秘鲁的地理位置和领土轮廓。我们所谈及的这片土地与欧洲大陆相距甚远。从15世纪到20世纪初，各大变革皆由欧洲大陆发起，欧洲的经济和政治可谓执天下之牛耳。但那些坐落在太平洋沿岸，没有大西洋出海口的国家们，却被讽刺为处在了美洲大陆的"错误一边"。距离上的遥远，减缓了这些国家接收欧洲改革的速度。不管是从欧洲的还是从世界上的其他地方，安第斯山地区从来没有接收过大量的移民。这片土地与世界的贸易联系也相对松散，而传播至此的欧洲政治思想和社会思潮，也影响甚微，就如同远方传来的微弱回音。西班牙王朝在利马设立了首府①,从某种程度上来说,这对该区域在地理位置上的"偏远"起到了补偿作用。不过自18世纪中叶起,地缘因素再次恢复了在政治上的主导作用。然而,在19世纪后半期,太平洋沿岸盆地在经贸领域再次展现出活力,并以与日俱增的速度弥补了它在地理上孤立的弱势。

抛开世界地理位置的因素,秘鲁境内错综复杂的地貌环境也是影响其历史进程的重要因素。就如我们所知,贯穿整个南美洲的安第斯山脉,雄壮巍峨,如一根脊柱,由南至北穿过秘鲁整片国土,把秘鲁分成了三个板块:紧邻太平洋的沿海地区、跨越安第斯山且大面积多山的山脉地区,还有亚马孙热带雨林地区。人类在选择居住地的时候,沿海地区温暖适宜的气候极具吸引力,毗邻海洋使当地居民与外界的沟通交往更加便捷,海生动物丰富了人们的食物来源。不过,稀少的降雨量导致这里耕地匮乏、淡水资源短缺。因此,沿海地区的人们常傍河而居。河水一路沿山脉流淌而下,在一年中可为居民提供至少数月的水源。

地处内陆的山脉地区,多山的地貌是阻碍它与外界沟通的屏障,它的地理位置是孤立的。起伏波折的地表堪比一张满是褶皱的纸面,曾在殖民时代初期被一位欧洲的历史学家描述为"层峦

---

① 1542年西班牙设立秘鲁总督辖区,首府利马,管辖整个南美。

叠嶂之地"。干旱低温的气候，满足了长时间存储脱水食物的条件。相对丰富的动物资源，提供了保暖所需的皮毛原料。在当地形成的这种理想的自给自足经济下，当地居民鲜与外界往来，贸易伙伴也比较少。但西班牙人却意识到了山脉地区孕育着丰富的矿产资源，如此，在殖民阶段和独立阶段，山脉地区摇身一变成了矿业中心。而在该区域致力于农业、牧业生产的居民之间也时常爆发冲突，特别是在对水资源的争夺上。最后，热带雨林地区是一片多林湿润的平原。远离大海的地理位置不利于开展贸易。在这里，农业也仅以低密度的规模零星地发展着。

  由于区域间不均衡的发展，在漫长的历史岁月中，三块平行区域之间的沟通与交流就尽显曲折与困难。在前西班牙时期和西班牙殖民时期，得益于三块区域间自然资源的互补利用，加之人与人之间的迁移和货物的流动，那些与之互为协调的社会体系与组织机构应运而生。但是随着经济的发展，人们产生了对更为高效的交通方式的迫切需求。不管就政府还是就贸易本身而言，从一个区域迁移至另一个区域，或者仅仅是在一个区域内的迁移，交通成本都是极高的。这样的局面就导致了，当贸易出现的时候（贸易于前西班牙时期就已出现，贸易的大量涌现则是在西班牙殖民时期），内陆地区对沿海地区的依赖性也随之产生；一些雨林地区直到19世纪末期才被纳入秘鲁国土；而在山脉地区，有很多地方在更晚的时候，才进入贸易圈。19世纪后半叶的铁路运输、20世纪的公路与航空运输为占有和征服这片与世隔绝的土地提供了条件，但仅仅是一部分地区被征服，因为要让运载工具攀爬在海拔4000或5000米的高地上的代价是极为高昂的。

秘鲁历史进程的另一个关键是它复杂的社会形态。秘鲁同墨西哥等一些中美洲国家，以及其他一些安第斯山脉地区的国家一样，在被西班牙征服之时，属于人口最密集的国家。虽然16世纪的人口危机使当地人口骤减到100万人以下，但直至今日它的人口规模都算是庞大的。在西班牙殖民时期，西班牙人占当地总人口的比例，从未超过1/8，在19世纪，秘鲁人口中有了非洲人，在20世纪，又加入了少量的亚洲人。尽管这些迁入的移民数量很少，但就像我们在开篇之际谈到的那样，他们已经足以构建出一个人口等级结构，并构建一个与之相应的文化等级结构，其中位居最高层的是欧裔白人群体，位居最底层的是土著群体和之后到达的奴隶群体。

这样的等级制度，非常明显地体现在秘鲁不同的历史阶段，使得秘鲁在政治、社会联盟上非常复杂。虽然这样的复杂性随着生物上的混血和文化上的交融已不断衰减，但是在近些年，不管是在秘鲁的政治领域还是在社会领域，它的重要性从未被忽略。然而，短处也可变为长处。生态与文化的多样化，在21世纪变成了难能可贵的物质财富：多人种、农业、畜牧业和渔业的多样性，广阔领土上的地理与气候差异，以及它深刻的历史维度，早已鲜明地体现在了秘鲁文化、美食和旅游等方面，并塑造了秘鲁在面对未来挑战时的根本价值观。

玛丽阿娜·苏洛阿卡撰写了有关前西班牙时期和西班牙殖民时期的章节，卡洛斯·康特雷拉斯撰写了共和时期的章节。在这两部分的创作中，我们也相互讨论。我们相识于墨西哥，我们觉得这个国家几乎就像是我们的第二祖国，这里很美好，有很多可爱的朋友，所以我们很高兴这本书在这儿出版。

利马，2013年8月

秘鲁地图

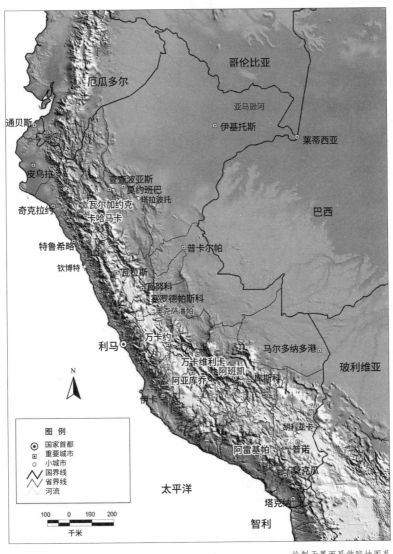

绘制于墨西哥学院地图系
书中插图系原文插附地图

目录

1 从第一批居民到金字塔的建立 001
引言 001
远古初期：石器的使用
（公元前9000年—公元前6500年） 005
远古中期：植物与动物的驯化
（公元前6500年—公元前3000年） 009
远古末期：金字塔社会
（公元前3000年—公元前1500年） 012

**2 大形成期（公元前1500年—
公元前200年）** 021

3 安第斯帝国 029
地区的发展（公元前200年—公元500年） 030
瓦里帝国（公元500年—公元900年） 035
领主与联盟（公元900年—公元1400年） 039

4	**印加帝国**	**049**
	发源与发展	049
	政治与管理体系：印加的省份	054
	印加的社会组织	061
	农民	066
	印加（1532年）	068
5	**西班牙人的侵略**	**071**
	远征军	071
	印加帝国的战败与毁灭	075
6	**殖民体系的建立（1532年—1550年）**	**081**
	委托监护主（encomendor）和土著酋长（curaca）	081
	动荡的与乌托邦的时代	086
7	**过渡时期（1550年—1570年）**	**093**
	社会的分裂	101
	1560年代的危机	107
8	**殖民体系的重塑 新殖民道路：托莱多改革（1570年—1580年）**	**111**
	印加人的断头台	117
	政治-行政改革	118

9　印第安人的减少和矿产业的扩张（1580年—1620年）   121
  治理，即城市化   121
  土地的管理   124
  印第安贵族   126
  米塔制度的实行   128
  采矿业的兴盛   129

10　殖民地中的两个社群   135
  "印第安社群"的构建   135
  黑人与穆拉托人   139
  体制的弱点   140
  其他欧洲势力的围困   141
  权力的平衡   144
  教会与偶像崇拜   146

11　一个自治的殖民地（1620年—1700年）   151
  西班牙帝国的衰落   151
  日薄西山的殖民地当局   153
  秘鲁克里奥尔人和自给自足   155
  印第安社会的重建   160
  印第安民族主义   167

12 波旁王朝在安第斯地区的改革措施 — 171
受攻击的波旁王朝：新的国防与行政政策 — 174
启蒙运动、科学与经济 — 180
贸易改革与生产激励 — 183
波旁王朝、克里奥尔人和宗教 — 187
波旁改革与印第安人 — 189

13 独立危机（1808年—1826年） — 195
社会结构与政治决策 — 197
山中无老虎，猴子称大王 — 200
源自海洋的独立 — 203

14 其他可能性的探索（1826年—1845年） — 211
自由的困难 — 212
温和的税收 — 216
考迪罗政策 — 220

15 鸟粪共和国（1845年—1872年） — 223
想在秘鲁崭露头角？那就去当代理人吧 — 224
来自自由主义的批评 — 226
国家的成长 — 231
自由民族和印第安人 — 234

16 税收危机和硝石战争的溃败（1872年—1883年） 239
文官主义党 240
硝石战争 244

17 战后的萧条（1883年—1895年） 251
关于秘鲁改革的辩论 252
经济复兴 256
社会的再生 257
1895年的革命 260

18 寡头政治（1895年—1919年） 263
起义的终结 265
公司的发展 267
新工人 268
城市与文化的成长 271

19 反寡头政治的挑战（1919年—1948年） 277
对政治寡头的批评 277
寡头军事与新政治思想 282
现代印第安主义 292

20　寡头的恢复及危机（1948年—1968年）　299
国家建设　300
农业危机　301
渔业的繁荣　303
流行文化　305
寡头危机　307

21　军事改良主义（1968年—1980年）　313
统一的民族主义　313
一位革命将军　316
经济危机　322

22　光辉道路的挑战和发展主义的继承（1980年—1990年）　325
发展主义的经济失败　326
激进左翼的挑战　330
反光辉道路战争　335
有头脑的新右派　337

23 新自由主义与出口繁荣（1990年—2012年）   341

新政策的介绍   342
藤森主义   346
名流的回归   348
社会对自由主义的拒绝   350

-1-
从第一批居民到金字塔的建立

引言

居住在安第斯山脉地区的人们建造了世界文明的一个中心。一万多年前,第一批人类自定居安第斯山区起,历经数千年,通过不断适应多元的生态环境,得益于文化的发展和交流的畅通,独特的技术、经济、社会、政治资源以缓慢的节奏逐渐呈现,由此构建出我们所认知的安第斯文明。

若将它与其他古老文明对比,安第斯文明的独特性,使得它不被经典的演化观念所解释,因为经典的演化观念常把人类历史束缚在一种复制西方文明的一成不变且完全相同的模式之中。一方面,安第斯文明中缺少一些构建文明的所谓的"必备品",比如说：文字、货币交换、对轮子与铁的运用。另一方面，它的进展过程也迥异于西方文明。比如，渔业生产力的提升对安第斯文明的提前起飞起到了至关重要的作用。纪念建筑物预示了陶瓷和城镇化的发展非常依赖于国家，但后者并不依赖前者。关于其文明的鲜明特点的分析，加剧了普遍主义下的发展模式的坍塌，且该模式的影响力也因新科学范式的出现和考古调查的深入而逐渐被削弱。

最早呈现于世人面前的安第斯文明，始于西班牙历史学家的描述。而令历史学家们为之惊叹的库斯科文明，集中体现了印加文明的优越性，同时也传播和展现了那些曾被它征服的其他安第斯部落的文明。这样的解释生根于西方世界的想象，以至于几个世纪以来，安第斯文明的前几个阶段被认为是通过知识与经验的积累和准备，汇聚在了"伟大的印加文明"之中。

一些16世纪的历史学家对文化遗迹极其敏感，比如佩德罗·瑟撒·德·雷昂（Pedro Cieza de León），已窥探到了曾经某个发达的社会的存在，并且感受到了其文明的深度。不过与他同时代的盗贼们——墓穴的破坏者们——也体会到了前印加社会的财富和艺术。再后来是18世纪、19世纪和20世纪初的探险队和科学家，他们把印加文明的杰出贡献与独特性，传播与分享到欧洲和世界的其他地区。在他们当中，有欧裔利马人尤西比奥·雅诺·萨帕塔（Eusebio Llano Zapata）、欧洲人亚历杭德罗·洪堡（Alejandro de Humboldt）、查尔斯·维纳（Charles Wiener）、安东尼奥·雷蒙迪（Antonio Raimondi）和马克斯·乌勒（Max Uhle），有秘鲁的马里亚诺·德·里韦罗（Mariano de Rivero）和胡里奥·塞萨尔·德约（Julio César Tello），还有美国人海拉姆·宾厄姆（Hiram Bingham），他们都是杰出的马丘比丘城堡的"发现者"，并将它传播到了盎格鲁-撒克逊世界。

然而，直到20世纪，由于考古学研究的次数增多，质量提高，专业化程度提升，安第斯文明的全景图才开始逐渐清晰起来。考古结果表明，历史上安第斯文明出现的时间被专家们推算迟了，这些结果表明，印加文明只是一个更为复杂和古老的文明现象的冰山一角。

事实上，关于最早的安第斯社会，以及它在各个不同历史阶段的文明数量和多样性，都没有文字记录。通常来说，这些因素平行存在，同时它们彼此之间也相互影响，若要把秘鲁的前西班牙时期做一个解释性的概括，把它确立在某种唯一的历史范式下，就会显得艰巨且困难——这些范式不止一个，它们相互之间也颇有争论。然而，无论是基于陶瓷风格，还是基于技术、社会、政治的发展来进行阶段的划分，进而做出对文化的介绍和编年史的记录，都能反映出各个文化板块在不同阶段的博弈与演变。在那样一个充满异质性的时期，正是这些被称之为中间的或地区的文化板块——它们是平行存在的——主导了安第斯社会的发展进程。

在这本书中我们将重点介绍秘鲁历史的5个大时期：其中远古时期是安第斯山脉中部地区在历史上存在的最长时期（公元前9000年至公元前1500年）。而这一时期又被划分为三个阶段：印加远古阶段或远古初期（约公元前9000年至公元前6500年）；远古中期（大约在公元前6500年至公元前3000年），这是向种植业和畜牧业迈进的伟大开端；远古末期（公元前3000年至公元前1500年），在这一阶段，农牧民的生活方式更为稳定。接踵而来的是大形成期（公元前1500年至公元前200年）。伴随着陶瓷的出现，安第斯山脉地区的农业和畜牧业逐渐得到普及，这就意味着生产集约化的形成，查文（Chavín）文化或早期黎明阶段（大约公元前1200年至公元前200年），是这一时期最具特色的文明发展的高潮。在大形成期后，各个区域的阶段性发展，揭开了区域多元化发展周期的序幕，这一阶段被称为中早期（公元前200年到公元500年），这是安第斯文明的经典时代，因为在这一阶段各国都掌握了重要的技术，在社会组织和美学领域也取得了重大发展。在这之后，一个新的历史时期到来了，即瓦里（Huari）时期或中期黎明阶段（公元500年至公元900年）。瓦里是第一个安第斯帝国，在它的统治下，形成了繁复多样的社会政治组织，也正是这些组织，在安第斯山脉地区构建出了各自迥异的政治环境。当瓦里帝国分崩瓦解之际，各个区域的传统文化进入了复兴时期，即中晚期或领主与联盟时期（约公元900年至公元1400年），这一时期的名称也暗示出了它的多样性——不同的位置、规模、组织——各个政治实体在广袤的安第斯土地上，继续上演着共生与共存的故事。后来，在印加人的统治下，他们再次团结起来。这个阶段就是前西班牙时期的末期，也被称为印加帝国时期或者晚期黎明阶段（公元1500至公元1532年）。

远古初期：石器的使用
（公元前9000年—公元前6500年）

通过实物证据，我们可以推断出，在大约一万年或一万一千年前，在安第斯地区中部，集中地出现了狩猎者和采集者的群体。普遍的观点认为，这一群体来自亚洲，为了追逐某类巨型动物，他们穿越白令海峡，来到美洲大陆，最后定居此地。然而在秘鲁，并没有明显的考古证据能够把人类与更新世[①]时期的哺乳

---

① 更新世：地质学名词，英国地质学家莱伊尔于1839年创造并使用。更新世距今约260万年至1万年，显著特征为气候变冷，有冰期与间冰期明显交替。

动物联系在一起。与之相反，有遗迹表明，由于全新世①时期更加暖和、湿润的气候，人类初期的活动是与动物、植物资源的利用息息相关的。

通过考古学研究，我们可以还原安第斯地区第一批定居者们的社会生活的画面，这幅画面虽然不完整，但却有着丰富的内容。定居者们以家庭成员为最小的团体单位汇集在一起，这样的团体最大规模可达30~35人，以果实采集、狩猎和捕鱼为生。他们成功地适应了当地的生存环境。其中最典型的是，他们对石器的掌握和使用，而且他们还对蔬菜的特性，动物的迁徙、习惯与生殖周期有了深入的了解。

专家们以对不同生态系统的适应为出发点，对安第斯世界中的狩猎者和采集者的专长予以区分。在气候湿润的胡宁（Junín）和拉乌里果查（Lauricocha）高原和在干燥的阿亚古查那（Ayacuchanas）高原生活的人们，擅长狩猎安第斯大猎鹿和安第斯骆驼；而沿海而居的人们，则擅长捕鱼；生活在温暖并潮湿的北部安第斯山谷中的人们，比如瓦伊拉斯山谷②（Callejón de Huaylas）的居民，则擅长将狩猎与采集相结合。只不过，他

---

① 全新世：地质学名词，亦称后冰期。哲尔瓦于1850年提出。约1万年前开始一直持续至今。最年轻的地质年代，与更新世的界限以气候转暖为标志。
② 瓦伊拉斯山谷：秘鲁中西部桑塔河（Río Santa）的上游谷地。

们越来越倾向于采集诸如块茎类、豆类、水果等植物。

据真实遗迹考证，拜罕叉（punta de Paiján）是第一批在拜罕（Paiján），今秘鲁北部海岸生活的居民（公元前9000年—公元前8000年）使用的主要工具，它带有细长的手柄，通过打击与挤压技术制成，是一种猎叉，主要被用来捕获哺乳动物和鱼类。虽然拜罕居民们的主要食物来源是采集的植物和狩猎的小动物，特别是小蜥蜴，但拜罕居民们擅长海洋捕捞，体现出了安第斯文明中最为重要的一项特征：与海洋的联系和对海洋资源的开发。

研究人员还发现了在同时期（公元前9000年至公元前7000年）居住在安第斯山脉地区的其他人群。他们生活在海拔2580米的基塔雷罗（Guitarrero），这是一块位于温暖潮湿的瓦伊拉斯山谷的洞穴区域。那里的人们以植物采集为生，采集的植物超过30种——这些植物不仅使人们成为早期的耕种者，同时这些植物也成了人们的基本饮食来源，除此之外，他们还食用鹿科动物、啮齿类小动物、鸟类以及蜥蜴。并且有证据表明，在该地区还出现了代表早期安第斯文明的旱田作物，如豆类、辣椒和一些块茎植物。洞穴居民们掌握的另一项杰出技能是可以大量地制造植物纤维纺织品。

再往北走，就是寒冷高原地带的洞穴区域。比如瓦努科

（Huánuco）地区。这里有着丰富的湖泊资源、高原地区多样的动物资源，例如安第斯地区的鹿科和骆驼科动物：安第斯鹿、小羊驼、原驼，有助于人类在这块土地上实现永久的定居。他们在狩猎和捕捉动物时会使用抛射器、刮刀、穿孔器和切割皮肉的刀具。虽然一些洞穴居民为了猎捕动物和采集植物会进行季节性的迁移，但是大部分居民一直生活在洞穴之中，洞穴是他们夜间取暖的场所，也是老人、病人和儿童们的避难所。

在最南端，即现在的莫克瓜（Moquegua）地区，人们对资源的使用也遵循了类似的方式。沿海地区的人们将鱼类捕捞、软体动物采集和陆地动物狩猎结合起来，而位于托克帕拉（Toquepala）洞穴中的壁画，则描绘了这片高山地区的居民们狩猎原驼的场景。

总而言之，虽然远古初期的安第斯人都靠狩猎和采集为生，但他们的生活方式和饮食习惯却因居住地区生态系统和自然资源的不同而变得多样化，可以说，正是生态的多样化，导致了安第斯人生活方式和饮食习惯上的区别。

在社会层面，远古初期的人类群体几乎没有区别，按照性别和年龄进行分工，并依靠所有成员之间的合作而生存。他们依靠血统来确定亲属关系，加强了社会的凝聚力。即使在死后，这样的联系仍然存在，这一点可以在他们的葬礼仪式中窥见一斑。远古初期的居民格外重视墓地。死者的尸体通常被故意地、象征性地折弯，特别是儿童的尸体，人类学家彼得·卡物里克（Peter Kaulicke）认为，当时的人们认为儿童能够再生，在儿童去世后，会为儿童佩戴上某种与仪式相关的饰品，有骨骼制品和项链珠子，或者将死去的儿童包裹在一块骆驼皮垫子中。

远古中期：植物与动物的驯化
（公元前6500年—公元前3000年）

狩猎-采集者们的经验不断地积累，促进了远古中期的人们对安第斯山脉地区的动物和植物的驯化。

这意味着某种缓慢且持续的变化，即把居住在安第斯山脉的人类群体，从狩猎-采集者转变为农民与牧民。胡宁洞穴里的遗迹，尤其是位于海拔4420米的德拉马切（Telamarchay）遗迹，提供了准确、连续的信息，使我们可以了解骆驼被驯化的过程，这是一种通过掌握动物生活习性和繁殖方式而形成的驯化模式，满足了高原地区居民的食物需求。

当时的人们偏好驯化性情温顺的动物，他们熟悉野生羊驼的习性，知道需要保护怀孕的母羊驼，并对羊驼进行挑选，从而获取新生的小羊驼。通过狩猎羊驼和对其繁殖的控制，形成了羊驼的圈养习性，通过持续地喂养羊驼，消灭羊驼的其他捕食者，渐渐地，羊驼处于了人类的控制之中。

驯化过程也体现在狩猎者们的食谱中。如果从一开始，高原地区的狩猎者和采集者们的食肉偏好是喜食鹿科动物而不是驼科动物，那么随着时间的推移，占总食物来源90%的，不会是驼科动物，而是鹿科动物。

在对基塔雷罗洞穴的研究中，也可以看到类似的驯化进程，不过在这里，是对大量植物的驯化。如前文所述，根据考古遗迹，我们可以得知，在距今非常遥远的时期，人们曾在那里栽培过、种植过诸如豆类、辣椒、落葵和可可等植物。同时，在亚马孙河下游的热带雨林中，人们还栽培了木薯和红薯等"高热量"植物。在沿海地区，人们对鱼类，特别是对海鲜的食用更为常见。得益于山谷和海岸连接地的自然禀赋，人们可以在山谷地带狩猎动物和采集植物，补充食物来源。在冬季，得益于云层上长期出现的湿气层，沿海沙漠中海拔几百米的山丘地带会被植被覆盖，进而形成一片吸引陆地动物和鸟类前往的"雾中绿洲"，这也为在几天之内到达山谷腹地提供了便利的自然条件。河流的入海口，成了密集地使用不同生态区自然资源的中心。例如，位于现今秘鲁首都南部约70公里的奇尔卡（Chilca）村庄，就曾栽培过棕榈树、南瓜等。

得益于动物和植物在安第斯山脉中部地区的传播、扩散，农业和畜牧业得到了推广，使得整个区域形成了一定的生产基础，并由此出现了与之相关的生活方式。农产品种类的增加，使种植业变得越来越专业，畜牧业的发展，使定居者增多。例如，这一时期的奇尔卡已有100个基本单位群体定居。海岸边坐落着他们传统样式的房屋：或以圆形，或以半圆形，或以成排的形式出现。房屋的样式与当地居民人口数量的持续增长，与种族文化的日益多元化，是相对应的。有关专家，如路易斯·吉叶莫·伦布雷拉斯（Luis Guillermo Lumbreras）得出结论，认为这些基本单位群体具备集体主义性质，且还不存在社会的分层。

在这一时期，还出现了第一批安第斯木乃伊，这些木乃伊在秘鲁南部海岸的钦阙罗（Chinchorro）墓区和奇尔卡地区被发现。一些木乃伊呈弯曲状并朝北放置；坟墓是由逝者曾经居住的小屋改造而成的。由此可知，从那时起，对祖先或木乃伊的神圣化与崇拜感，就根生在了安第斯社会的文化模式之中。

居住在中部山脉地区的人们，把岩石作为埋葬的地点，把死者的头骨与身体分开入葬的传统，在后来变得逐渐普遍起来。同远古初期一样，儿童在墓葬仪式中受到优待。

远古末期：金字塔社会
（公元前3000年—公元前1500年）

在公元前3000年左右，进入到了远古末期，由于这一时期的特点，有些学者，如伦布雷拉斯，更喜欢将其称为"形成期"（虽然没有出现陶瓷），在此期间发生了种种复杂的转变。

定居群体的社会组织的形成，是建立在对生存环境的适应与技术采用的巨大进步的基础上的。伴随着种植业集约化的出现，人类种植、栽培越来越多种类的植物，其中，对棉花的栽培尤为突出，公元前2500年左右，当地居民把棉花的种植传播到了更多地区。

尽管石器仍然是人们在日常生产活动中使用的重要器械，比如研磨南瓜、花生、甘薯、木薯等植物的石磨，比如固定在猎捕网上的重物。但石器文化在这一时期逐渐走向衰落。

在当地居民的日常生活中，用巴拉圭茶树制作的容器和浮标，扮演着重要的角色。有各种各样的器具是由这种木材制作而成的，但最重要的是，人们把它用作生火的钻头；此外人们还将它的植物纤维制成篮子。

纺织是远古时期最重要的技术之一，首批纺织物的原材料有香蒲、芦苇等植物的纤维，再往后有细软的骆驼毛纤维（公元前

2000年左右）；棉花的大量种植和使用促进了纺织技术的发展。

纺织和编网技术的提高，给沿海居民的生产、生活带来了革命性的改变。人们捕捞鱼类和贝类的效率提高了，改善了当地人的食物补给种类，进而促进了人口的强劲增长。正如秘鲁考古学家罗莎·冯（Rosa Fung）所说，安第斯文明的一个显著特点，是把棉花作为一种工业作物，提高了当地人捕鱼的效率，保证当地居民能够大量地摄入源于海洋食物的蛋白质。这也使得一些专家如爱德华·兰宁（Edward Lanning），也认同早期安第斯的文明起源与沿海地区丰富的海洋资源息息相关，并否定了以前认为安第斯文明起源于山脉地区甚至丛林地区的观点。

织物的制作过程包括编织、上环和打结等手工环节。织物不仅被用作人们生产中的基本用具，如上文提到的渔网，还被用作家居用品，如裙子、鞋、帽子、披肩、包、垫子等，而且还用于丧葬（包裹尸体的披风和裹尸布、陪葬品）。在与宗教（肖像）和名誉（联盟、捐赠、礼物）相关的事件中，纺织物品都参与其中，并发挥了重要的作用。在瓦卡别塔（Huaca Prieta），大量的棉花制品碎片被发现（公元前4000年—公元前2500年），由此我们可以感受到，在那遥远的安第斯文明时期，织物的技术性、复杂性和重要性。

特别要强调织物在象征含义，尤其是在宗教仪式和肖像表现上起到的重要作用。安第斯山脉地区的农业社会形式，首先是通过寺庙的墙壁展现出来的。在远古末期，纺织品的确是一种流行的、受欢迎的，展现和传播宗教仪式的工具。一只把蛇吞入腹中并展开双翅的神鹰，出现在了纺织品的设计之中，它代表着男性或者曲线优美的神话动物。这种设计突出了安第斯动物的个体形象，这些形象在构图中占据着较大的部分，体现了查文文化的信仰。

织物不仅是安第斯山脉地区的思想符号与美学概念的基础，而且，就其本身而言，特别是就纺织技术而言，它对安第斯山脉中部地区美学风格的形成产生了影响，例如对直线和几何元素，如三角形、长方形、菱形和梯形的运用。

纵观所有建筑在前陶瓷晚期[1]表现出的复杂性，也许其中最令人惊讶的是位于安第斯中央北区的纪念性建筑物的风采。从桑塔河[2]谷（valles del río Santa）到奇利翁[3]河谷（Chillón），在位于瓦伊拉斯（Huaylas）的贡楚格斯（Conchucos）山谷中，在马尼拉翁（Marañón）盆地中，以及在瓦亚加（Huallaga）地区，

---

[1] 西语原文为 Precámico Tardío，汉语直译为"先陶瓷时期的末期"。译者认为，在远古末期还没有出现陶瓷，因此使用前陶瓷晚期这一用语。
[2] 桑塔河：秘鲁中西部河流，位于该国西北部安第斯山脉地区。
[3] 奇利翁河（Río Chillón）：秘鲁西部河流，河水来自安第斯山脉的融雪，在卡亚俄注入太平洋。

都出现了这类复合的建筑群，它们围绕在公众性质的纪念性建筑物周围，出现在核心的定居点。这些仪式性和纪念性的建筑物有：台阶状的平台、凹陷圆形广场、金字塔的复合型建筑体、叠加型建筑体，以及在远古时代的最后时期出现的U形寺庙。

这类复合建筑体目前被发现的最早的遗迹，可追溯到前瓷器晚期，距利马市以北大约200公里的中部海岸的苏佩（Supe）河谷、帕提维尔卡（Pativilca）河谷和福塔雷萨（Fortaleza）河谷之中。其中位于苏佩河谷的复合建筑群，特别令人印象深刻。该建筑群的个体数量不少于18个。而其中最引人注目的是处在卡拉尔[①]（Caral）的复合建筑群体，它位于苏佩河左岸，占地面积66公顷，其核心区由大型建筑构成。由于它的壮观程度与重要性，近几年，一场关于安第斯文明起源的争论因此展开。卡拉尔的金字塔始建于公元前3000年至公元前2600年之间，之后又经历了多次重建。其中最为重要的部分，是围绕在圆形沉降式神庙周围的上层空间。此外还有两个用于人群聚集、物品储存和居住的巨大空间。在下层空间中，最为突出的是露天剧场和一个小型的住宅区。在其外周还建有许多的房屋群。在公元前2000年左右，这个

[①] 卡拉尔（Caral）：位于秘鲁首都利马北方近200公里处。2009年被联合国教科文组织列入世界文化遗产名录。

建筑群经历了一些改造,增加了圆形座椅,扩大了公共建筑的范围。公元前2200年至公元前1800年间,其中的一些金字塔(大金字塔、小金字塔、画廊金字塔和旺卡金字塔)和圆形剧场的寺庙被掩埋。

对不同生态环境下的资源的利用,是苏佩谷地居民的生存基础:他们从海里捕捞凤尾鱼和沙丁鱼,收集三角蛤;在河里捕获鱼虾;在山谷里种植豆类、南瓜、辣椒、合欢树、红薯和番石榴等作物;在湿地和山泉边,采集灯芯草、芦苇,并用它们建造渔船;在森林和丘陵猎杀兔鼠,收集蜗牛与植物。人们的肉食范围扩展到了狐狸、猫科动物、爬行动物、啮齿动物和海洋软体动物等。

负责挖掘工作的秘鲁考古学家鲁史·谢迪(Ruth Shady)认为,卡拉尔是安第斯文明的发祥地,因为它是安第斯山脉地区中,第一个具有城市特色的社会。根据他的观点,对这些巨型建筑物的建造、改建,以及涉及其中的埋葬工程,离不开规划布局和协调,离不开一个中央集权的政府的运作,离不开具备建筑知识的专家们、数学家们和占星师们的参与。奇普[①](quipu),通过在不同颜色的绳子上打结的典型安第斯计数方式,就可以支撑

---

① 古秘鲁人的结绳文字,由一串彩色的绳线组成,通过给绳线打结来记录一些重要信息。

这种假设。这是一个神权至上的社会，在这样的社会中，祭司们在行使宗教权力的同时，也具备了政府与行政职能。而它的社会构成中，即没有军事组织，也没有士兵群体，因此人们认为，它的主要凝聚力和维护秩序的力量源自宗教。

然而，波兰考古学家奇斯托夫·毛科斯基（Krystoff Makowsky）却否认这类建筑的城市性特点，他指出这些建筑更具有仪式性的特点。他指出，实际上在这些巨大的复合建筑群中，并没有住宅区域，就算有，也只占很小的比例。

根据这种解释，这些令人惊叹的复杂建筑物之所以能够建成，是宗教典礼的参与者、村庄与仪式团体世代努力的结果，而在当时，并不一定存在社会不平等与社会分层。这些建筑物的外观，是随着人们生产水平的提高，随着仪式中心的外周建筑的增加，历经数个阶段形成的。

透过这些稀疏分层的团体，我们可以看到，其政治组织和宗教仪式是具有包容性的，而它的宗教意识形态，可以让人们追溯历史，为人们带来共同的记忆，并被所有人共享。根据谢迪的观点，这些建筑群的最终作用，不是为了把人们进行永久地分层，而是为了保存人们的社会记忆。从这种意义上来说，与巨大建筑相关的巨型细长石，对旺卡金字塔来说，意义重大。它们把祖先神圣化和永存化了。在一年之中的某些时段，来自不同地区的人们，以不同的群体身份，在仪式性建筑物中聚集，参加祭拜祖先的仪式。此外，这里也是举行集会、交换、发放、购买物品的场所。

在世的人与家族的逝者之间的亲缘关系，对群体资源的合法控制起到了作用，此外，这种关系还保证了人们的利益和生存，因为它调和了众神的力量、自然的力量，以及与生死（灾难）相关的超自然力量。在宗教仪式中，水、土、阳光、山脉一向被认为是神圣大自然中的主要元素，备受人们的尊敬与朝拜。人们在炉火中燃烧贡品（纺织品、篮子、泥塑、珠子、食物、海绵壳、石英和巴拉圭茶树），并且有证据表明，当时还存在人祭仪式。

在同时期里的瓦努科和安卡什的中北部山脉地区，也出现了独具特色的纪念碑，这些纪念碑围绕着中央火炉，建在人造的平台上，并通过地下管道与外界联系。其中最引人注目的是因彩绘浮雕双手交叉的特点而被命名的双手交叉神庙，以及位于科托什（Kotosh）复合建筑群中的尼其托斯（Nichitos）神庙。

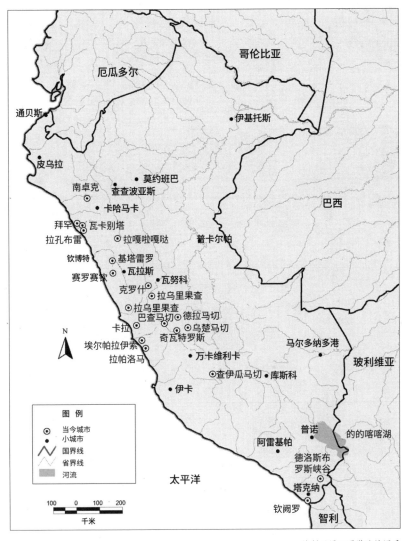

古代遗迹图

-2-

大形成期
（公元前1500年—公元前200年）

大形成期的序幕随着公元前1500年左右陶瓷的出现而拉开。这个源起于安第斯山脉的赤道地区（现在的厄瓜多尔和哥伦比亚）的技术革新，是证明该地区出现了灌溉技术、普及了玉米种植，发生了人口增长、多种宗教并存、手工业不断发展、行政管理日益专业化、长途运输和物品交换日益频繁等现象的重要证据。

在公元前最后一个世纪，一些文明在建筑与社会方面呈现出更为复杂的特点。其中值得一提的是古布斯尼克（Cupsinique），一处位于莫切（Moche）、奇卡马（Chicama）和黑格特贝格（Jequetepeque）山谷之间的宗教中心。那里的国王神庙（La

Huaca de los Reyes)（公元前1500年至公元前800年）占地近5公顷，是代表北方传统的重要建筑。从此处出发，顺着海岸线一直向南至帕拉卡斯（Paracas），在那里酝酿出了另一种极为重要的文化，这种文化沿着山脉一直延展到了阿亚库乔（Ayacucho）。但在大形成期最为卓越和突出的文化中心，是位于孔丘科斯（Conchucos）谷地与莫斯那（Mosna）河谷的查文—德万塔尔[①]（Chavín de Huantar）。

　　查文文化的起源可追溯至公元前1200年，它被认为是安第斯的第一个黎明，是推动"古代秘鲁社会与经济变革的引擎"。它是一个大型的宗教中心，偏远，远离海岸，被两座山脉包围。但实际上，这是它得天独厚的地理条件，因为在这样的地理条件下，利用狭窄的路口，祭司阶层得以掌控水源和在沿海、山脉与丛林地区进行的物品交换。

　　查文的地理位置，是安第斯社会独有的，体现了空间的宇宙中心概念。根据毛科斯基的观点，远古时期与大形成期安第斯山脉地区的古老神庙，常常坐落在常人难以进入之地，其方位的选择与天体、山脉和河流息息相关，这么做的意图是要把他们的社会，与大自然化为一体并融入其中。

[①] 查文文化重要的考古遗迹，位于现秘鲁北部安卡什大区，距利马约250公里，1985年列入联合国教科文组织世界遗产名录。

查文建筑群继承了纪念碑建筑文化的传统，经历了建造、改建和扩建。古老的金字塔是旧神庙（Templo Viejo）（公元前850年），它的外观呈传统的U形——由三座金字塔组成：中间的金字塔最高，位于下方的地下走廊中有掌管土地丰收的松连德神（dios Sonriente）或兰松神（dios Lanzon）的神祇雕像，两侧的金字塔较矮——还有一个沉降式的圆形广场，可从两处楼梯进入，广场中间是特略（Tello）方尖碑，它是一块大型石板（差不多三米高），上面的浅浮雕形象复杂，根据浮雕内容，人们猜测这些复杂的形象可能是对宇宙的隐喻。

　　新神庙（Templo Nuevo）（公元前390年）则是在之前建筑群基础上的扩建与延伸，它与旧神庙的地理朝向与构成形式相同，但修建标准却不大一样。中间的金字塔，由于规模巨大、壮观的石墙（这些石头大多从远方运来，如黑色石灰石和白色花岗岩），也被称为埃尔卡斯蒂略（El Castillo）。它的正面十分醒目，由两根柱子和一根横梁构成，其上展现的是查文文化中主要神明的雕像，其中最为重要的是法杖之神（Dios de los Báculos），它在安第斯世界的其他地区——特别是在普卡拉（Pucará）、蒂亚瓦纳科（Tiahuanaco）和库斯科（Cuzco）地区受到广泛的崇拜，它被固定在莱蒙迪石碑（Estela Raimondi）上，以19世纪它的发现者的姓氏命名。沉降式的广场不再是圆形，而是呈四边形，与新神庙的正面对齐。

由于它的位置和朝向，大形成期的神庙也是当时农业实验的中心，尤其是灌溉技术和植物遗传改良的实验中心，同时，它也是天文学研究的中心。这些研究的重点在于建立历法，进而预测自然周期，使得人们可以尽可能地预知和掌控频发的自然灾害，诸如——干旱、霜冻、地震、海啸——这些灾害对安第斯地区构成威胁。尤其是在难以避免的厄尔尼诺周期内爆发的循环性洪水，与秘鲁海岸线上的洪堡寒流一起，给农业生产带来毁灭性的后果。

由于宗教信仰的原因，查文文化占据了统治地位。祭司们精确的神谕使得来自各地的朝圣者不断涌入。作为一个宗教中心和朝圣之地，在千年间，尤其是在公元前800年至公元前300年之间，因为查文文化巨大的威望，它的宗教和艺术特征——U形神庙和凹陷广场，基于猫科动物形态，以尖牙利嘴和宽眼距眼睛，突牙和蛇头为元素的神像形式——或多或少地推广和普及到了整个沿海地区以及北部和中部广阔的地域之中。

通过某些明显的迹象可以觉察出祭司阶级崇高的权力和威望，比如他们佩戴的珠宝，以及服饰上的奇珍异石和羽毛。这些都体现了查文文化艺术中的正式风格和严肃的规则，美国历史学家约翰·罗（John Rowe）曾有过精确的描述：这种规则是图案的对称性、重复性和简化性，直线、曲线、螺旋线的结合。

考古学家路易斯·吉叶莫·伦布雷拉斯将查文神像所展现出来的内容解释为一种镇压性的宗教表达，即在没有军事暴力或政治组织的情况下，通过这个宗教中心向朝圣者们传播信息，从而起到团结民众的作用。除纺织物之外，陶瓷也在安第斯广阔的地域里被大规模地使用，同时陶瓷也体现出查文宗教的特点。

直到20世纪中叶，根据该领域的核心研究人员、杰出的秘鲁考古学家胡里奥·塞萨·特略（Julio César Tello）的构想，人们才意识到查文是安第斯"母体文明"的所在地，文明从此地诞生并传播到各地。再后来，人们更倾向于把查文解释为一种把安第斯中北部地区的多个区域中心文化相整合，并在此基础上取得了巨大发展的文明。来自丛林的作用力也对这个文明产生了影响，通过改造与传播，将这种文明向广大的丛林地区延展。

查文文化的发展与当时初露头角的长途贸易紧密相关，究其原因，是因朝圣而来的大量人口和贸易的出现，刺激了物品的需求和流通，特别是与宗教仪式和等级威望相关的物品的流通。贸易交换中最宝贵的物品，诸如金、银、宝石、精美的纺织品、贝壳、骆驼、香料等，都对宗教仪式和精英威望的象征起到了至关重要的作用。于是，垄断和掌控这些属于领导阶层的物品就成为一件重要的事情，这也促使地区首领结成联盟，来共同管理这类物品的生产和流通。得益于羊驼这种运载工具的使用，对家庭用品和宗教仪式用品的交易通过长途贸易得到了巩固，也把那些偏僻地区的各种生产领域联系了起来。

不管是作为祭品使用的宗教物品，还是用作划分地位等级的物品，就价值和重要性而言，一种叫海菊蛤（spondylus）的早期软体贝壳动物，是当时最为重要的物品之一。海菊蛤与儿童丧葬有关，人们从未将其当作家庭物品来使用，它也被叫做木由（mullu）和"安第斯神明最喜爱的食物"。早在公元前2300年的苏佩地区，它就已经出现了。海菊蛤在北部海岸的宗教中心如加尔加达（Galgada）的发现，证明在那时早期长途贸易已经存在。

来自宗教的推动，促进了农业和畜牧业的巨大发展。玉米种植业和初期灌溉系统——配有地下管道——是查文文化发展的基础。与宗教仪式相关的奇恰德霍拉[①]（chicha de jora）的生产，便是这种发展的一个例子。宗教的发展也强有力地推动了工艺领域——建筑、石雕、浅浮雕、纺织、陶瓷和冶金的发展。

恰巧在这个时期，对本土黄金和铜的冶炼，作为一种新的工艺，在古布斯尼克和查文出现了。工匠们在生金的基础上，对

[①] 一种发酵饮料，主要由玉米制成。

其施压、锤击并进行冷却，制成金属片，也正是这些金属片，记录下了查文的风貌。这些精心制作的金属片大多是装饰品，如鼻环、胸饰、项链、皮带、手镯，也有宗教仪式用品，例如用来盛装饮料和食物的小杯子和其他容器，或者在仪式上使用的其他工具。

-3-

安第斯帝国

从社会政治方面来看,在前西班牙时期,安第斯山脉中部地区的发展符合古代文明演变的典型模式。随着初期农业社会的发展,人口日益增长,对一些技术资源的需求加大,如对农业集约化和会计系统发展的需求;在社会领域,形成了专业化和等级差异化;在制度方面,出现了集中管理社会和控制劳动力的机构;在宗教方面,宗教对维持新秩序的影响越来越大。

就这样,相对平等的农业社会逐渐变得复杂起来。而且随着中早期城市化的形成,安第斯山脉地区出现了各种各样的国家,诸如瓦里(Huari)和印加(Inca)这样的军事帝国,最大限度地发展、扩大到了整片安第斯山脉地区。

地区的发展（公元前200年—公元500年）

继公元前200年查文文化衰落之后，各类文明出现了爆炸性的发展，它们精湛的艺术被看作是安第斯文明"经典时期"的表现。

在查文文化衰落后，接踵而来的是一个更加复杂且人口更多的社会。受益于农业生产力的提高，人口得以持续增长。面对安第斯地区糟糕的自然环境，很明显，当地居民掌握了农业技术，这不仅体现在对几乎所有的安第斯地区土地作物的驯化和推广上——超过150种农作物被不同文明驯化，而且也体现在对安第斯地区土地变化的适应上——涌现出了高度发展的土地集约化技术。

在山坡的"梯田（andenes）"上进行耕种是最常见的耕种模式，并在沿海处将河水引流到灌溉渠道之中。人们在与水渠相连的种植地（camellón）上，以及在高原地区的洼地上的耕种，都采用了密集的布局，以保持土地的湿度，防止土地被侵蚀。

此外，把岛屿上的鸟粪作为肥料、对食物进行脱水处理，也是安第斯地区非常典型的生产、生活方式，后者使得食物可以长时间地保存。脱水处理是把块茎植物如马铃薯、酢浆薯，或谷物

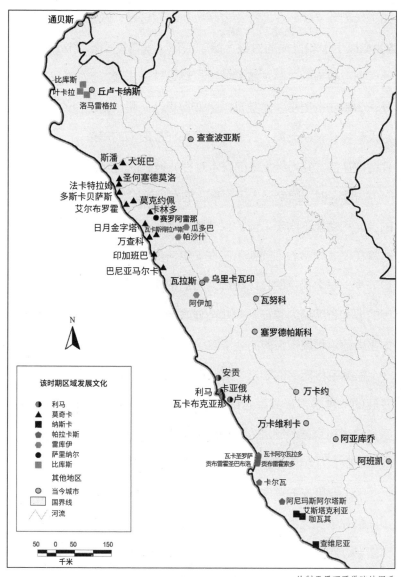

前西班牙时期秘鲁的区域发展

如玉米和藜麦等，在寒冷的夜晚（在高原区域，晚上的温度会降到0℃以下）和炎热的白昼（除了海岸，安第斯山脉地区的所有地区都有强烈的日照）露天放置，经过这一步骤，食物失去了水分，体积变得更小，尤其是重量变得更轻。脱水处理后的食物，是人们在食物缺乏期、长途行程期和征战时期的储备。一些肉类食物被盐渍，并历经上述的脱水过程，被制成腊肉或干肉。

与此同时，国家进入了军事化的发展阶段，城市和公共建筑的意义和功能不同于以前。仪式性的建筑——在这之前，公共性建筑在仪式与宗教中的使用已在安第斯传统中维持了千年——明显减少，与之相反的是以防御为目的的建筑逐渐增多，它们以牢固的墙壁和围墙为特征，一些凸显政治功能的建筑也出现了，比如宫殿建筑和用于丧葬的金字塔。

根据毛科斯基的观点，这一时期城市化现象的出现，是国家发展的一种表现形式，它的出现与专制力量和精英分工相互联系，普通民众被限制进入新神庙和陵墓。与以前社会中的公共建筑中心的特征相反，这一时期反映出一种宗教权力的扩张。

手工业生产的发展，以及日益加深的复杂性和多样性，加之工匠们在手工艺品生产数量上和专业化上的提升，工艺品特别是纺织品，陶器和金银器在美学和技术上的发展，支撑了这一时期的信仰和思想体系，在最大程度上代表了安第斯地区的审美意识和辉煌成就。这一时期，特别是在莫切和纳斯卡（Nazca）的建筑综合体中，对海菊蛤复杂而又多样的使用就是一个例子。

此外很多手工艺品，如织物、头饰、面具、珠宝首饰等都是权力者的陪葬品，以彰显他们生前的地位和荣耀的过往。

沿海地区的代表文化是莫切文化和纳斯卡文化，山区则是卡哈马卡（Cajamarca）文化和雷奈伊（Recuay）文化，在北部地区以蒂亚瓦纳科文化为代表。其中，位于兰巴耶克（Lambayeque）和内贝尼亚（Nepeña）之间的北部沿海地区发展起来的莫切文化，可能是如今最为人熟知的。当地居民居住在半山坡上或者山脚下。尽管莫切文化是一种非常典型的沿海文化，但与之前的居民相比，莫奇卡[①]（Mochicas）人的饮食中减少了对海洋蛋白质的摄入，加大了对农产品的消耗。相比渔业，高效的水利基础设施逐步完善，使得农业相对于渔业展现出更大的优势。灌溉和渠道系统将荒芜的沙漠变成了肥沃的农田。

这样一个具有组织性和管理性的系统，需要一个明确的组织对其进行集中管理，也需要有明确的专业化分工，因此，一个高度分层的政治社会体系产生了。

莫切文化也以它复杂特殊的"肖像陶器""情色陶器"著

---

① 亦称为莫切。

称。这些作品所刻画的人脸有着各种各样的表情，或是喜悦，或是悲伤，或是恐惧；有的是被实施刑罚的囚犯，有的是被各种疾病折磨的病人。绘画作品中的细节层次令人印象深刻，有描写战斗场面的，有描写性交场面的，也有记录人祭和宗教仪式的。

锡潘王（el Señor de Sipán）的墓葬于1987年被发现，他是公元3世纪莫切的一位重要统治者。2006年，人们发现了高夫人（la Dama de Cao）的墓地，她是莫切杰出的统治者，于公元5世纪死于难产。这些发现激发了人们对莫切文化的兴趣，也加深了对它的了解。莫切文化在公元800年左右突然消失，人们猜测它的消亡可能是厄尔尼诺现象带来的灾害造成的。

莫切文化里使用的语言莫奇克语（muchik），直到19世纪才在兰巴耶克和拉利伯塔德（La Libertad）大区为人所知。特鲁希略·巴尔塔萨尔·马丁内斯·德·康比诺（Trujillo Baltasar Martínez de Compañón）主教、德国工程师和人类学家，分别于18世纪末和19世纪末收集了这种语言的一些片段。

纳斯卡文化发展于公元前3世纪至6世纪的伊卡（Ica）南部海岸。该文化以在沙漠地区开展农业种植而闻名。他们在灌溉渠道建设和天文知识方面取得了长足的发展，其中最有代表性的是沙漠中的纳斯卡线条。考古学家马克思·乌勒（Max Uhle）（1856—1944）和他的学生玛丽亚·莱切（María Reiche）

（1903—1998）致力于对它的研究。考古人员在纳斯卡的主要城市卡瓦奇（Cahuachi）的仪式中心发现了体现纳斯卡防腐技术的干尸和残肢以及带有彩色图案的陶器，这些发现使得人们对这种文化产生了畏惧之感。

瓦里帝国（公元500年—公元900年）

在公元500年到公元900年之间，安第斯地区经历了一场重大的变化，这一变化与位于现今阿亚库乔地区的一个权力中心有关，也就是被世人所称的瓦里帝国。这是一个建立在神权和军事力量基础之上的国家，并向周边地区扩张，最终成了安第斯地区的第一个帝国。它的统治地区在安第斯山脉中部，北至卡哈马卡和兰巴耶克，南达阿雷基帕（Arequipa）和库斯科。

瓦里帝国的象征意义和物质世界的塑造受到多种因素的影响，这些影响因素中最为主要的有：来自沿海的纳斯卡文化；来自阿亚库乔地区的瓦尔帕（Huarpa）本土文化，在这个文化的最后阶段，发展出了专业化的手工业，使之出现了人口日益向手工业中心集中的趋势；还有蒂瓦纳科文化，它的许多象征体系、组织机构和生产技术（青铜冶金）被瓦里文化吸收，并随着瓦里帝国的扩张，逐渐扩散到安第斯的其他地区。

毗邻的的喀喀湖（el lago Titicaca）①的高原，面积近10000平方公里，海拔3800米，是蒂亚瓦纳科文化的发祥地。这里发展初期的经济基础是高原农业和骆驼牧业相结合的部落联盟。蒂亚瓦纳科地区的人们，生活在日照强烈的自然环境之中，他们使用土地集约化技术扩大了耕作范围，不过也造成了水资源的短缺。他们在水渠地和洼地耕种，既保持了农作物所需的土地的湿度，又使庄稼免受洪水的侵蚀。在蒂亚瓦纳科地区，人们居住地的海拔高度各不相同，相应的生态环境也大不一样，因此可以获得各种各样的自然资源。这里巨大的海拔与气候差异，意味着在几十公里的半径范围内，生态环境的差别就非常巨大。于是，人们在炎热的土地上，收获辣椒和水果；在寒冷的土地上，收获落葵，喂养羊驼，制作淀粉。在一片片不同而广阔的生态区域里分布着不同的农作物，人们以此来获得牲畜、脱水食物、谷物、水果，甚至海产品和来自亚马孙的产物，如鸟类羽毛和木材等。

为了获取这些自然资源，有的人被安排在殖民地（印加王新征服的土地）上常住，有的人在一定时间段内（米塔期〈mitanis〉）轮流地（米塔制度〈mita〉）被招募进相关领地进行播种和收割。一些专家认为，如果没有建立在羊驼交通基础之

---

① 位于玻利维亚（Bolivia）和秘鲁两国交界处，是南美洲地势最高、面积最大的淡水湖。

上的长途贸易交流，就没有蒂亚瓦纳科文化的发展。

基于这样的文化基础，一座人口稠密的蒂亚瓦纳科城逐渐形成了。它就如同一个涵盖在这片广袤土地上的神经中枢，不过很显然，这座城市的宗教和政治意义相对于军事意义来说更为重要。蒂亚瓦纳科在安第斯世界中有着十分重要的象征意义，它的威望让蒂亚瓦纳科城成了著名的朝圣中心。对于一些专家来说，这一点也可以理解为蒂亚瓦纳科在文化上的影响力。太阳门（Portada del So）是蒂亚瓦纳科最著名的石雕，由一个重达10吨的巨石构成，是进入蒂亚瓦纳科建筑群中心下层的入口。建筑群中心的上层是由过梁形式构成的，上面的维拉科查（Viracocha）[1]神像的形象和在前安第斯文明中出现的一样，而建筑群整体如今已经消失了。

不过，对于蒂亚瓦纳科文化和瓦里文化之间是何种关系，人们还尚未有定论。一些研究人员认为，二者之间的联系明显在于它们都是普卡拉[2]文化的同源文化；一些人认为，蒂亚瓦纳科征服了瓦里，并在后者的领土上展开了具有影响力的军事扩张；还有一个中立的解释认为，它们形成了一个由两个首都共同统治的帝国：蒂亚瓦纳科是宗教首都，瓦里是政治首都。

---

[1] 古秘鲁人的主神，日、月、星辰及人类的创造者。
[2] 前哥伦比时期的文化，覆盖范围包括如今秘鲁南部高地、的的喀喀湖北部湖盆。

但是不管怎样，瓦里－蒂亚瓦纳科是安第斯地区南方与北方在技术上、文化上和象征意义上的首次融合。同时也是高原地区与中部山脉地区和沿海地区的融合。

根据伊斯贝尔（Isbell）的观点，瓦里帝国采取了蒂亚瓦纳科帝国的经济模式和组织方式，即通过轮换征募或者永久移居的方式，维持帝国的大量劳动力需求，并用这种方式分配生产物资。

为了在被征服地区向不同人群收税，早在印加人之前，瓦里人就已经采用了一种很有可能是十进制的计算方式，在会计系统中使用结绳计数法来统计被征服地区各种社会阶层的人数和征税规模。

在帝国广阔的领土上，瓦里人将各个中心城市连接起来，通过巨大的道路网对其进行有效的管理。这样的城市发展模式奠定了瓦里中央官僚机构的基础。帝国的首都位于如今的阿亚库乔省，人口众多——约有30000居民——分布在占地面积超过1000公顷的巨大的围墙式建筑群中。在帝国广袤的土地上，还有一些行政中心负责管理人口，例如，比奇亚达（Piquillacta）（库斯科）、卡哈马奇亚（Cajamarquilla）（利马）、瓦里维卡（Huarivilca）（胡宁）、乌伊拉果查班巴（Huiracochapampa）（拉利伯塔德）和巴查卡马克（Pachacámac）（利马）。这些行政中心的建筑模式具有一致性：外围是由雕刻石建造而成的矩形围墙；内部的建筑呈直角状。

一致性也体现在艺术方面。瓦里人采用当地的技术对其予以融合，并在帝国的各个区域推广。专业人士们在手工作坊里制作出了色彩艳丽的陶瓷和精致的衣料。葛洛（Kero），一种由高原地区特色木材制成的刻有蒂亚瓦纳科神的杯子，也在瓦里帝国被广泛地使用。

总之，正如毛科斯基所言，瓦里的扩张是安第斯地区"史无前例的全球化进程"，这种模式推动了安第斯地区最强大的帝国——印加帝国的形成。

领主与联盟（公元900年—公元1400年）

瓦里帝国的解体意味着安第斯地区进入到了新的历史发展阶段，而碎片化是这一新发展阶段的特点。这个阶段被称为中晚期，大约历时五个世纪，在公元10世纪至15世纪之间。在这一时期，另一个安第斯帝国——印加帝国崛起了。大部分文明在沿海地区发展，如奇穆（Chimú）、兰巴耶克、钱凯（chancay）、钦查（Chincha）和伊卡。

其中最复杂、最广泛和最集中的文明，当属奇穆文明。在鼎盛时期（15世纪），它成功地扩张成了一个小的沿海帝国。

领土从通贝斯（Tumbes）至瓦尔梅（Huarme），海岸线长达1000公里，人口约为50万，其中有4万人居住在昌昌古城（Chan Chan），这是美洲地区在前哥伦布时期的最大古城之一。在政治上，权力阶层团结在执政王周围，达凯那摩（Tacainamo）是奠基者，他将奇穆领土拓展到了沿海地带，在他之后又经历了10位继承者，直到最后一位国王敏昌卡曼（Minchancaman）于1470年被印加人俘获至库斯科。至此，奇穆帝国崩塌。

奇穆的扩张离不开灌溉系统的发展，这就意味着奇穆的灌溉范围覆盖了从北部的萨尼亚山谷（los valles de Saña）至南部的桑达（Santa）地区，并通过拉库姆布雷（La Cumbre）那样的大渠道相互联系，这条大渠道长达80多公里。水力集约化大大地增加了玉米、菜豆、花生、辣椒、棉花、鳄梨、黄瓜等作物的产量，这些作物和羊驼、豚鼠、鱼一起，是人们的主要食物来源。

各大行政中心间的交通连接是整合帝国经济的基础，而整条海岸线上航运的开展，则是通过一种用稻草（一种多年生植物，具有轻盈而能漂浮的优点，生长在海岸的泻湖周围，现在几乎已经绝迹）制成的单桨双头小船（caballitos de totora）来实现的。

奇穆是一个具有金字塔结构的等级社会，位居顶层的是享有至高权力的军事和宗教领袖，他们分别代表了奇穆宗教里的主神，如太阳神、海洋神和星宿神。第二层是当地的贵族阶层

（alaec①），往下一层是骑士（fixi②），诸侯（parang③）和仆人阶层（gana④）。在昌昌古城，这种严格的社会分化是非常明显的。社会精英们居住在宫殿和高楼之中，高大的围墙把社会精英的居住地与平民杂乱的居住区分开。

奇穆文明有较高的手工业专业化水平，陶瓷和纺织技艺的发展，特别是金银冶炼技术，以银、金、铜和锡为基础的合金技术，达到了令人称奇的水平。大规模的捕鱼行动为昌昌古城等大型中心城市提供食物来源。

在安第斯南部地区也有一些著名的领地，如昌卡（Chanca）（如今的阿普里马克省（Apurímac）），奇里巴亚（Chiribaya）主要部分在伊洛省（Ilo），北至旦勃山谷（el valle de Tambo），南达阿扎帕山谷（el valle de Azapa），库斯科的印加，还有艾马拉（Aymara）高原上的一些领地，它们属于蒂亚瓦纳科，是卢帕卡（Lupaqa）的格雅（Coya）的后裔，源起同一种文化，但政治上没有联合在一起。

罗马尼亚裔美国人类学家约翰·穆拉（John Murra）从对卢帕卡居民的研究中受到启发，成功地建立了一个用于解释安第斯地区贸易体系特征的模型，这个模型的基础是"最大限度地控制

---

①-④ 奇穆语。

生态地"，通过在边远地区展开生产活动来获得大量产品，正如我们所看到的那样。这样的经济战略也曾经被蒂亚瓦纳科采用。尽管卢帕卡的中心地位于的的喀喀湖周边的高原，但它的领地范围到达了莫克瓜省（Moquegu）的海边，距离中心地有300公里。

这样的经济体系在瓦里帝国时期得到了推广，在印加帝国时期得到了最大限度的应用。但这种体系抑制了专业化贸易的发展，为安第斯地区形成自给自足的经济体系提供了可能，也解释了为什么发生在安第斯地区的交易都与货币无关。

安第斯地区土地碎片化的特点，并不利于形成贸易。在这里行走十几公里都是难事，更别说运载货物了。20世纪的工程师和地理学家综合安第斯地区的具体情况认为，坡度的陡峭比起距离的远近，对交通有更重要的意义。一个小镇可能距离另一个小镇只有5公里，并且在这个小镇可以看到另一个小镇的房屋和街道，但要走到那个小镇，可能必须得先下1000多米的山坡，然后再向上爬坡，因为被峡谷隔开，所以两地之间的往来要耗时一整天。

沿海地区的运输条件也不好。因为在沙漠地区是不便利用动物来运输的。但是，用木筏进行海上运输的方式却得到了普及。不过，这种运输工具也仅仅只在北部沿海地区使用，因此，商业在北部沿海区域得到了最大限度的发展。强大的钦查航海者们成长为长途贸易的专家，他们垄断了稀有贝壳海菊蛤的贸易。这些软体动物的生长繁殖地位于赤道地区，特别是现厄瓜多尔海岸附近的一个岛屿上。海菊蛤的运输通过联合陆路运输路线——从通贝斯和皮乌拉（Piura）到山脉地区和丛林地带——和海路运输路线得以实现，因此这种贝壳在广大的安第斯地区逐渐分布开来，钦查商人们把在南部高原地区用贝壳交换来的铜矿装上木筏，商人们交换的物品还有黑曜石、纺织品、农产品、冶金品等。

在安第斯的中北部地区，瓦里帝国强硬的集权统治，也推动了地方权力的形成。而这种地方权力结构的基础是较小的政治集体和较大较广泛的政治组织的联盟——领地和王国。不过这些地方权力在规模大小、历史轨迹和成分结构上各不相同。比如卡哈马尔卡、瓦伊拉斯（Huaylas）、雷奈伊、尧约斯（Yauyos）、卡哈坦博（Cajatambo）、万卡（Huanca）。

社会政治一体化的基础是对领土碎片化的整合。也就是说，实现一体化是以人口在社会与政治层面上的集聚为开端的。其中最基础的群体组织单位是艾由（ayllu）或班茶卡（pachaca），它们由100多个有血缘关系的家庭构成。虽然没有具体数字，不过我们可以估算出，大概10个左右的艾由或班茶卡构成了上级群体组织库拉卡斯柯（curacazgos），这种群体组织在中北部地区被叫作瓜兰卦（guarangas），在海岸地区被叫作克罗瑟格斯（conoseques）。这些组织从本质上来说是政治实体，后来形成了领地、国家或邦国。特里斯坦·普拉特（Tristan Platt）对安第斯山脉南部的片段性结构进行了研究。他认为这种结构的基础是最小规模的血缘集体艾由，较小规模的艾由，经过人口的不断聚集，逐渐发展成为较大规模的艾由，或发展成南部地区的大联盟。

由于这些地方政治实体在政治和社会层面上的鲜明性和一致性，它们在不同的历史变革进程中被保存下来并得到延续，尽管它们也经历了某些相当剧烈的变化。地方政治实体的灵活性和延展性是显而易见的，当被印加帝国征服和被西班牙控制的时候，它们并没有被印加帝国和西班牙的统治消灭，而是在很大程度上成功地维持了自治和独立。帝国政府依赖它们，帝国的改革、合法性和凝聚力的实现都离不开这类政治实体的存在。通常来说，它们的首领受世人尊重，并被归入帝国的管理体系之中。因此，分析印加帝国入侵前夕存在于安第斯地区的这种权力模式和部落团体是很有必要的。

在安第斯地区，在任何一个政治组织中都能找到部落网络结构。这种结构具有政治忠诚性和金字塔形的等级性，并折射出了整个安第斯地区的权力体系的结构性。每一个库拉卡斯柯都由不定数的艾由构成，每一个艾由的领导者都由最强大的部落酋长担任，他们能够高效地组织基础设施建设和完善防御工事。

由艾由这种血缘集体构成的政治集体，因血缘关系而不断地变得强大和牢固。血缘关系无处不在，不仅存在于最基本的集体组织里（家庭、氏族），而且还存在于最复杂的集体构成中（国家、联邦）。所有的政治联盟中都包含这些具有重要意义的政治集体。政治关系通过这些政治联盟和政治集体间的相互需求而不断调整，因此，安第斯社会权力体系中的政治关系以互惠原则和再分配原则为基础。

酋长代表了每个部落的权威，是权力合法性的体现。根本原因是酋长代表了这一群体共同的祖先。酋长在死后被制成木乃伊，被后人世世代代地守护着，虔诚地崇拜着。就像当地传统被人们铭记一样，先辈们的英勇事迹和壮举，也要世代相传。由于现任统治者代表了祖先，所以他也接替了祖先们的地位，团结整个集体，在一代一代的接替与继承中保持部落的延续。

酋长们是从库拉卡斯柯的首领之中，经过对其等级、血统、作战能力的考量，达成共识而选出的。

根据不同的级别，每个酋长管辖和指挥着一定数量的家庭。帝国利用这种权力结构发展出一种十进制的权力系统。即大约100个有血缘关系的家庭构成一个班茶卡，大约1000个家庭构成一个瓜兰卦，一些更大的部落集体诸如王国、领地或联盟掌控的人口更多，可以通过计算瓜兰卦的数量知道它的规模，例如，卡哈马卡国的首领统领了7个瓜兰卦。

酋长们的权威性和统治权力对部落居民的各个方面都产生了重要的影响，他们管理资源——扩大现有土地和资源并对其进行再分配——他们维护并完善农业和手工业的基础设施——布置生产活动任务，包括制定米塔制（轮班工作）和向殖民地输送劳动力——管理司法行政事务，领导宗教和军事事务——防御外族入侵掠夺资源——他们还在面对其他部落中同级或者不同级酋长的时候，行使代表本族部落的权力。

与权力的行使和特权的享受相对应的是，酋长们也在农业、内政、畜牧业方面履行义务、提供服务。酋长们必须向他们的人民展现互惠原则，通过仪式向民众捐赠物资以示慷慨，他们要举办宴会并向民众分发代表威望的各类物品，如奇卡酒。酋长的等级越高，他需要展现出来的力量和慷慨程度就越大。

高级别的酋长——躺卧于座椅上由随从抬送，还有奏乐者和搬运者等随行人员相伴——定期地访问较低级别的酋长，试图通过向他们分发奇卡酒、赠送女人和奢侈物、举办大型宴会的方式，巩固与他们的关系，以获得他们的效忠。正如穆拉定义的，这种制度化的互惠或慷慨，是维持不同级别的酋长间稳定关系的手段。

酋长位置的继承，对安第斯地区的政治组织来说至关重要。酋长的合法性是因为酋长能体现族群祖先的力量，因此，无论是曾经的酋长们还是之后的继承者们，都必须具有先祖们的血统，这维持了部落的凝聚力，促进了族群的发展。族群的先祖们可以继续不断地在这个集体中获得重生。根据历史学家苏珊·拉米雷斯的说法，与酋长地位相关的一些符号和象征性事物，如权杖、房屋、座椅，是作为遗产世代相传的，因为这些事物有助于维持酋长的合法性与世代连续性。

以血统和能力为考量的继承制度是开放的。这种开放导致因争夺酋长位置而产生强烈的冲突。酋长的候选者会使用各种策略，如婚姻联盟、政治阴谋、谋杀对手和武装对抗等手段来获得政权。

—4—
印加帝国

发源与发展

13世纪左右,印加人在库斯科山谷建立定居点后,印加帝国迅速崛起。印加帝国的崛起,是前西班牙时期的安第斯地区历史上最令人印象深刻和最为人知晓事件之一。建立定居点后的一个世纪,印加人通过联盟或武装对抗的方式,对山谷其他群体实施了霸权统治,巩固了印加贵族的领导地位。印加帝国的贵族由两个部门整合而成:一个是阿南(hanan),这个部门的功能与战争相关;一个是乌林(hurin),它的功能与宗教相关。通过不断吸收库斯科山谷中的精英,印加的贵族群体逐渐扩展。

15世纪是印加帝国快速扩张的阶段,印加人创建了塔万廷苏约帝国①（Tahuantinsuyo）。印加帝国版图最大的时候甚至包含现在安第斯山脉中部的一些国家，如厄瓜多尔、秘鲁和玻利维亚，一些南美洲国家的部分地区，如哥伦比亚南部、智利和阿根廷北部。

在西班牙殖民时代，关于印加人起源的神话广为流传。其中最经典的当属在17世纪初传播开来的，梅斯蒂索人②史学家卡尔西拉索·德·拉维加的版本。

这个版本叙述了一个传说：当太阳神看到人类还生活在蛮荒之中，看到人类藏身于洞穴并对农耕完全一无所知时，他感到十分难过，便派遣他的儿子曼科·卡帕克（Manco Capac）和女儿玛玛·奥克略（Mama Ocllo）到安第斯世界来教化人类。于是，这对兄妹带着他们父亲太阳神赐予的一根金棍从的的喀喀湖出发，用金棍插地的方式，来寻找合适耕种的土壤。然而，这根金棍在大部分地区只能插入土壤几厘米深。但是当他们到达库斯科山谷后，发现整根金棍都可以插入土中，于是他们就在这里开始教化人类。

另一个版本是历史学家胡安·德·贝坦佐斯（Juan de Betanzos）

---

① 印加国本名"塔万廷苏约"，意为四方之地。
② 欧洲白人和土著人的混血。

在16世纪左右收集的传说。他的版本比卡尔西拉索的版本早半个世纪出现。在这则传说中,一场大洪水之后,四兄弟受太阳神的派遣,带着他们的女人(一说是他们的姐妹),肩负着教化人类的使命,从库斯科的一座小山出发。为此,他们一路寻求膏腴之地。他们在途中经历了分歧,有的人变成了石头,有的人被困在了山洞里,最后只有阿亚尔·曼科(Ayar Manco)和他的妻子玛玛·奥克略(Mama Ocllo)在库斯科山谷地带找到了合适的土地,并开始在那里定居。

不管是哪一种版本的神话,都体现了印加人与农业传播之间的密切联系,印加人曾经历经艰难地寻找适合耕种的土地,信奉以太阳为主的神明。此外,第二个神话里的四兄弟,被一些历史学家认为代表了印加人一分为四的组织结构,反映了印加帝国在四大区域的分布,即:钦查伊苏约(凯楚阿语Chinchaysuyo,意为北部)、安蒂苏约(凯楚阿语Antisuyo,意为东部)、贡蒂苏约(凯楚阿语Contisuyo,意为西南部)和果亚苏约(凯楚阿语Collasuyo,意为东南部)。

印加是安第斯地区唯一一个在君主制原则下发展起来的帝国,不过目前尚不清楚帝国君主的继承是通过血缘关系,还是处在统治地位的皇室家族集团内部通过班纳卡(panacas),即轮转的方式产生。大概在15世纪的前半叶,印加王帕查库提(凯楚阿语Pachacutec，意为旋转土地）击败了昌卡部落，开始向安第斯山脉地区扩张。在南方，印加人击败了位于高原的卢帕卡部落和格雅部落；在北方，印加人征服了钦查、万卡和奇穆。帕查库提的继任者图帕克·尤潘基（Túpac Yupanqui）接过帝位后继续征战，并攻夺下了厄瓜多尔，最终，图帕克·尤潘基的儿子瓦伊纳·卡帕克（Huayna Cácpac）于1470年将印加帝国的版图扩展到了最大。可以这样说，从这一年开始的短短60年时间内，直到西班牙征服者到来前，印加帝国作为一个版图固定的政治文化单位才刚刚形成。

印加人的征服在很多时候是以和平的方式展开的，他们诉诸外交（威胁被征服地的统治精英或与之谈判），而不是靠战争获胜。而所有的这些策略得以实现的关键在于，印加人拥有一支流动性巨大的军队，并有国家仓库维持军队补给，而且在印加还有遍布整个帝国的道路网，有通信顺畅的防御工事，有强大的驻军部队。印加人的军队极具攻击性和威慑性。印加人用杀戮和焚烧的方式，迫使那些不愿服从的部落屈服，平息被征服者们发动的叛乱和起义。

印加帝国的强大有多种因素。首先，高原地带上的冲突在过去是普遍存在的，持续的干旱导致印加对邻国资源的争夺。其次，在典型的安第斯继承体系中，具备作战技能和更能征善战的

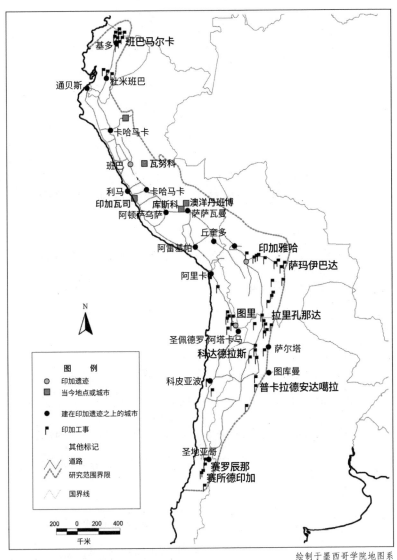

印加帝国

资料来源：Terence N. D'Altroy，《印加人》巴塞罗那，Ariel，2003年。

候选人，往往更能获得继承权。此外，印加人对财富和高产量资源的占有欲，比如对土地和牧群、矿产、黄金、羽毛和贝壳等显示地位的物品的占有欲，也是发动扩张的动机。最后，印加帝国的意识形态强调要扩大对神灵的崇拜，在这种意识形态下，印加人希望整个世界都崇拜印加神明、信仰印加文化。

政治与管理体系：印加的省份

总的说来，印加帝国的统治和政治上重组的基础是安第斯地区的权力等级制度。处于这种权力结构最上层的是印加王，位居第二层的是被征服地区的酋长们，印加王往往要和他们建立血缘关系。

然而，大幅扩张的领土范围，加之帝国内部种族与政治异质化的结构，成了印加政治组织面临的最大挑战。印加人解决这个问题的方法是设立行政省。考古学家特伦斯·德阿尔托里（Terence D'Altroy）说，印加行政省数量最多的时候多达80多个。

印加人在对领地划分做政治设计的时候，必须依赖地方组织。规划既要考量以省为行政单位内的人口数量、地方组织类型和自然边界，还要综合考虑行政单位内不同语言的统一性与使用程度，同时也要考虑各行政省之间以及行政省与首都之间的距离。这就解释了为什么在不同的印加行政省内部，人口规模和领土大小会出现差异。有的行政省规模巨大，比如卡尼亚尔（Cañar），它由5万个家庭单位构成；有的行政省规模非常小，例如瓦马楚科（Huamachuco），只有5000个家庭单位。

尽管这样的政治制度适应了地方上的权力结构，但是要设立行政省，就要涉及对当地政治组织的重组，在这些地方政治组织中，有大大小小很多个政治实体，小的有库拉卡斯柯，大的有联盟组织。就拿钦查伊苏尤①（Chinchaysuyu）为例——这个行政省的大部分政治实体的规模比其他很多行政省的大。一个标准的政治实体的规模差不多是一个乌鲁（hunu）（由10000个家庭单元构成），平均规模不超过5到6个瓜兰卦（5000到6000个家庭单元），和至少一个乌鲁之间。芬兰历史学家马·帕斯恩（Martti Pärssinen）曾提到过中北部山区省份的规模：卡哈马卡省（5000—7000个家庭单元），尧约斯省（10000个家庭单元），瓦努科省（Huánuco）（10000家庭单元）和瓦伊拉斯省（10000—12000家庭单元）。

研究印加文明的主要学者约翰·穆拉、特伦斯·德阿尔托里

---

① 钦查伊苏尤（凯楚阿语Chinchay Suyu；西班牙语Chinchaysuyu），位于印加帝国西北方，包括今厄瓜多尔、秘鲁北部和中部。

指出，塔万廷苏约帝国或称印加帝国采用的是十进制的人口组织体系，并对不同的政治实体予以标准化的整合，历史学家埃尔南多·德·桑蒂连（Hernando de Santillán）也赞同这个观点，认为每个行政省都分成了两个部分——上层部分叫阿南，下层部分叫乌林——它们的组织构建以十进制为基础，并呈金字塔形。乌鲁、瓜兰卦和班茶卡分别代表了10000个、1000个和100个家庭单位。每100个家庭单位由一名班茶卡酋长统治；每10个班茶卡酋长被更大的首领瓜兰卦酋长统治，他也被叫作"千人首领"。在千人首领之上是首领的最高级别，即统辖整个行政省或者山谷的首领。每个政治实体中的实际人口和资产量用百分比的方式计算，确保各个行政省的税收公平。

正如前文所说，实施这种政治体系就意味着要把地方首领纳入整个帝国的行政系统——只要地方首领愿意为印加帝国效忠——并让他们在印加权力系统中的各个级别发挥核心作用，印加帝国会给予他们代表权力的标志物，与他们建立亲属关系，例如将印加女人送给某个地区最重要的首领，或者印加王会与地方首领的姐妹或女儿联姻，以此加强地方首领们与帝国的联系。妇女成为巩固印加王与被征服地首领之间关系的关键因素。

在整个权力组织体系中唯一由库斯科指派的管理者是多克罗利多（Tocroirico）（凯楚阿语意为看到一切的人），他负责人口普查、税收事务、组织劳动力和督查工作（监督殖民地、公共工程的组织和维护、司法行政）。桑蒂连形容这一职位是所有统领们和所有首领们的领主。

当然，要实现印加行政省中阿南和乌林两个部分的对称和平衡，就要重新调整地方上的政治实体。例如尧约斯省，该省由尧约斯王国（构成阿南部分）和瓦罗奇里王国（Huarochirí）、查亚王国（Chaclla）和玛玛克王国（Mamaq）（后三者构成乌林部分）这些小王国组成。又如瓦伊拉斯省，它基本上是在三个曾经的王国——雷奈伊王国、瓦拉斯王国（Huaraz）和瓦伊拉斯王国——的基础上构建而成的。在某些情况下，这种分化不是一分为二，而是一分为三，如瓜亚贡多斯（guayacundos）。

每个印加行政省都会设立一个中心点或省会，控制当地的经济、政治、军事和司法领域，不过有时这些中心点会与当地被印加帝国征服前的主要政治实体发生重叠。例如，在印加的卡哈马卡省，取代旧时都城的省会依然采用旧名古斯曼果（Cuzmango）。地方首领可以如往常一样继续居住在故都，那里也成了该行政省举办主要庆祝活动和政治仪式的地方。

城市定居点成了新的行政规划下的省会，不过常常会在一个省份中出现两个这样的中心。比如瓦伊拉斯省被一分为二，因此它至少有两个中心或省会。在行政省中心有太阳神庙——它代表新的国家宗教——神庙里设有阿克亚乌阿希（acllahuas），也叫"被选中的房子"，里面居住着用于祭祀的年轻处女。还设有国家仓库戈尔加（colcas），呈圆形或矩形，里面存放着储备粮——玉米、土豆、藜麦和肉干；神庙里还有用石头和土坯建成的墙，这类建筑有着特殊功能。神庙里的有些建筑物，如国家仓库戈尔加，有军队守卫并由专家管理。仓库里的储备粮确保了在道路和城市交通网络中，货物和人可以在整个帝国的领土上有序地运输和流动。

这些省会城市在行政上来说是帝国的行政区域中心。其中最具规模的是钦查伊苏尤省的行政区域中心：瓦努科-班巴（Huánuco-Pampa），是"另一个库斯科"，有3万个左右的家庭单位。与它同等级的行政区域中心还有基多、杜米班巴（Tumipampa）、阿顿克亚（Hatunqolla）、查尔卡斯（Charcas）和印加瓦司（Incahuasi）。

在瓦努科-班巴市的中心广场上矗立着金字塔，它被用来解决种族之间的政治对抗与纷争。它也从仪式的角度代表了帝国与行政省的联系。在城市里永久居住的只有印加的行政管理阶级、移民、部分官员、当地精英和研究太阳教的人士。阿克娅（aclla）[①]也居住在城市里，她们为仪式准备织物、食物和水等

---

① 从帝国各地招募而来的贞女，为宗教提供服务的女性。

必需品。仪式是根据宗教或政治日历定期举行的，用以调和帝国的经济基础和基本意识形态。根据美国考古学家克雷格·莫里斯（Craig Morris）的说法，正是在这样的情况下，城市被完全地"占领了"。

一些研究安第斯文明的专家，如科拉塔（Kolata）、莫里斯和毛科斯基，认为印加城市和安第斯地区的城市化特征，恰恰是一种反城市化的表现，其原因在于在整个前西班牙时期，安第斯地区保持了分散型的人口定居模式，而这种严格控制居住人口的形式，使得能永久居住在城市的人相对稀少。城市的出现与帝国的强盛息息相关，当帝国力量变弱时，城市也就消失了。

在帝国衰败之时，安第斯地区那些最有特点和最出名的大城市，如太阳金字塔和月亮金字塔（莫切）、瓦里、大班巴（Pampa Grande）和卡哈马奇亚（Cajamarquilla）（瓦里）、昌昌古城（奇穆）和瓦努科－班巴（印加），无一例外地都没有幸存。其中的典型是昌昌古城，也许它是前西班牙时期最大和最复杂的城市，对于较小的奇穆帝国来说，它也是整个国家的神经中枢。而当印加人把奇穆帝国的领土纳入印加帝国的版图时，印加人的兴趣却在能够生产和提取铜的兰巴耶克城，而把奇穆首都抛在了一边。

尽管印加人改变了地方上的政治和社会组织，但是在各个行政省，特别是行政省里的两个部分，在很大程度上还是倾向于重现之前的结构。实际上，虽然在原则上，这两个部分构成了一个整体单元，而在这个整体单元内，它们还是具有等级和层次区别的（通常人们假设阿南高于乌林）。根据历史学家凯伦·斯伯丁（Karen Spalding）的说法，两者之间的关系很表面，大多数情况下仅仅在正式的或仪式层面有所关联。每个部分各自的特性都能被延续，并能独立作出执政决策。这两个部分之间的主要联系，一是建立在二者之上、代表印加帝国政治权威性的国家机构——多克罗伊克（el tocroyrico①），二是两者有宗教性的关联。而在被西班牙征服之后，印加各个行政省里的这种结构就逐渐消失了（在1560年的时候，印加各行政省以辖区的形式恢复）。

在人口方面，在很大程度上，印加人沿用并发扬了安第斯传统人口迁移制度（轮迁或永久定居），将人口转移到不同海拔高度的地区，实现对物品补充的需求和自给自足的生产。帝国大规模地往征服地区迁移人口，有时把人口迁移到很远的地方。因此很多行政省多民族特征越来越明显。被转移的人口主要从事军事、政治或经济领域的事务。在许多情况下，帝国会把各种手工

---

① 印加国家机构，负责监督当地酋长的账目和税收。

艺匠人（陶瓷匠、纺织匠、金匠）往各个行政省迁移，并把匠人们制作的手工艺品运往帝国首都；或是让迁移者在地方上从事劳作、参与灌溉工程的建设，以此来延伸和发展集约化的农业生产。

越是激烈抵抗过印加征服的地方，就越有明显的人口迁移。通常这些地区的人口会被大量地转移。例如，查查波亚斯的（chachapoyas）叛乱分子被分成了18个组，被迫强行迁移至帝国的各个地方。又如查查波亚斯必须接受200个来自瓦努科地区的楚巴却[1]人（Chupachos），它成了"平息"战乱的驻军地。

印加的社会组织

在安第斯山脉的印加社会的新生政治生态中，印加王和他的家人——戈娅[2]（la Coya）和奥基[3]（el Auqui）代表了印加的最高权力和最高社会等级。印加王受人崇拜，人们认为印加王是印加主神太阳神的直系后裔，印加王在社会的各个方面（政治、军事、经济、宗教）彰显权力，并代表整个帝国的荣耀。佩德罗·皮萨罗（Pedro Pizarro）曾目睹印加王至高的威望和庄严的

---

[1] 印第安人的一个种族，居住在今秘鲁瓦努科瓦亚加河流域。
[2] 印加王后。
[3] 印加王子。

形象。他描述道:"印加王帽子上的流苏,就如同色彩鲜艳的辫子,镶在上面的金珠串垂落在额头。"此外,印加王的穿着也引起了历史学家们的注意,他的衣物十分精致,由专业编织者和工匠们使用帝国中最精美的材料精心制成。印加王的每件衣服只穿一次;每年他穿过的衣服都会被烧毁。印加王所坐的宝座由木头制成,他的饮食器具皆由金、银、黏土制造而成。

印加王的威望存在于帝国的每一寸土地上,印加王通过巡视帝国的领土来彰显自己的权威。谢萨·德·莱昂(Cieza de León)叙述过印加王华丽的出访:当地领主们荣幸地接待印加王的来访,印加王的陪同与护送队伍十分庞大,有超过10000名投石手、弓箭手和长矛兵。印加王巡访的目的是"了解帝国的情况"、伸张正义、彰显帝恩、巩固帝国与地方政治实体领导者之间永久的联盟关系。

印加王延续了安第斯地区领主慷慨地向民众分配物资的传统。得益于印加人在印加领土——被印加帝国征服后重新被划定——上的轮流劳作,以及灌溉面积的不断扩大,越来越多的土地成为农作物种植地,再加上米蒂玛艾[①]和米塔劳力实现了农产品在帝国内的运输,印加王可以在特定的时间重新分配物资。其

---

① 由印加帝国从其他社区中分离出来的家庭团体,将忠诚部落的团体安置到被征服的领地(反之亦然),以履行经济、社会、文化、政治、军事职能。

中一些分配物是征战获得的战利品，具备很高的仪式价值，如精美的服装（cumbi）、贝壳（mullu）和可卡。这种慷慨的分配，突出了印加王的特权地位，增强了支撑帝国政治框架的——事实性的或象征性的——联姻关系。

印加王对帝国的影响，并不会因为印加王的去世而消失，去世后印加王继续"参与"帝国的政治生活、宗教仪式和节日活动。印加王在死后被制成木乃伊，继续参与会议，像活人一样过正常生活。对有关先王木乃伊的祭祀活动，新印加王和先王的直系后裔负责记录先王生前的事迹（用结绳、歌曲、绘画的形式），保管先王的财产（房屋、土地、矿床）。印加王的后代构成了皇族集体班纳卡——由11位王室成员构成——在印加等级社会中处于上层。这些有着王室血统的贵族因为耳朵上戴着大耳环，被西班牙人称为大耳人。他们具有很大的政治影响力，在行政、宗教、军事方面身居要职。

大耳人的近亲或远亲们，构成了印加的精英阶层。这一阶层还有另一个群体——享有特权的印加人，他们有的是通过特别的方式获得了这一头衔，有的是在印加人到达库斯科之前就居住在此的人。

太阳大祭司是位居印加王之下的最高等级的人物。除了肩负仪式职责以外，太阳大祭司还有确认新任命的统治者这一重要职责，他们甚至还在军队出任元帅和军师。虽然在印加的诸神之中还有其他的一些神，如创世神（Wiraqocha）、月亮神、雷神和帕查玛玛神①（pachamama），但印加人最崇拜的还是太阳神，它（与凯楚阿人的赋税一并被认为）是帝国扩张的政治工具，凌驾于任何一种本地宗教之上，一直受人崇拜。对太阳神的崇拜，伴随着重新分配的征服之地的物产，得到进一步地加深。月亮神是太阳神的妻子，在一些沿海地区，人们对月亮神的崇拜大于对太阳神的崇拜。

印加人的仪式周期以太阳历为基础，他们最重要的庆祝活动都与对太阳的崇拜有关。最重要的节日是卡帕克节（Capac Raymi），在这个节日——12月21日前后——会举行大型的公共仪式如舞蹈和祭祀，来庆祝新的太阳周期或新一年的开始。这也是印加年轻人庆祝成年的仪式。还有太阳节（Inti Raymi），这是另一个与崇拜太阳有关的大型仪式，在6月24日前后举行。还有戈娅节（Coyac Raymi），在这个节日里会举办净化仪式。印加王和印加先王的木乃伊也会参与节日庆祝，这表明太阳崇拜与帝国体系有着非常深刻的联系。

虽然印加社会的权力中心和最重要的精英们都在库斯科，但

---

① 大地时间神。

在地方上，领主们还是继续享有极大的政治与社会优势。在新的政治和社会秩序里，他们设法保持了甚至加强了自己作为统治者的合法性，这种合法性通常是通过印加王对他们统领地位的确认和与印加王室建立姻亲关系得到的。最重要地区的地方首领的儿子，或者印加王的女儿和姐妹与当地统治者联姻所生的儿子，会和印加社会精英阶层一起在库斯科接受教育，作为帝国未来的官员接受培养。教育内容包括展开军事训练、学习凯楚阿语、历史、太阳宗教仪式和结绳记事法。由此，印加王确保了在偏远地区的精英们拥有和自己相同的文化和价值观，并保证了这些人的忠诚度。

在印加帝国对安第斯地区的影响下，一个新的社会集体出现了，它由脱离原籍的印第安人组成。这些人要么是战俘，或失去原有部族关系的人，要么是从另一个领地迁移来的外来人口，要么是瘟疫或干旱的幸存者。他们被称为亚纳科纳（yanaconas），在印加帝国被奴役。一些历史学家认为他们是奴隶，并认为这是一种出现在印加帝国的"生产方式"。但是因为没有交易亚纳科纳的市场，而且只有一个"买主"，即印加王，人们无法将它与欧洲传统意义上的奴隶制相等同。

农民

尽管印加帝国在社会、军事和经济领域取得了巨大成就，但是这些成就并没有对主要由农民构成的基层社会以及基层社会中的日常生活带来明显的变化。农民仍然受传统的酋长管理，酋长每年根据农民们的家庭规模来管理他们的土地。耕种是农民最基本的经济活动。历史学家梅斯蒂索人加尔西拉索·德·拉·威加（Garcilaso de la Vega）描述了农业周期是如何规范人口活动的，比如在播种和收获等重要时节会出现更加频繁的家庭间和邻里间的合作。

前西班牙时期，安第斯居民一直保持着分散式的定居模式。他们通常居住在耕种地附近的小村庄里，这些村庄由一个或几个艾由组成。具有血缘关系的家庭是社会最基本的经济单位，并渴望实现自给自足。艾由确保了每个家庭都能根据土地规模、土地质量、使用类型（密集型或粗放型）分配到耕地。一些非耕种资源，如牧场和木柴，则由集体控制。

人们的主要食物来源是土豆和玉米、少量肉类、牛奶、蔬菜，此外还有辣椒和畜产品等。虽然驯养动物的数量不多，但人们对驯养的动物如美洲驼、骆驼、羊驼和豚鼠，做到了物尽其用。这些动物（豚鼠除外）都是食草动物，印加人把它们饲养在海拔3800米以上的地区。人们从羊驼身上获取奶、毛、肉，甚至内脏。同时还把羊驼用作运载工具。这种运载工具的承重量达45公斤，而且几乎能在所有类型的道路上使用。

每个家庭享有有限的土地使用权，所以要定期地对每个家庭的土地进行划分。艾由的成员还要以合作的方式履行一定的社会义务，比如一起建造房屋和搭建屋顶，一同照看羊群，比如替那些身处外地的农民、因年龄和残疾而无法亲自劳作的人完成工作。还有一种被称作民卡（minka）的不对等协作机制，通过这种协作机制，人们会为了集体利益在首领的土地上劳作。

分散在耕地和畜牧地周围的小型定居点，在安第斯地区被叫作雅克塔（Llactas），被西班牙人称为村庄或城镇，但对于当地居民来说，这些定居点意义重大，涉及土地、居民、祖先和神灵在内的多个方面。根据法国专家杰拉尔·德泰勒的说法，雅克塔可以翻译为"受到瓦卡[①]（huaca）保护的种族群体及其所在地"。因此，一个群体的身份不仅体现在它所占据的物理空间上——否则这种身份是不连续的——而且还体现在对血统权力的代际继承上，体现在对神灵（动物、植物、山脉、洞穴、河流等）的保护上和决定生存的自然力量上（闪电、打雷、雨水）。

[①] 瓦卡，指墓地、木乃伊、神像和圣物。

领地中的土地概念和社会的概念被强烈地神圣化了。

和其他美洲社会一样,对资源的控制权来源于祖先,祖先们将这些资源交给后代。事实上,正如法国历史学家皮埃尔·杜维尔斯(Pierre Duviols)所指出的那样,在许多群体的历史传统中,他们的祖先不仅被看作带领族人们踏入居住地的领路人,而且还在文化上被看作为族人带来丰富资源的英雄。

对祖先的神圣化,搭建了人类对话超自然的桥梁,这也解释了为什么皮埃尔·杜维尔斯会说,在安第斯地区民众的思想中,人和神都有代际传承,因此神与人之间的界限是模糊的。

印加(1532年)

欧洲人入侵印加之时,印加帝国正面临着诸多问题。在印加帝国末期,有大约900万人,达到了当时社会所允许的人口数量上限,这使得印加人难以抵抗恶劣的生活条件,加速了欧洲人的入侵。

同时,各个部族在民族上和在政治上很难与印加帝国相融,许多被印加帝国征服的群体不屈服于印加帝国的统治,叛乱时常发生。印加帝国各精英派系之间的斗争也变得越来越难以调和,并威胁到了帝国的统一与领土的完整。其中,瓦斯卡尔

（Huáscar）和阿塔瓦尔帕（Atahualpa）两兄弟间的权力争夺表现得特别明显，就如我们将在下一章中看到的那样，在西班牙人踏入印加国土之际，印加帝国内部的冲突，对西班牙人征服印加帝国起到了决定性的作用。

虽然印加人在空间布局，政治与行政规划上的种种革新——建立行政省、划分土地并限定使用土地的权力、推广凯楚阿语并将其作为通用语、推崇对太阳的崇拜、将政治管理和等级制度引入地方、对人口进行大规模的转移——意义深远，但很明显，由于帝国存在的时间短，这些革新来不及得到更充分的渗透，大多数革新在被西班牙征服后就被放弃了。

—5—

西班牙人的侵略

1532年,西班牙人侵并征服了塔万廷苏约,这给秘鲁带来了深刻并持久的变化,我们可以把这一事件看作秘鲁历史上的一个明显的分界线。欧洲人的入侵让古老的印加帝国在16—19世纪沦为西班牙帝国在美洲的殖民地之一。1542年,被征服的古老的印加帝国成为新卡斯蒂亚(Nueva Castilla)的总督辖区,它最终被命名为秘鲁总督辖区,这个名称最为世人熟悉。

远征军

西班牙征服秘鲁主要和弗朗西斯科·皮萨罗·贡萨雷斯(Francisco Pizarro González)的军事能力,更重要的是和他的政治能力有关。1477年他出生在西班牙艾斯特尔马尔杜拉省（Extremadura）的特鲁西略（Trujillo），是一个贵族的私生子。皮萨罗于1502年在塞维利亚入伍，前往圣多明哥（Santo Domingo），被岛上的州长唐·尼古拉斯·德·奥旺多（Don Nicolás de Ovando）纳入麾下。皮萨罗作为一名遵章守纪、行事机敏、性格坚韧且作战经验丰富的战士接连参与征战。1513年，皮萨罗在巴拿马加入了由巴斯克·努捏斯·德·巴尔沃亚（VascoNúñez de Balboa）领导的探险队，发现并征服了格玛克雷（Comagre）地区。他的军事和政治能力在征服过程中得到凸显，成了土著村落的领主和商人。他的命运与另一位艾斯特尔马尔杜拉省人迭戈·德·阿尔马格罗（Diego de Almagro）紧密相连，他们一起征服了印加帝国。阿尔马格罗是皮萨罗悲剧而荣耀的一生的见证者。

  1513年，皮萨罗在加入巴斯克·努捏斯·德·巴尔沃亚领导的远征军时，第一次听说了一片叫维鲁（Virú）①的土地，这激发了这位征服者追逐权力和财富的梦想。他征服的热情感染了阿尔马格罗和加斯帕尔·德·埃斯皮诺萨（Gaspar de Espinosa），三人合伙建立了一个探索和征服南部土地的队伍。皮萨罗担任

---

① 也就是秘鲁。

总指挥，阿尔马格罗负责组织工作。巴拿马城的教区牧师埃尔南多·德·卢克（Hernando de Luque）负责让远征具备合法性。

他们的队伍得到了巴拿马督军佩德罗·阿里亚斯（Pedro Arias）的特许，他们分三次乘船展开远征任务。1524年至1526年间，他们进行了第一次远征，这一次的征途历经艰辛和困难。他们到达了现今哥伦比亚共和国的海岸地区，在那里他们遭遇了骁勇的土著人，激烈的战斗使得阿尔马格罗瞎了一只眼睛（被弓箭所伤），还有十个远征兵因饥饿而死亡。他们在这一次远征中没有收获财富，但这并没有阻挡他们在1526年至1528年间进行第二次远征。在第二次远征的开始阶段，他们面临了在第一次远征时遇到过的同样的问题：与印第安人战斗、因气候的不适和蚊子的侵扰而身患疾病，另外还因巴拿马总督更换而导致他们在政治上遭遇了窘迫的境地。在这次远征中，在加略岛（la isla del Gallo）发生了一个传奇的故事，新上任的巴拿马总督派了一艘船前来此岛，要召回皮萨罗和他手下经历了数月艰苦的士兵，而在船舶到达之前，皮萨罗在沙滩上画了一条线，剑指北方吼道：愿意去巴拿马当穷人的就去那边！然后又指向南方的秘鲁说愿意去秘鲁发财的就来这边！结果只有13人决定追随皮萨罗，他们后来同皮萨罗一起征战南方。在历史上，这13人被称为"加略岛13勇士"。

后来，远征队伍中有了新力量加入，皮萨罗带领着他们继续向南远征，到达了现今位于秘鲁最北端的通贝斯。在那里，他们获得了一些关于印加帝国的更为准确的信息，甚至还有当地印第安人给他们担任向导和翻译，这些印第安人给他们提供了很大的帮助。在通贝斯，他们目睹了印第安人的文明与富饶，这使得皮萨罗和他的手下们更加相信，在更南方的土地上有着更为巨大的财富。皮萨罗带着3个通贝斯的印第安人，以及旅途中收集的珠宝、动物和其他的奇珍异物折回巴拿马，最终回到西班牙。1529年7月26日，国王卡洛斯五世（el rey Carlos V）的妻子伊莎贝尔（Isabel）代表西班牙王室，在西班牙托莱多市（Toledo）与皮萨罗签署了协议。由此，皮萨罗得到了西班牙王室的支持，王室对远征授予了合法性，也授予了皮萨罗在那些被称为新卡斯蒂亚的被征服地的统治权。

对秘鲁的征服和对整个西属美洲地区的征服一样，看似是一个私人团体的行为，但其实有西班牙王室的参与。这样远征队伍才有能力募集资金和召集雇佣兵，对远征作出计划。出行的代价是昂贵的，因为必须要有船只、船员、武器、马匹、补给物资以及有征服经验的人士。托莱多协议的签订，让皮萨罗得到了来自西班牙政府最高级别的肯定和支持。西班牙王室对这次征服行动的获益很有期待。西班牙想借此扩大本国的领土范围，进而领先其他欧洲君主制国家；西班牙王室还抱有以不冒任何资本风险获取经济利益的期望：征服者把收集的财富的20％进贡给西班牙王室。

皮萨罗离开西班牙回到巴拿马，这次他带了200多个士兵，组织了第三次也是他的最后一次远征，并最终征服了印加帝国。在他的远征军中有两位极为重要的新成员加入，他们是两位经验丰富的船长：埃尔南多·德·索托（Hernando de Soto）和塞巴斯蒂安·德·贝拉尔卡萨尔（Sebastiánde Benalcázar），在以后这块新征服的土地上，他们将发挥极为重要的作用。

1532年，征服者们抵达通贝斯，这里是他们征服印加帝国的滩头阵地。征服者们从这里出发前往卡哈马卡，因为他们获悉卡哈马卡的印加首领与印加王阿塔瓦尔帕建立了联盟关系，而阿塔瓦尔帕是整个印加帝国的国王。征服者们在路途中建立了圣米格尔德皮乌拉市（San Miguel de Piura），为征战部队提供休息之地。

印加帝国的战败与毁灭

此时的印加帝国正面临着一场严重的政治危机。如今的厄瓜多尔南部的杜米班巴（Tumipampa）地区，因印加王长期在此居住，重要性日益凸显。而库斯科的精英们对此表示反对，在他们的要求下印加王回到了帝国首都。在印加王瓦伊纳·卡帕克去世之后（据推测他死于由欧洲人带来的天花），印加帝国的北部地区发生了激烈的冲突。冲突的一方是瓦伊纳·卡帕克在基多所生的阿塔瓦尔帕王子和其统领的北方地区，另一方是瓦斯卡尔王子以及拥护他的库斯科贵族势力。

目前尚不清楚这场冲突的利益关系，关于它的解释有很多。争端很可能是权力继承斗争的一部分，因为印加王要在他的儿子或者兄弟间指定一名继承者。在帝国的继承制度下，对继承权的争夺变得越发激烈。在政权空白期，王位候选者通过展示自己的政治军事实力、与印加各精英派系进行谈判并结成联盟的方式争夺继承权。竞争者之间仪式性的或实战的军事冲突、阴谋和谋杀也是常见的。

也有人认为瓦斯卡尔和阿塔瓦尔帕分别代表了帝国组织交替出现的两种模式：后者代表了一种更具军事主义色彩的政治管理模式；而前者则更加倚重牧师和行政人员的权力。这与印加帝国两种并行且互补的模式相符：阿南（高层）和乌林（低层）。根据汤姆·祖德马（Tom Zuidema）以及皮埃尔·杜维尔斯两位专家的假设，在印加帝国，其实存在着一个二元政治或联合政府分管不同的领域：一个是代表军事的阿南，一个是代表宗教的乌林。但无论是什么原因,竞争者们对继承权的争夺和发生在印加帝国内部的分裂,都毫无疑问地帮助西班牙人取得了胜利。

在通贝斯,征服者结束了这场冲突。阿塔瓦尔帕的军队击败了库斯科人,俘获了瓦斯卡尔。在胜利之后,阿塔瓦尔帕退回卡哈马卡休整,享受舒适的温泉浴。

1532年11月16日,西班牙人和印加人进行了一场谈话。谈话的前一天,埃尔南多·德·索托率领一个代表团来到阿塔瓦尔帕的营地,并邀请他在卡哈马卡广场与皮萨罗一同会谈,但实际上这是一次抓捕阿塔瓦尔帕的阴谋。虽然阿塔瓦尔帕有军队保护,但他的手下被大炮的轰鸣声和欧洲人的马蹄声给吓坏了。在对墨西哥和中美洲的征服过程中,欧洲人知道他们的武器对当地人有强烈的威慑力。印加王被抓获并囚禁于卡哈马卡的一个房间里,这个房子仍保存至今。阿塔瓦尔帕向西班牙人提出,为了换取自由,他愿意分别用金子和银子来填满这个房间。虽然几个月后印加王履行了他的承诺,但仍被西班牙人处以死刑。他被指控犯有篡夺皇位、暗杀兄长、放纵淫欲与其妹妹结婚生子等违背宗教的罪行。阿塔瓦尔帕于1533年7月26日被处决。

印加帝国陷入了群龙无首之境。从战略角度出发,皮萨罗扶持瓦伊纳·卡帕克的另一个儿子图帕克·瓦尔帕(Túpac Huallpa)为印加的傀儡国王,将阿塔瓦尔帕手下的一名将军查克鲁·奇玛克（Chalcu Chimac）纳入其麾下，皮萨罗还娶了先王瓦伊纳·卡帕克的女儿，即瓦斯卡尔和阿塔瓦尔帕的妹妹伊内斯·瓦伊拉斯（Inés Huaylas）为妻。

在接下来的几个月里，远道而来的欧洲援军壮大了皮萨罗的军队，皮萨罗继续向南挺进，于1533年11月14日进入库斯科。在随后一个月，军队抵达了的的喀喀湖湖岸，踏入了凯楚阿文化的发源地。皮萨罗占领了印加各省，建立了新的城市，如特鲁希略（1535年）、利马（1535年）、查查波亚斯（1538年）、华曼加（Huamanga）（1539年）、瓦努科（1539年）、阿雷基帕（1540年），重建了豪哈（Jauja）（1534年）和库斯科（1534年，在印加废墟上重建），并派遣征服者前往这些城市定居。利马位于离太平洋几公里的里马克河畔（río Rímac），它被选为西班牙政府中心所在地。

为了巩固武力征服印加帝国的战果，西班牙人需要清理印加帝国残余的军事力量。在上一个傀儡王被秘密地谋杀以后，瓦伊纳·卡帕克的另一个儿子曼科·印卡（Manco Inca）被皮萨罗任命为新的傀儡印加王。在曼科·印卡的帮助下，西班牙人战胜了阿塔瓦尔帕的基斯基斯（Quizquiz）将军的部队。战败后基斯基斯逃亡基多，后来在当地被谋杀。

曼科·印卡曾与西班牙人联合，打败基多的军队，因为他需要消灭掉这些军事力量，让印加人承认他是印加王。曼科·印卡和西班牙人之间的联盟持续了两年半（从1533年11月至1536年5月）。1535年，在阿尔马格罗的支持下，曼科·印卡在库斯科谋杀了他的几个兄弟和竞争对手。曼科·印卡在西班牙人的帮助下战胜基多后，开始反对西班牙人，试图夺回自己的王国。但在此之前，西班牙人让曼科·印卡的一位同样觊觎印加王位的兄弟保柳·印卡（Paullu Inca）陪同阿尔马格罗一起远征智利。保柳·印卡是印加王瓦伊纳·卡帕克和印加北部地区瓦伊拉斯公主阿尼阿斯·戈尔格（Añas Colque）所生的儿子。

为了打败欧洲人，曼科·印卡在1536年至1537年间，率领一支大约20万人的军队围困库斯科，但最终以失败告终。一部分原因是因为西班牙人得到了一些库拉卡斯柯的支持，这在利马的考古发现中得到了证实。在这场印加人与西班牙人的战争中，因枪伤致死的都是印第安人。

曼科·印卡被击败之后，撤退到位于阿亚库乔的维特科斯（Vitcos）的要塞比尔卡班巴（Vilcabamba），几年后他也命丧此地。曼科·印卡的领导受到了他的竞争对手和兄弟保柳·印卡的限制，后者在皮萨罗和阿尔马格罗相互对抗的复杂局势中占据了一席之地。保柳支持阿尔马格罗，反对皮萨罗，并在1537年在阿班凯（Abancay）帮助阿尔马格罗击败皮萨罗。出于感激，阿尔马格罗任命保柳为印加王。

1538年年底,曼科·印卡发起了另一场抵抗行动,保柳站在了西班牙人的一方,镇压曼科。在卡亚俄与皮萨罗达成的和平协议给曼科·印卡换来了丰厚的领地。之后,在1539年,他与皮萨罗再次合作,在进入比尔卡班巴后,向皮萨罗提供了6万名士兵。1543年,保柳接受天主教洗礼(其合法性的新来源),取教名为克里斯托瓦尔(Cristóbal)。

印加王位的两位竞争者在16世纪上叶去世。曼科·印卡于1544年被谋杀,他的儿子塞里·图帕克(Sayri Túpac)接替了他,继续与西班牙人抗争。保柳在1549年自然死亡。他的妻子和他的房子被数百名库斯科的印第安战士看守,这是印加时代印加王死后的惯例。不过此时掌握实权的已是西班牙人。

-6-

殖民体系的建立（1532年—1550年）

委托监护主^①（encomendor）和土著酋长（curaca）

最初的殖民体系建立的基础是委托监护制度（encomiendas），在这个制度下，大量能够缴纳税赋与提供服务的印加家庭，被授予战功显赫的征服者们，作为对他们功绩的奖励。接受分封的委托监护主们，则要负责保护印第安人，还要肩负让印第安人皈依天主教的义务，并对国王提供军事协助。从法律上讲，获得了委托监护地，并不意味着可以享有相关的行政权和司法权。

---

① 委托监护地是西班牙殖民制度的关键内容，西班牙国王授地给忠实的臣属，大部分是早期殖民者，获得授地的人则成为委托监护主，所授之地则为委托监护地。

根据与卡斯蒂利亚王朝签订的托莱多协议，皮萨罗通过授封成了秘鲁的委托监护主。皮萨罗身边战功赫赫且忠心不二的随从们，曾经向皮萨罗贡献过马匹和武器的人，或是皮萨罗曾想要奖赏的人，都被封为委托监护主并被授予了从100到1000数量不等的印第安人（18至50岁的男性）。这些印第安人向委托监护主们交纳赋税。这种分封是世袭的，授封的家族统领一个省份，伴随历史的发展，这种分封逐渐合法化。只有在一些特殊情况下，例如背叛国王或宗教，或者因专制暴虐而受人反抗，这种世袭分封才会被取消。

授封领地在某种程度上意味着对部分人口的"转让"，换句话说，这在政治组织体系中是被认可的、合法的，它从根本上确保了建立殖民系统的可行性。皮萨罗将印加奇普运用到行政管理之中，从传统的库拉卡斯柯中挑选领主。因此，就像曾经的印加帝国那样，库拉卡们成为将前西班牙时期和西班牙殖民时期政治组织叠加在一起的关键因素。

在缺乏可替换的沟通手段的情况下，委托监护地的授予通过举办仪式来展开，具有强烈的政治意义。在分封委托监护地的时候，委托监护地上的库拉卡们和接受分封的委托监护主都要到场。授封环节通过仪式完成，虽然委托监护主和管辖区域内的居民之间的基本关系需通过西班牙国王确立；不过，相关法律文书的公证可以起到同样的效果。通过这种方式，委托监护地或在秘鲁被称为分封地（repartimiento），成了西班牙人构建政治统治的基础，使印第安人对西班牙人的政治权威予以默认与接受。酋长们将新政治秩序传达到每一个部落，并使这种秩序被人们接受。

在最初阶段，西班牙人的主导地位尚未巩固，其统治还具有一定的不稳定性。因此，委托监护地制度需要通过与库拉卡们达成共同协定来确定，通过这种方式来确保这种制度下权力施行的合法化——暴力的使用在头几年是非常普遍的——以及确保这种制度下的经济活动能有效开展。此外，委托监护主们也需要印第安人的支持，以便与其他的征服者展开充满艰辛与暴力的对抗；库拉卡们也意识到，要生存下去，要让西班牙王朝认可自己的权威，要在一个新的政治环境中维持自己的地位，就必须支持委托监护制度。在地方上委托监护主们代表了一种新的政治势力。

因此，委托监护制度是以委托监护主和库拉卡在权力上的共生为基础的。这种制度成功地对双方的政治权威进行了调整，进而使印加体系向西班牙体系过渡成为可能。酋长们接受洗礼也是这种紧密的共生关系的体现。对于酋长们来说，接受基督教化是在印加帝国被西班牙征服以后将自己的权力合法化的一种基本手段。

委托监护主和库拉卡成了新权力世界的主角，他们的势力在地方上尤为凸显。毫无疑问，委托监护主是秘鲁在殖民时期早期的经济与社会精英。成为委托监护主，不仅意味着自己和子女拥有了土地，还意味可以同家人、亲戚、仆人和奴隶一起生活在大庄园里，过着符合新兴贵族地位的奢侈生活。此外，担负传教义务的牧师们也受委托监护主的保护，这些牧师的工资、衣着和食物开支都由委托监护主负责。

日益累积的财富使委托监护主们过上了奢侈的生活，他们获得财富的来源不仅因为他们有权力征收赋税，还因为他们可以通过委托监护主的身份获得劳动力、财富，以及有时候可以以非法手段获得印第安人的土地，从而垄断殖民地初期的经济活动。很多委托监护主经营着多样化的经济和贸易业务，他们运营着利润丰厚的、满足市场对农产品日益增长的商业需求的公司。通过这种方式，第一批专门生产西班牙基础饮食产品小麦、橄榄油、甘蔗、猪油、葡萄酒、猪肉、鸡、牛和羊的庄园出现了。也出现了与西班牙饮食结构联系密切的生产小麦和加工油产品的磨坊。还出现了生产布料，如毛料布、麻布、粗呢的乡村作坊，这是另一种深受委托监护主的喜爱，但由于需要高强度的工作，深受常常被迫劳作的印第安人厌恶的产业。可随意支配劳动力，对委托监护主们来说是极其有利可图的。早期殖民时期，委托监护主们的另一项经营是把生产品投进贸易和交换领域。运输产品到主要城市的市场和殖民地的矿区成为一项有利可图的生意。很多殖民者为了获得更大的利润，租用成群的羊驼和骡子作为运输工具。

委托监护主们还在他们的城市拥有行政权，他们出席城镇与市政府的议会，不仅拥有对政府的控制权，还以使自己利益最大化的方式规范城市的供应系统和商业系统。

殖民地的委托监护主们和征服者们是秘鲁文化的缔造者。如皮萨罗或者士兵米格尔·德·艾思德（Miguel de Estete）一样的征服者们在策马扬鞭之时，根据自己亲眼所见写下了关于征服的历史，第一次向世界展示了安第斯社会与文明的构造与特征。

1530年至1540年，第一批关于秘鲁征服史的作品出版了，代表作有：奇佐巴尔·德·梅纳（Cizóbal de Mena）写的《征服秘鲁——新卡斯蒂利亚》（La conquista del Perú, llamada la Nueva Castilla）、皮萨罗的秘书弗朗西斯科·德·谢瑞兹（Francisco de Xerez）撰写的《秘鲁征服的真实关系》（La verdadera relación de la conquista del Perú）以及阿古斯丁·德·萨拉特（Agustín de Zárate）的《秘鲁发现与征服史》（La Historia del descubrimiento y conquista del Perú）；也有征服者们亲自撰写的，如佩德罗·瑟萨·德·雷昂（Pedro Cieza de León）的《秘鲁纪事》（Crónica del Perú）和胡安·迪亚斯·德·贝达松斯（Juan Díez de Betanzos）的《印加人叙述汇总》（Suma y narración de los incas），这些用第

一手资料展示的秘鲁历史令人印象深刻。

对于库拉卡们来说，在最开始他们设法保住了很多的权力与特权，但是因为前西班牙时期传统的权力体系被新的权力体系取代了，在1570年间，酋长们在法律上出现了不确定性。前期，酋长们垄断了与印第安的领土、人口普查和财政相关的信息，通过自己的"官员"网络维持了自己的司法权和执政权。低级别的酋长依附较高级别的酋长。早期殖民制度的模糊性，使酋长们除了享有劳动和服务这样的传统特权之外，还可以利用新殖民体系提供的机会以私人或集体的形式，扩大他们在殖民地市场中的参与度。

动荡的与乌托邦的时代

1537年至1553年间，安第斯地区发生了一场大动荡。起因是征服者之间的纷争，主要是皮萨罗和阿尔马格罗之间的内讧与冲突。阿尔马格罗被西班牙皇室任命为库斯科和钦查以南被称为新托莱多省（Nueva Toledo）①的总督。阿尔马格罗南下远征智利，因物资贫乏和印第安人的抵抗而失败。随后阿尔马格罗撤兵

---

① 新托莱多省，隶属于西班牙帝国的总督辖区，创建于1529年。

返回库斯科，意图夺下这座城市。发生在库斯科附近的拉斯萨利纳斯（Las Salinas）战役使这场纷争达到了高潮。由皮萨罗的兄弟埃尔南多·皮萨罗（Hernando Pizarro）指挥的军队击败了阿尔马格罗的军队，阿尔玛格罗沦为阶下囚，并于1538年7月被处以绞刑。三年后，阿尔马格罗的混血儿子率军攻入皮萨罗在利马的家中，并将其杀死，报了杀父之仇。

西班牙王室决定任命克里斯多瓦尔·巴卡·德·卡斯特罗（Cristóbal Vaca de Castro）为皇室代表前来解决殖民地征服者之间的争端，借此在新领土上巩固皇室的威慑力。在获悉了阿塔瓦尔帕支付了赎金的消息，以及得知在利马附近的宗教圣地库斯科和帕查卡马克有财富被发现的消息之后，西班牙当局对这片新征服的土地尤为重视。成为秘鲁总督的克里斯多瓦尔·巴卡·德·卡斯特罗，在丘帕斯（Chupas）平原击败、俘获了小阿尔马格罗①，随后下令将其处死，这位反叛者被斩首，并与他的父亲一起埋葬在库斯科。以此为开端，西班牙王朝展开了对征服者的打压。而这是一个更加复杂而漫长的过程。

征服者认为他们是征服这片土地的人，因此他们对土地有合法治理权，也理应在土地上构建类似于西班牙领主的身份，他

---

① 阿尔马格罗的儿子。

们愿意承认卡斯蒂利亚国王至高无上的王权，但前提是西班牙要保证他们在这片新获得的土地上的权力。不过这种封建的政治模式，在欧洲已呈逐渐消亡之势，欧洲的君主们一直在加倍地控制着地方权力，不断地削减和剥夺地方势力在司法、征税或铸造钱币上的各种权力。当然，西班牙王室是不希望这些征服者有机会在美洲发展成为新的"领主"的。皮萨罗和阿尔马格罗的死，意味着征服印加帝国最重要的将领的逝去。1542年，西班牙国王利用这个机会，颁布了所谓的"新法"（Leyes Nuevas），成立了秘鲁总督区，削减了征服者的权力，增加了由国王任命的总督和皇家检审庭[①]（Real Audiencia）的权力。

除此之外，还有长期以来针对委托监护制的批判，特别是多米尼加修道士巴托洛梅·德·拉斯卡萨斯[②]（Bartolomé de Las Casas）及其追随者们为印第安人辩护，深刻地影响了新政策的实施，前文提到的"新法"就是一个例子。在西班牙王室与宗教秩序之间，一种利于印第安人、意图瓦解美洲征服者统治的联盟形成了。

当时的知识分子，例如文艺复兴时期的人文主义者，试图组

---

① 西班牙在新世界的一个高级法院，是由国王指定的"法官"（Oidores）组成的理事会，位于秘鲁总督府利马市。由皇帝查理五世于1542年11月20日创建。
② 曾致力保护西班牙帝国治下的南北美洲的印第安人，著有《西印度毁灭述略》。

建一个更美好的世界。在他们的努力下,西班牙王朝容忍甚至支持了这个乌托邦式的项目。于是,一块试验地在新大陆出现了。在这块试验地里,人们将自己的理想植入其中并予以验证,把他们认为是无辜的、纯洁的、尚未像欧洲人一样腐败的美洲土著居民作为实验的对象,企图在那里建立一个公平且富有良好组织的社会。大多数试验在墨西哥展开,那里的试验比秘鲁的早十年。墨西哥的乌托邦之花繁盛地绽放开来,于是他们在秘鲁的普诺(Puno)也展开了一系列的探索,创建了一个救济网络,判决货物和牲畜的归属。但这些试验几乎没有给西班牙王室的金库带来任何实际的好处。

这些法令之中,最激怒征服者的条款是对委托监护主们的权力设定了时间限制。新法令规定,委托监护主的职权时效仅限于其有生之年。在委托监护主们死后,他的权力会被国王收回,由国王决定权力的归属,国王可以将这一权力再次授予他人,也可以不再授予任何人,由此来加强皇权和加强对印第安人的直接管辖。此外,西班牙政府严格规定了征服者们的义务和权力,在与委托监护主达成共识的情况下,征收赋税的税率只能由西班牙政府来确定。委托监护主们对印第安领地上的司法权和行政权,也因国王派出的代表"督办"(corregidor)的出现,受到了限制。

为了推行新法,1544年贝拉科斯·努涅斯·德·贝拉(Blasco

Núñz de Vela）接受任命，成为第一任总督被派遣至秘鲁。因此，美洲的委托监护主们收到了这把由西班牙国王投出的出鞘之剑。委托监护主们认为自己没有受到西班牙王朝公平的对待，毕竟自己是冒着生命危险并以自家庄园为赌注才赢得了新的土地和新的臣民，受功之臣应是自己。在这些人中，以查尔卡斯地区的委托监护主贡萨洛·皮萨罗（Gonzalo Pizarro）为代表，他也是弗朗西斯科·皮萨罗的兄弟，他反对总督，希望西班牙国王尊重他们的权力。1546年1月18日，贡萨洛·皮萨罗在伊尼亚基多（Iñaquito）击败了总督的军队，结束了这场争端。获胜军由弗朗西斯科·德·卡巴哈尔（Francisco de Carbajal）指挥，这位将军是一位在骡子上征战的耄耋老者，由于他残暴的名声，也被称为"安第斯山的恶魔"。贝拉科斯·努涅斯·德·贝拉在被俘虏后由一名黑人奴隶斩首。

印度议会[①]决定派遣佩德罗·德·拉加斯卡（Pedro de la Gasca）到拉美，他是一名以谈判能力著称而非以战斗经验闻名的牧师，同时他与巴托洛梅·德·拉斯卡萨斯观点一致，对印第安人怀有同情之心。

1547年，佩德罗·德·拉加斯卡以检审庭（Audiencia）主席

---

① 印度议会，正式名称为印度皇家最高议会（西班牙语Real y Supremo Consejo de Indias），是西班牙王朝对美洲和亚洲事务最重要的行政机构，是主管西属美洲殖民地行政、司法和立法事务的最高机关。

的身份,肩负着让美洲征服者们臣服于皇权的艰巨任务抵达了秘鲁。随他一起到达的还有一支由22艘船只组成的舰队,一支由700名士兵组成的军队。可以通过下面的公告看出这些武装力量更具有和解精神:新法的某些条款是可以修改的,并且会对有意悔改的叛乱分子予以宽恕,他们也不会被当成叛乱头目被惩治。佩德罗·德·拉加斯卡非常明显地向当地委托监护主们表明了改良的意图,宣布委托监护主的权力时效将在"两轮生命"之中。这样对委托监护主们来说,至少可以继承一次权力,保留了将委托监护权沿袭到第三代甚至第四代的可能性。

佩德罗·德·拉加斯卡推行的是胡萝卜加大棒①的政策。在另一方面他着手瓦解地方委托监护主的权力。他扩充军力,增兵1700人。自通贝斯的行军开始,在当时的秘鲁还从未有过如此规模的西班牙军队。贡萨洛·皮萨罗在库斯科也仅仅是拥军900人而已。佩德罗·德·拉加斯卡的胜利,将意味着卡斯蒂利亚王朝与美洲征服者的关系完全的、最终的破裂。

面对这场争端,印第安人之间也颇有分歧,但也许他们更倾向于西班牙国王这一边,因为佩德罗·德·拉加斯卡的举措,实际上有利于印第安人。而这样的倾向导致皮萨罗们②最后的

---

① 即奖励与惩罚并存。
② 西语原文los Pizarro,以皮萨罗代指委托监护主们。

希望破灭。一些牧师，如多明戈·德·圣托马斯（Domingo de Santo Tomás）和利马大主教杰罗尼莫·德·罗艾萨（Jerónimo de Loayza），向印第安酋长们表达了新的政权会尊重酋长们的权力，会免除酋长们的赋税，并且游说酋长们支持西班牙王朝。

1548年4月，两军决战，叛军战败，贡萨洛·皮萨罗和弗朗西斯科·德·卡巴哈尔被俘。这场爆发在库斯科郊外哈基哈瓜纳（Jaquijahuana）的战争的胜利，意味着西班牙政府掌控地方力量的胜利，意味着西班牙君主制对抗私有集团的胜利，也意味着纪律严明的官员反对财团士兵的胜利。虽然在以后的几年中，一些反叛力量仍卷土重来，但西班牙对印加帝国的控制却日益巩固了。

从那时开始，委托监护地赋税金额的评估根据不同城镇来确定，试图调和不断增长的产品和土著劳动力需求与不断减少的印第安人口之间的矛盾。税法要求上交一定数量的本地产物，如土豆、玉米和羊毛织物，和一些源于西班牙的产物，如小麦、猪或油罐头。另外也对委托监护主土地上的作物和畜牧征收赋税。税率的评估和委托监护地的重新分配由利马大主教主持，其中多明戈·德·圣托马斯和托马斯·德·圣马丁（Tomás de San Martín），他们曾保护过印第安人免受委托监护主的压迫。

-7-

过渡时期（1550年—1570年）

16世纪中叶，在历经了动荡的20多年后，殖民体系制度化进程不断推进，在这一进程中，总督（virrey）和由拉加斯卡①于1549年创立的总督区最高司法机构检审庭②发挥了重要的作用。

1550年代和1560年代上任的总督们，安东尼奥·德·门多萨（Antonio de Mendoza）（1551—1552）、安德雷斯·乌尔达多·德·门多萨（Andrés Hurtado de Mendoza）、卡涅特侯爵（marqués de Cañete）（1554—1560）、迭戈·洛佩兹·德·苏

---

① 全名佩德罗·德·拉加斯卡，西班牙派往秘鲁的代理人，1547年抵达秘鲁，推进新法的实施。
② 亦译"检审法院"。西属美洲殖民地总督或都督辖区中的一级行政与司法机构，其职责是在总督离任、缺席和亡故时代行总督职权，对包括总督在内的所有殖民地官员进行监督，直接向国王报告情况；同时又是辖区的最高法院，兼有监察的职能。

涅加·伊贝拉斯科（Diego López de Zúñiga y Velasco）、涅瓦伯爵（conde de Nieva）（1561—1564）和罗贝·加西亚·德·卡斯特多（Lope García de Castro）（1564—1569），极大地重建和加强了君主的权威。

对于总督们和法官们来说，扑灭委托监护主最后一次发动的叛乱是必然之举。弗朗西斯科·埃尔南德斯·西隆（Francisco Hernández Girón）因不满废除印第安人的服务条约，于1553—1554年间在库斯科发动叛乱。他们还希望突破印加人在比尔卡班巴①的最后一个反叛堡垒，他们试图与塞里·图帕克②谈判。这场对话由拉加斯卡发起，由安德雷斯·乌尔达多·德·门多萨继续展开，1566年双方签订了阿科班巴协约（la capitulación de Acobamba）。出于对永久和平的愿望，塞里·图帕克接受对西班牙国王的臣属，同意离开比尔卡班巴，作为交换，他被封予了库斯科最富裕地区尤卡（Yucay）的委托监护地（encomienda），获得了5000比索的财产，其子奇斯佩·迪多（Quispe Tito）也与尤卡委托监护地的合法继承者贝阿特丽

---

① 凯楚阿语Willkapampa，意为"圣谷"；西班牙语Vilcabamba，是印加帝国被西班牙人征服后的一个残存部分，新印加王国的首都。与西班牙人谈判后，塞里·图帕克同意离开比尔卡班巴。
② 凯楚阿语Sayri Tupaq，是印加人的第16代萨帕·印卡（皇帝），1544年至1560年在位，统治位于比尔卡班巴的新印加王国。

斯·克拉拉·科亚（Beatriz Clara Coya）结婚。但在事实上，印加王虽然迁至库斯科并享有这片委托监护地，但是由于西班牙国王在协议确认上的拖延、在婚姻安排上面临的种种困难，以及印加王去世等因素，阻碍了协议的实施。

秘鲁总督领地（virreinato）坐落在安第斯地区。圣·克鲁斯·德·拉谢拉（Santa Cruz de la Sierra）、圣地亚哥·德·瓦尔韦德（Santiago de Valverde）、卡涅特（Cañete）、昆卡（Cuenca）、圣·玛丽亚·德·拉帕里利亚（Santa María de la Parrilla）、圣地亚哥·米拉弗洛雷斯（Santiago de Miraflores）等城市，充分体现了秘鲁的西班牙后裔及其文化和社会的价值。在已建成的城市中，统治者们致力于城市发展和居民健康与受教育条件的改善。在利马建立了圣拉萨罗皇家医院（Hospital Real de San Lázaro），成立了圣马科斯大学（Universidad de San Marcos），后者是1551年在利马圣多明戈修道院（Monasterio de Santo Domingo）的基础上成立的。

效仿卡斯蒂利亚模式的市政议会（cabildo）是市政府的主要机构。在初期阶段，它对维持地方秩序起主要作用，具备广泛的职能，例如组织和管理公共财政，控制税收、价格，监管公共卫生，颁布公共法令和立法（理论上应该由国王实施），分配土地。政府组建的架构来源于中世纪的社区政府，即社区由集体选出的市民组织来管理。一般来说,社区管理团队由选举产生的两名市长、六名管理人员和其他官员组成。然而,由于西班牙迫切希望削减地方上委托监护主的权力,通过颁布法律条款,限制委托监护主在议会的席位并逐渐向民众开放进入议会的渠道。1567年,西班牙要求秘鲁市议员的一半是普通公民,即非委托监护主身份的成员。同时,西班牙试图通过将权力移交给新引入的群体来抵消议会日益增长的自治权,以牢牢把握对殖民地的控制权。

在那些仿效西班牙建立的第一批总督府中,游行和庆典等活动出现了,这些活动促进了奢侈品的消费,丰富了利马的社会与文化生活,提高了总督在地方上的权威。总督的随同人员,除了亲戚、仆人之外,还包括音乐家、占卜者、画家和喜剧演员等,这些人将意大利式的流行概念,同西班牙宫廷品位与时尚融为一体,带到了这片土地上。

公共仪式涉及整个城市。例如,接待涅瓦伯爵总督的准备工作,就涉及殖民地当局、利马市议会各部门的参与,也有商人、工匠艺者参与其中,也就是整个利马城都参与其中。位于广场的锦缎店和天鹅绒布料店,为法官和军官们在仪式中穿着的奢华礼服提供制作材料。制衣工作由裁缝们完成,商人也在这些公共仪式场合忙碌奔波。那些宣誓仪式在一片盛况和辉煌中举行。

这些庆祝活动形象地展现出了每个权力团体在社会等级结构

中所处的地位。相关条款严格规定，活动参与人员必须要遵循与其社会地位和职位身份相符合的出场顺序。其中享有优先权的是大法官和议会的代表们。

艺术和文化在这一时期发展强劲。在殖民化的初始阶段，艺术为新权力系统和新社会秩序的建立起到了基本的支撑作用。教会是教化印第安人的关键组织，因而也成了艺术和文化最重要的推动者之一。在临近16世纪中叶的时候，西班牙画家和雕塑家开始在一些城市开设工作室，满足人们建造教堂和修道院的需求，利马大教堂（la Catedral de Lima）也是在这种环境下建成的。这些人通常是来自卡斯蒂利亚和安达卢西亚的大师，他们把中世纪和文艺复兴时期的艺术观念带到了秘鲁。随着1560年代意大利美术三杰掀起的新艺术潮流，秘鲁出现了艺术革新。

文学作品的产生同研究和传播印第安社会的基本方面密切相关，帮助西班牙人了解前西班牙时期的印第安社会组织，改善当地政府推动的传教活动。文学创作的里程碑当属修道士多明戈·德·圣托马斯的《克丘亚语词汇》（Lexicón o Vocabulario quechua）、《秘鲁印第安王国语法与语言艺术》（La Grammatica o arte de la lengua general de los indios de los reynos del Perú）的出版，它们是学习克丘亚语的基本指南。埃尔南多·德·桑蒂扬（Hernando de Santillán）的《秘鲁的宗教与仪式关系》（*La Relación de la religión y ritos del Perú*）以及其他涉及"秘鲁的印第安人政府"与宗教有关著作，保罗·德·奥德卡多（Polo de Ondegardo）的《印第安人宗教仪式简介》（*Instrucción contra las ceremonias y ritos que usan los indios conforme el tiempo de su infidelidad*），《关于印第安人错误与迷信的论文和调查》（*Tratado y averiguación sobre los errores y supersticiones de los indios*）；给布里维斯大·德·木里阿多雷斯（Briviesca de Muñatones）学士的《关于印第安人迷信的报告》（*sobre los errores y supersticiones de los indios*），和"给弗朗西斯哥·费尔兰德斯·德·里伟阿罗（Francisco Fernández de Liévano）博士的信件"皆在1560年代完成，特别是1567年由法官胡安·德·马丁雷索（Juan de Matienzo）发表在《秘鲁政府》（*Gobierno del Perú*）上的作品，被视为几十年后改革设计的蓝本，以及印第安法案汇编的基础。

为了进一步巩固西班牙王室的力量，1565年，西班牙王室开始设立印第安人督办（corregidor de indios）。这项措施打开了一个新的政治布局，涉及85个省级管辖区，每个管辖区由一个王室官员负责，他们的使命是维护王室的利益。他们是由国王任命的公职人员，官职位列总督之后，在政府管理、贸易调节、司法等方面拥有很大的职权。通过这些官员，西班牙国王能行使皇权,并有效地将皇权的影响扩展到秘鲁的各个角落。

由此,殖民政府控制了殖民地和各个印第安部落。督办的所在地逐渐变成具备行政和司法职能的省会城市。

在很长一段时间内,利马检审庭垄断了司法权,在总督替换期间垄断了治理权。为了削减利马检审庭的权力,殖民政府设立了新的检审庭(查尔卡斯、智利、基多),这是另一项具有变革性质的重大行政改革。

在经济领域,总督们试图引用印度议会采用的一般准则来解决已有问题。总督们最为关注的是采矿业。1545年发现的波托西(Potosí)矿山产出的白银成了西班牙王朝财政收入的主要来源,成为秘鲁和西班牙之间的主要经济联系。西班牙王朝希望在海外属地的贸易中始终占据有利地位,在银矿贸易中,通过殖民地市场,鼓励西班牙国内的农业和制造业的生产,殖民地用银矿换取西班牙产品。由于原产于西班牙的农产品在美洲大陆迅速地种植开来,西班牙王朝制定了一系列政策保护来自西班牙本土的农产品免受"美洲"农产品的威胁。例如,禁止美洲大陆生产葡萄酒和油,限制殖民地纺织工业的生产范围,只允许殖民地生产粗糙的布料。此外,通过年度船队系统来保证船舶的安全,免受海盗侵扰,推动商业垄断,这些举措进一步加强了西班牙对美洲贸易的控制。

与此同时，殖民地当局试图通过引用更昂贵的新技术，采用汞合金（或水银）法提高采矿产量，提高白银的生产能力。就秘鲁而言，1564年万卡维利卡（Huancavelica）水银矿的发现，使新开采方法的优势更为明显。西班牙从发现者和第一批开采者手中征用这些矿产，比如从安卡拉斯的委托监护主阿玛多·德卡布雷拉（Amador de Cabrera）手中直接拿走矿产地，并将它们国有化，变为皇家私产。殖民地政府与当地矿工一起设立了投标制度，以便开采朱砂矿层（可以提取水银的矿石）。政府一方面保证向矿场提供一些土著工人，而另一方面，矿场承诺每年交付政府一定数量的水银。

造币厂成立于1565年，为当地制造便于流通的货币。造币厂最初设立在利马，于1568年开始首次铸造。16世纪末，在运作了一段时间后，造币厂迁移至波托西。全国上下收集到的一半以上的白银在波托西汇集。尽管在1680年，利马造币厂重新开放，波托西造币厂仍一直在运作。

为了加强对辖区人口和资源的了解，总督们在收集信息和系统化处理信息方面作出了巨大的努力。把一个完全未知的广阔世界纳入西班牙的管辖范围，也是西班牙面临的挑战。这迫使西班牙王室在治理方法上加以改进。印度议会为大规模收集信息设计出详尽的调查表，可以更准确地了解新大陆的地理、气候、人口和资源情况。

就秘鲁而言,自佩德罗·德·拉加斯卡为推动税务评估而组织开展对人口规模和资源的调研之后,西班牙在该领域的调研进展显著,并在16世纪60年代的十年内发展迅速。西班牙为了掌控领地,通过一系列行政手段,不断推进对领地的了解。1560年间卡涅特侯爵对土著人口进行的住户登记工作是这项统计工作的里程碑。对有关人口的普遍信息的收集,是通过大量且具体的对当地社会政治组织和对仍然在安第斯社会生效的社会集体单位的"走访"得来的。其中最著名的是1549年和1562年,历史学家对瓦努科地区的走访,还有1567年对丘奎图(Chucuito)地区的走访。

总督区生活正常化的基本要素之一,是1551年召开的第一届利马议会和多年来积极开展的传教活动。西班牙人和土著人之间的征服战争和内战,阻碍并限制了传教活动的开展。自西班牙人征服这片土地之初,对土著人的传教就得到了多方力量的推动。

社会的分裂

殖民地的委托监护主们成了社会的领导,虽然他们中的大多数身处贵族体系之外,但通过委托监护主的身份,他们享受了和贵族一样的特权。西班牙王室则开始向这些封建的委托监护主们施加权威，试图将委托监护主们钳制在自己的控制之下，企图在新的殖民体系构架下，将委托监护主权力扩张的苗头扼杀于襁褓之中。

在新模式下，印第安贵族阶层仍然处于社会顶端，但是却受王室的约束。在新模式建成后的很长一段时间内，印第安贵族不能获得高级行政职位，如总督、大法官、大主教和主教等职位。这些职位总是被来自伊比利亚半岛的势力占据。哈基哈瓜纳战斗的失败和新法律的实施，意味着西班牙逐步铲除委托监护制体系，也意味着委托监护主们的社会、政治和经济特权被逐步削减。

当然，征服者们是拒绝将通过征服新大陆而得到的特权转手交给西班牙国王的。但是，由于权力基础被明显削弱，委托监护主们的战争意图和对印第安人劳动力垄断的意识在1560年消失了。

暴力在征服初期就已在这片土地普遍存在，加之殖民地社会各个团体都试图在这个变动的新世界占据一席之地，并对之抱有迫切的愿望，于是一个包含着冲突和矛盾，同时也渴望能谋求到一条满足所有社会团体、具备共生模式道路的社会形成了。

一位在秘鲁长期居住的教士佩德罗·德·奇罗加（Pedro de Quiroga）把这样一个处于危机和变革过程之中的社会，记录在他的文学伦理作品《真相对话》(Coloquios de la Verdad)一书之中，书中有两个殖民地社会阶层的代表，一个是皮萨罗派的巴其隆（Barchilón），一个是库斯科贵族派的蒂多（Tito），书中谈论了他们生活中的社会问题。一方面，征服者们认为是自己征服了这片土地，但他们对这片土地的统治权被剥夺了；另一方面，印第安贵族们认为，自己的权力和名望都处于岌岌可危的境地。作者通过对话的方式，从两个相反的角度思考殖民地社会，揭示了在那时候出现的问题、矛盾与社会仇恨。

也许最能代表上述社会问题的是梅斯蒂索人，他们就是矛盾本身，生而存在于一个完全被重新洗牌的社会之中。他们身上流淌着源自安第斯和西班牙的双重血脉，这也让他们不得已地处于一种自相矛盾的境地：一方面，他们具备优势，因为他们可以成为两个世界之间的文化调解者；但是另一方面，他们在两个世界都不被接纳。梅斯蒂索人这种自相分裂的身份也很好地体现了要在当时建立一个可以运转的社会所面临的种种困难。

16世纪的一个重要社会群体是黑人奴隶，他们因劳动能力而被征服者看好和使用，同时拥有黑人奴隶也象征着权威。秘鲁的第一批黑人奴隶是被征服者带来的。据估算，在1550年，居住在利马的黑人奴隶有1500多个，其他的黑人奴隶分散在秘鲁境内的各个地方。对印第安人的惧怕之心使得委托监护主强迫黑人奴隶工作。

面对马德里派来的督办官员们的威胁，委托监护主和当地精英们在市政职位和商业活动中争抢权力，受财富缩水的影响，委托监护主和他们的后代利用自己独特的优势——他们继续与土著酋长们保持着特权关系，并且比任何人都更加了解土著世界的特点——致力于扩展贸易和生产。

在16世纪下半叶，他们中的大多数成了富有的农业企业家、牧场主、作坊主、工厂主。在政治领域，虽然他们已不再垄断市政代表权，但他们继续参与其中，而且试图将代表席位分配给受他们保护的公民。此外，他们仍然对其他正在崛起的社会阶层表现出浓厚的兴趣，并且模仿这些人的生活方式。

对那些本来致富梦想破灭、已经打算返航欧洲的西班牙人来说，委托监护主们在权力上和财富上的受限，为他们在秘鲁社会的崛起扫除了障碍。他们中的很多人被波托西颇有前途的采矿业吸引。他们中的另一些人成了管家、助手、仆人、小工匠和柜员，在这个新世界——在从没梦想过的温柔之地谋生。然而，西班牙人中另一个日益增长并逐渐边缘化的群体运气却不怎么好，他们大多是梅斯蒂索人和穆拉托人①（mulato），他们浪迹于乡

---

① 黑人和白人的混血。——译者注

野和城市之间，靠印第安人养活，依赖西班牙人的施舍寻找糊口的机会。这类人群很明显地表明了在转型时期较难的社会接纳度，这类人群比例的增长还增加了西班牙政府对社会混乱的担忧。

派出远征军征服新土地，在当时来说是缓解社会紧张局势的最佳方式之一。但这类活动的开展次数在1557年对智利的和平考察之后减少了。人们试图通过建立萨尼亚（Saña）和一些现今位于阿根廷西北部的城市，鼓励农业和畜牧业生产，但其发展非常缓慢。城市的发展导致社会中间阶层的增加，例如裁缝、服务员、染色工、制鞋工、铁匠、画家、雕塑家和金匠等人；还有商人、律师和医生等自由派专业人士，以及代表社会中等阶级的官僚。

为了把秘鲁建成美洲最重要的权力中心之一，为了对该地区进行越来越有效的实际控制，西班牙在秘鲁增加了官僚和公职人员的数量。检审庭数量更多，民事法院、教会法院、中小学校、大学、宗教机构、市政议会、领事馆、铸币厂、公立医院和督办需要大量的办事员，如文员、辩护人、律师、检察官、助理、书记员等，他们在社会中获得了较高的地位。

文员是标志着法律社会的关键人物。政府部门的文员（政府、议会的市政议会书记员，省级、视察体系、监审庭的官员），在公共行政部门中是必不可少的；而公共领域的文员的主要职责是使私人交易合法化。他们在公共区域和中心区域行业履行职能，例如在主要广场，以便惠及所有人。即使是利马的黑人，也可以无须通过第三方就直接雇用他们。

不难想象，在这样一个普遍文化程度低而又官僚化的社会，这类人士的重要性。那些由文员签发和签署的文件，有时候会决定一个人的生命或自由（奴隶获得自由的"自由信"）、会决定公共和私人地产的恢复、会承认房屋的产权、会决定对垂死者意愿的尊重，或者对错综复杂案件的司法裁判。

教会阶层是早期殖民社会组织中的一个单独枝节。他们自征服伊始就已出现，征服团队的合伙人之一就有埃尔南多·德·卢克牧师，还有远征军教士瓦尔韦德。

在最开始，教会组织就并不简单。秘鲁在16世纪只有三个教区，第一个是库斯科，由主教瓦尔韦德领导；另外两个一个是利马（1541年），于1547年成为大主教管区，另一个是基多。耶罗尼莫·德·洛亚扎(Jerónimo de Loayza)是秘鲁教会组织的第一位大主教，他组织了第一次传福音运动。为了遵循教义，他领导了1551年至1552年的教士会议，领导了1567年的教士会议，使秘鲁采取了特伦特会议[1]规定的法令。在同一时期，第一批天主教堂

---

[1] 指在特伦特和北意大利的波隆那，1545年至1563年间召开的大公会议，是罗马天主教会最重要的大公会议，促使这个会议召开的原因是马丁·路德的宗教改革。

开始建造，其中包括在利马和在库斯科的两座大教堂，两地还成立了各自的大教堂教士会。

在社会中，教会成员没有构成一个同质群体。他们形成了一个跨越所有社会阶层的等级结构。由利马大主教担任主席的高级教会，组成部分有教区和大教堂理事会、教会法庭和常规的行省。这个群体来自上层贵族，是一部分社会政治精英；而农村神职人员，主要是来自伊比利亚半岛的神职人员，可以等同于西班牙裔的中等阶级。教会成员中的一些人，如修士或世俗人士，没有获得教士或牧师职位，他们在地区间游荡，是秘鲁的一部分流浪人群。

1560年代的危机

1560年代是秘鲁在西班牙殖民历史上的一个转折点。一方面，因征服造成的人口危机变得越发严重。在1550年（前一段时间缺乏可靠的数据）和1570年之间，土著人口从200万减少到130万，对于委托监护主们来说这是一种损失，因为他们的税收收入随着土著人口的流失而减少。神父们对委托监护主们严加谴责，认为土著人口减少是因为委托监护主向土著人征收赋税，压榨土著人的劳动力，让他们在矿山过度工作、充当运输工具。委托监护主们反驳说，土著人口濒临灭绝是领地产业的暂时性导致的。如果人口减少是永久性的，那么最担忧的人是委托监护主，因为人口增长才能促进经济的发展，他们向西班牙国王支付了10万比索，作为对领地的永久性补偿。

另一方面，从1545年左右开始，由于熔窑矿物质燃料的耗尽，以及土著劳动力的缺乏，波托西矿山的银产量开始下滑。造成这种情况的原因是人口的减少和殖民地对税收的控制（例如，阻止殖民地的印第安人将租金交给委托监护主）。白银产量的下降，减少了秘鲁与西班牙的贸易往来，从而导致秘鲁的税收减少和西班牙商人利润的下降。

还有一方面，在涅瓦伯爵担任总督期间，关于驻扎在比尔卡班巴的堡垒的塞里·图帕克的继任者蒂图·库西·尤潘基（Tito Cusi Yupanqui）发动土著军起义的谣言四起。有消息表明加入这场起义的还有梅斯蒂索人，这引起了西班牙人的恐慌。

最后一点可能是让西班牙统治者觉得最为可怕的。在曼加南部地区，他们发现已被基督化的印第安人开始了偶像崇拜。这种偶像崇拜被叫作塔基昂库伊（Taqui Onqoy）（舞蹈病或死亡）。在夜晚，印第安人来到他们的墓地（埋葬祖先的地方），在舞蹈和咒语中祈求赶走西班牙人。除此之外他们还从拒绝食用小麦、猪肉或鸡蛋等西班牙食物开始，发展到拒绝西班牙文化。

西班牙殖民正义性的支撑,即向印第安人传教取得的成果,突然间分崩离析了,而且其他省份也发生着相似的事件。

  这个事件引发了政治动荡,人们对总督区产生了悲观的看法。秘鲁的历史进程似乎进入到了急需一场重大的变革的紧要关头,当然也陷入了一场就变革应该采取何种方向的激烈辩论。

-8-

殖民体系的重塑
新殖民道路：托莱多改革（1570年—1580年）

总督弗朗西斯科·托莱多（Francisco de Toledo）于1569年年底抵达秘鲁，他对殖民社会结构的形成产生了决定性的影响，因为他任职的11年，推行了一场极为重要的改革。尽管托莱多本人才能出众，但改革不能只归因于他个人的主动性和能力；还要归因于殖民国家坚定的改革目标和为了增加西班牙收入的明确政策；还归因于一个从征服中转变出来的，历经几十年形成的一个可治理的复杂社会。

菲利普二世（Felipe Ⅱ）通过军事和政治联盟巩固了天主教帝国，西班牙帝国来到了最具统治力和声望的时刻。但为了维持西班牙帝国的统治，需要一个强大而有组织的政府来进行强有力的管理。为此，国王积累了更大的权力。一方面，国王在一个日益集权的政府的基础上行使权力——以国王是上帝在地球上的代表为理由；另一方面，在地缘上，让权力中心向马德里靠拢。马德里也从那时候起，成为君主朝廷所在地，在那里西班牙王室做出了很多重要的决策。

在秘鲁，作为官僚机构的政府议院是由杰出的神学家和法学家组成的，其运转由总督、大法官、官员、巡视者和士兵，这些从西班牙帝国派遣来的人员执行，这就意味着需要一笔收入来支付这些人的工资。

托莱多的使命是彻底改革殖民体系。经过几十年对安第斯地区的统治后，西班牙国王和他的大臣们意识到，在经济上还没有对这块土地的财富和潜力加以充分地利用。各种各样的困难，例如顽固派印加人的抵抗、征服者之间的内部斗争、委托监护主们之间的权力角逐，还有对殖民地和当地居民了解的缺乏，意味着西班牙要在行政管理方面展开一场没有先例的尝试，而受到海外殖民经验不足的钳制，宗主国在这一阶段消耗了很多的精力。

1570年，秘鲁开创了一个务实的时代。在印第安地区的试验结束，印第安人也不再对国王的良心有所疑虑。西班牙坚定地要有效地控制殖民地及其人口，而且要最大限度地压榨殖民地的利益。为了制定全球战略计划，让美洲为西班牙王室提供服务，西班牙组织了"大会议"（Junta Magna），其中汇集了一批最了解印第安地区和最忠于国王的人。"大会议"在1568年召开，其主题是重新思考殖民模式。这种殖民模式通过法律途径和行政措施实行，并适用于整个西班牙在美洲的势力范围，特别适用于两个权力中心，墨西哥和秘鲁总督区。

西班牙的新政策在秘鲁得到了更为有力和更加系统化的部署，有多个因素的共同作用：如殖民化的延迟、印加组织的重要性、以波托西－万卡维利卡为轴心的经济核心的重要性、征服者带来的病毒的影响、土著人持之以恒的抵抗，甚至是执行官员弗朗西斯科·德·托莱多鲜明的个性和强大的执行力。

1570年，秘鲁展开的是一场真正的革命，是一场根据宗主国利益，并遵照西方模式，在政治、经济、社会和文化领域进行的重建。在这一时期采取的改革措施不仅给殖民政府的一个阶段画上了句号，当时的殖民政府被诸多问题缠身，无法巩固自己的统治；同时改革还启动了一种官僚的、法律的和行政的机制，替换掉了秘鲁殖民体系原有的基础，形成了对秘鲁强有力的控制。在这场改革之后建立起来的行政体制存在了一个多世纪，一直存续到18世纪中叶的波旁王朝改革。

1568年"大会议"的战略设计并非一场没有准备的即兴创作，改革的基础是40年来经验的积累，是对殖民地地形和人口更加深刻的认知；是自征服之初就一直存在的，特别是在1560年代，通过西班牙视角对这个陌生世界的理解与反思。以上因素使西班牙国王和大臣们能够安全且持久地对殖民体系重新进行全面的考量。

托莱多的许多改革措施都剑指很多自征服之初就悬而未决的问题，如委托监护主们的永久性问题。同时也对新出现的问题予以回应：一个问题是要满足因汞使用带来的技术革命导致白银产量提高而产生的日益增长的劳动力需求（在土著人口减少，土著劳动力变得至关重要的历史背景下）。另一个问题是，在华曼加发现塔基昂库伊的宗教抵抗运动后，西班牙人意识到了他们传教活动的失败。

这些问题使得土著人成为改革的靶向。为了解决这些问题，在教会和大法官格里高利奥·冈萨雷斯·德·昆卡（Gregorio González de Cuenca）的倡议下，制定了把这部分正在减少的人口加以集中的计划。它不是一个新方法，因为在墨西哥和秘鲁其他地区，如卡哈马卡的特鲁西略，已经有所实践。这套在1570年代被系统地、激进地、坚定地执行的政治和经济改革的诸多举措本身并无新意，但是对殖民地国家来说确实是一套新方案。

托莱多凭借自身的才能，成了一个能担当重任的人选。他于1516年出生在奥罗佩萨（Oropesa），是奥罗佩萨伯爵的儿子。

和许多同时代的贵族一样，他在青年时代为国王卡洛斯五世效力。托莱多在军事方面有很大的才能，在非洲和欧洲的征战生涯丰富了他的军事履历。由于他突出的军事能力、严厉的作风、对国王的忠诚、在管理工作上无私的付出、在大会议的决策过程中的积极参与，使得他有资格被任命为秘鲁总督，取代了临时总督洛佩·加西亚·德·卡斯特罗（Lope García de Castro）。

为了落实政策，在派塔港（Paita）下船后，托莱多亲自巡视了这片管辖区多年。1570年至1573年间，他在瓦罗奇里、豪哈、华曼加、库斯科、的的喀喀、拉巴斯（La Paz）和拉普拉塔（La Plata）停留了很长时间。巡访不仅对体力有很高的要求，因为环境恶劣的安第斯地区总是难以穿越；同时也要求极高的智商，因为需要发现存在的问题，并需要通过法规和条款来解决这些发现的问题。托莱多将实用主义运用到政策实施之中，结合先前的制度与实践，对其做出调整并使其符合西班牙的利益。一个例子就是因人口减少，推行米塔制度维护土著酋长的利益。在处理与土著人土地私有化有关的问题时，托莱多的态度十分谨慎。但在其他问题上，比如对印加王图帕克·阿玛鲁一世（Túpac Amaru I）的处决，他的态度十分严厉。图帕克·阿玛鲁一世是残居在比尔卡班巴的最后一任印加王。教士群体和西班牙政府都不愿意印加王死亡，他们曾向托莱多施压，并且在托莱多服刑后，还控告他杀害了印加王。但是，托莱多坚决的态度从未改变过。在返回西班牙之后托莱多被捕，而杀害印加王的罪名，也成了对他最严重的指控。

在利马会议上，托莱多展示出政治天赋；在推行强迫土著人在矿山劳动的制度时，他获得了秘鲁法律和宗教精英的支持。但在后来，以大主教洛艾扎（Loayza）为首的宗教当局撤回了对这种制度的批准，并就米塔制度对印第安人造成的伤害，向国王提出了控诉。但托莱多将这项制度视为既成事实，还没有等西班牙国王同意，就推行了这项制度。

在执行完监护地政策之后，托莱多于1581年启程返航西班牙，人们对他的所作所为评价褒贬不一。对于一些人来说，他是"秘鲁梭伦[①]"，是最大的组织者；对于另一些人来说，他是残害印第安人的罪魁祸首。在赴任秘鲁期间，托莱多树敌无数，人们指责他非法敛财。在返回西班牙仅仅一年后，历尽屈辱的托莱多就去世了。历史学家写道，回到西班牙后，他想亲吻国王的手，等待国王的感谢，但是西班牙国王抽开了手，愤怒地命令他回家，并说"我派你去秘鲁不是让你去杀死国王，而是让你为国王服务"。

---

① 梭伦，古代雅典政治家、立法者、诗人，古希腊七贤之一。——译者注

印加人的断头台

为了结束印加人在比尔卡班巴的抵抗,总督的首要行动之一便是恢复谈判。在托莱多派出的使者要与印加王蒂图·库西洽谈之际,却惊讶地得知蒂图·库西已经去世了,传言蒂图·库西是被传教士迭戈·奥尔蒂斯(Diego Ortiz)毒害的。随后,愤怒的印第安人杀害了迭戈·奥尔蒂斯教士,双方关系剑拔弩张,直到图帕克·阿玛鲁一世作为新的印加王上位,紧张的氛围也没有得到缓和。于是托莱多派遣部队,屈使印加人投降,并俘虏了印加王。

1572年,印加人在比尔卡班巴堡垒的溃败,意味着印加人企图在安第斯地区恢复军事力量的最后愿望的破灭,也意味着西班牙国王取得了最终的胜利。对托莱多杀印加末代君王,背叛君王和祖国的指控,推动了保护丧失了合法性的印加政府的运动。除了发动军事力量消灭印加人之外,托莱多还试图破坏和扭曲印加人的历史,编写印加的官方历史,在这些编写的历史中,印加政权威望尽失,西班牙国王手掌大权,征服并治理了特别是安第斯区域的美洲地区。

托莱多下令把印加最后的幸存者们对印加政府的意见进行汇编,书稿于1571年完成,也就是后来被人所知的《云凯匿名者》

（Anónimo de Yucay）。在其中，印加王被写成了篡夺者和暴君（"不依法规，依凭个人喜好和意志"残忍治国）。书中还坚持了一个观点，认为西班牙人是上帝派来让印第安人摆脱压迫统治的。这样的故事，在这块被征服的土地上迅速地、不费吹灰之力地流传开来。在安第斯地区发现的大量矿产资源，被解释为是上帝送给虔诚的基督徒征服者的礼物。

这个版本的解释从征服初期就开始酝酿，后来变得越发地自圆其说；托莱多政府的新颖之处在于，有意识地利用各种宣传方式来破坏印加王威望的根基，企图将征服者所采取的侵略性和压倒性政策合法化。新版本的历史通过萨米恩托·德甘博亚（Sarmiento de Gamboa）的作品《印加历史》（Historia Indica），得到了广泛传播。

政治-行政改革

在托莱多抵达秘鲁时，殖民地的重建工作进展顺利。在某种程度上，这得益于前任总督们的努力。而西班牙王朝的主要政治竞争者——委托监护主在哈基哈瓜纳的战败，为西班牙王朝扩大政治空间扫清了道路。在这样的大环境下，托莱多不需要对相关官僚机构做出很大的改变。他确定行政机构的职能，颁布法律，使其适应新的国家利益。由此，那些法官们、总督们、各省的财务人员们、驻派官员们、市长们，继续在殖民地的行政机构中发挥着支柱性的作用。

总督的形象和权威——君主的另我①——通过体现专制君主的力量而得以实现。总督作为君主在秘鲁的代表，他的上任典礼总是与盛大奢华的仪式相伴，由此来强调君主的权威。

托莱多的改革，从对西班牙派来的督办们的改革入手。在这些人中，包括十年前的督办，他们已经成功控制了土著人口和资源。而这项改革之所以能够实施，是因为总督把印第安酋长也纳入殖民体系中了。一方面，改革剥夺了酋长们在前西班牙时期拥有的司法权和执政权；但另一方面，改革让酋长们担任省督（gobernador）职位，承担公共职能（不存在于西班牙市政议会），在殖民政权中担任要职，例如负责收税和组织米塔制度。

但是，教会的权力仍然存在，而且这种权力从未完全地受到过国家的控制。不过在教会领域，也进行过两项重大改革：一是世俗化的改革——典型是针对印第安人的认同感，往往印第安人相比忠于国王更忠于宗教秩序；二是把印第安人教士——在乡村拥有极大的权力，是酋长们的敌人——转变成了领取皇家财政薪

---

① 原文alter ego（拉丁语），意为另外一个自我。

水的官员。

对宗教的控制和打压，特别是对多米尼加命令的打压，是恢复公民权威的基本战略。多米尼加命令遭受了多次打击，除了失去了对圣马科斯大学的控制，在普诺的丘奎图的教义还被除掉，修道士弗朗西斯科·德·拉·克鲁兹（Francisco de la Cruz）被指控为异教徒，受到教会和殖民政府的批判。

托莱多的主要教会盟友是宗教裁判所（和西班牙王朝天主教君主制度相联系的机构，致力于对公民政治和意识形态的控制，以避免意识形态与政治分离）和耶稣会，这些盟友下发具有符合现实利益的命令，在宗教秩序下发挥了主导作用，例如灭绝偶像崇拜运动。

以西班牙城市为模板的城市建设，仍然是西班牙人在安第斯世界扎根的基本要素。托莱多扩建了城市网络，包括建立了新安达卢西亚科尔多瓦（Córdoba de la Nueva Andalucía）（现在是阿根廷的科尔多瓦），于1573年建立了塔里哈（Tarija），于1574年建立科恰班巴（Cochabamba），后两个城市在今玻利维亚境内。西班牙城市的许多特征，例如结构、组织和空间设计，都被嫁接到安第斯土著居民新的集中定居点。这些城市建设，也许是这位总督进行的最具先验性的改革。

−9−
印第安人的减少和矿产业的扩张
（1580年—1620年）

治理，即城市化

土著人口急剧减少，从1530年的600万至900万人之间，锐减至1570年的120万人，这是一个尤为严峻的问题。而在很早之前就有人提出过，土著人传统的分散定居模式是土著人口融入殖民体系的最大阻碍。除此之外，复杂的山地地貌也给西班牙官员们和教士们带来了种种挑战，使得土著人口难以被发现，难以被控制，也难以被基督教化。

问题的解决办法是把分散的人口集中在西班牙人规划的城镇之中，也就是大削减计划。自殖民初期以来，西班牙一直就有把印第安人口集中化的想法。宗教人士，特别是传教士是这一想法的最大支持者，因为这会让传教活动更加便捷。此外，还有出于文化、社会和政治因素的考虑；根据地中海传统——人是聚集生活在"普利兹"（Pulizia①）之中的。这种信念深深地植根于西方文化之中，它暗示了这样一种观念，即如果要学会如何成为人，就不能离开城市生活。城镇化的生活离不开抱团成群，比如共同生活在城镇之中。

西班牙王室的官员们高度赞赏这项措施，认为它是解决所有弊病的灵丹妙药，因为这意味着对人口更有力和更有效的控制，有助于推动其他财政措施的实施和采矿业的恢复。大削减计划从1570年代开始执行，但早在十年前，法学家胡安·德·马丁雷索和格里高利奥·冈萨雷斯·德·昆卡就制定了总的指导方针，他们认为重组印第安人是政治改革的基础。以人口集中的村庄为中心，更容易获悉部落的确切数量，从而算出应收税额和劳动力的存有量。

为了在各个地区推行大削减计划，托莱多总督领导和协调地方上的西班牙当局者、督办、教士和委托监护主，让这些人在各自的司法管辖区执行计划。尽管在过程中种种障碍和冲突不断出

---

① 西班牙语"policía"在16世纪的写法，该词源自拉丁语"politia"，而"politia"又源自希腊语"polis"（城市）。

现，尽管要达到的集中程度从未达到过，但是不可否认的是，在1620年左右，大削减计划已经基本完成，极大地改变了总督区的地域和空间地图。安第斯的农村地区——曾经由分散的土著居民点覆盖——在那时已由两种人口单位组成：印第安人的村落和西班牙人的庄园城镇。大削减计划使得印第安村落大规模地向西班牙人控制区，即16世纪末17世纪初建成的村落集中；在政治、领土、经济和社会的框架下，安第斯地区人民的生活在接下来的几个世纪里，也取得了不断的进步和发展。在西班牙体制的影响下，在本土化进展初始阶段中的价值观和生活方式的作用下，整个秘鲁领土人口集中的核心存在性和持久性得到了加强。

每个新城镇都被授予一片延展土地——与前西班牙时期各区域不接壤的模式相反——它明确地划定了区域间的界限，并使每一块集中的土地都具备城市和宗教社区的功能。这些计划还考虑到了人口将会变得更加密集——在理想情况下，约有500个部落，即约2500人——生活在不同的艾由中，所以围绕中央广场还集中建立了公共建筑物：教堂、监狱和镇议会（市政府）等，它们是政治的基础设施。在街道上，以棋盘格或以网格对齐的方式，从北到南、从东到西，每间民房彼此相邻，并且都有通往街道的门，以便居民串门走访。在新城镇中，处在不同区域的艾由均被塑造出各自的特点，以方便被人识别。

设立新定居点的要求之一是要远离圣地，因为圣地是前西班牙时期的重要集体象征。前西班牙时期的城镇大多围绕一位守护神来建设，而且城镇以该神的名字来命名，满足了城市的个性化需求，如圣多明各欧耶洛斯（Santo Domingo de los Olleros）、圣地亚哥丘科、圣佩德罗卡斯塔（San Pedro de Casta）；同样重要的还有把类似于西班牙的市政府体制——土著市政议会引入其中。作为定居点的主要政治机构，每年竞选产生市政议会各部门成员和司法系统的人员，例如狱卒、宣布告示的官员、书写员。以前的权力结构也没有被忽视：一个官员代表一个艾由，他们是从传统的安第斯酋长中挑选出的新行政官。这些与市政议会平行设立的行政官（常常是酋长）变得更加重要，他们满足国家向土著人索取的需求，例如负责收税和组织劳工。

土地的管理

小城镇必须满足居民的经济需求。因此，被选中的定居点，应具备良好的位置，拥有足够的土地、牧场和水源，但这些不总能完全实现。为了建立土地所有权和土地的使用权制度，西班牙再次尝试把西班牙的法律搬至安第斯地区。如像卡斯蒂利亚的城镇那样，根据土地的用途和财产制度，对不同的土地加以区分。

最靠近城市核心的土地——在过去，这些土地质量最好，并且使用密度也最大——用于农业，由每个艾由的各个家庭轮流对其进行耕作。各个艾由每隔一定年份，对这些土地进行重新分配，而西班牙司法部门不会对其进行干涉。这些土地虽然由私人经营，但他们没有产权，因此也无法将其商业化。土地私有制，以及土地购买或出售的权利，仅限于少数土著贵族享有。

另一类土地是公共土地，它既可以用于农业，也可以用于畜牧业。这类土地被共同开发利用，用于支付城镇功能的"社区"的费用。它们也是所谓的"社区土地"。

第三类土地即所谓的公共荒地，通常是非农业用途的土地——如森林和河流——人们可以在这些土地上自由地获取生活资源，例如砍柴、拾炭、狩猎动物、捕捞鱼类和采摘果实。这些土地归国王所有。

为了补贴社区财政，地方当局还建立了"社区资金"，它是社区主要的经济来源之一。社区资金的来源通常是直接或间接地开采共同享有的公共土地的资源，获取诸如作坊和磨坊等社区机构的盈利。利用这些资金，城镇就可以支付一系列民事费用，如税收征取的花费、司法程序的费用、公共建筑的建设和维护费用、行政费用和社区费用，以及减轻自然灾害对作物歉收的影响所需的费用。这些资金的管理由印第安当局负责，尽管地方当局

(例如牧师和派官)时常会对它进行非常小心而又带有私心地监督。但事实上，社区资金存放处的钥匙还是掌握在酋长、市政议会和督办们的手中。

社区在有效管理和拥有理想资源的情况下，产生了丰厚的盈余。而且在大部分情况下，至少在16世纪和17世纪前叶，这些城镇取得了一定的经济繁荣，使其能够面对大量的殖民征税。

印第安贵族

村庄的社会组织让新元素与传统安第斯元素融合在了一起。自征服伊始，西班牙人就将印第安人分成了两个社会类别：印第安土著贵族和普通的印第安人。在人口缩减的区域，这种区分仍然存在，前西班牙时期的权贵后裔，无论是印加人还是当地人，均被西班牙王室承认为贵族，他们通过酋长的认可，享有一系列特权，与社会上其他人员区别开来。这些特权可能是荣誉性质的，可能是金钱性质的。

由于享有荣誉性的特权，土著贵族拥有可以使用"唐"①（Don）的特殊待遇，以及使用其他的一些外部符号，使他们更

---

① 用于名字前，对男人的尊称。

加接近西班牙人。在印第安世界，只有贵族们才能穿着西班牙风格的衣物，才能骑马携剑。他们可以在限制范围内出席公共聚会和仪式。此外，只有酋长们可以直接向国王发表言论、申诉和请愿，就像贵族菲利佩·瓜曼·波玛·德阿亚拉（Felipe Guaman Poma de Ayala）在他著名的"信件"中，向国王菲利普三世（Felipe Ⅲ）所做的那样。同时，贵族们的特权还体现在拥有土著议会的投票权、不缴纳税款以及不提供个人服务等。

特权使贵族们可以拥有国家津贴，担任其他普通土著居民无法获得的官职，拥有私人土地和牲畜。以上特权使土著贵族们敛取了大量财富，得以维持他们的贵族生活，也进一步地巩固了他们的社会地位。

印第安贵族很好地利用了等级优势与特权。由于拥有特权，贵族们能够保留自己的政治权力，组成市镇议会，成为与西班牙方面对话的中间人；在经济方面，土著贵族中的许多人通过市场化地开发土地，创建了各种公司，特别是通过畜牧业或运输业赚取钱财；同时他们还联合当地精英、委托监护主和督办，巩固自己的社会地位。

城镇普通公民对贵族们享有特权的态度是十分矛盾的。一方面，特权让贵族们在新的殖民地环境中继续保持威望，但是在另一方面——这种威望的基础是源于他们与西班牙人保持关系，并采用西班牙式的社会生活方式和政治模式——贵族在他们的同胞面前声名狼藉，城镇普通公民认为贵族将自己"卖"给了殖民当局。

虽然社会分层是僵化的，但在城镇的殖民体系中，还是一定程度地保留了社会流动的可能性。这种流动性使许多印第安人可以在内部社会阶层中实现社会地位的提升。其中最典型的上升途径是通过积累私人财富，获取宗教职位，为以后担任政府职位做准备。

米塔制度的实行

虽然征服者采取了大量措施来控制土著人，但在美洲并未产生预期的结果。由于高品质煤层的枯竭、矿物熔化燃料和人工的短缺，波托西矿产量一直在下降。指望土著人自愿去矿井中工作是不可能的，因为他们是没有货币文化或者工资文化的，他们的消费习惯被限制在自给自足的经济体系中，当局者只能强迫他们工作。

为了解决土著劳动力供应不足的问题，托莱多在1573年采取了两项大削减的补充措施：贡品货币化政策和建立矿业米塔制度。第一个措施意味着，每年向国王的朝贡不再以物品或服务的方式，而是以货币数量予以确定；这保证了印第安人必须在西班牙的商业经济中工作，也就是说，用在矿山、在庄园或者在家庭服务中获取的工资，来完成贡品的支付。

在米塔制度下，强迫印第安纳税男性人口（18至50岁之间）中的七分之一必须到矿场劳作。为了说服部分不愿意批准强制执行米塔制度的殖民地精英（官员和宗教人士），托莱多援引该制度在印加帝国时代很普遍，土著居民早已习惯为证，并强调若没有这项措施带来的收入，殖民体系就无法维持。

米塔制度的实施地区仅限于两个最重要的采矿中心，波托西和万卡维利卡矿区。在其他的矿区，如凯约玛（Caylloma）偶尔地也会使用米塔劳工。每年波托西矿区接受13500个劳工，万卡维利卡矿区接收3660个。劳工从离这两个矿区最近的省份招募（尽管在距波托西900公里的地方也招募劳工），因为这些地区的气候与采矿中心相似，那里的居民有一定的在矿山工作的传统。

采矿业的兴盛

波托西和万卡维利卡之间的"联姻"确实是"世界上最具成效的"，它的效果超出了预期。劳工和水银的配额一旦得到了国家的保证，矿主们就能投资建造矿井，并建立水厂用以开采和加工矿石。矿产量的稳步增长，随之而来的是王室税收的增加，这使得那些反对改革的疑虑都烟消云散。在1590年代，波托西财政收入占王室支出的9%。也正是在这个时代，秘鲁塑造了辉煌和富有的世界形象，出现了"像秘鲁一样值钱"或"像波托西一样值钱"等用语。

正如历史学家卡洛斯·森帕特·阿萨杜里安（Carlos Sempat Assadourian）指出的那样，采矿业的发展大幅地增加了对工人和货物的需求，并推动了农业、运输、纺织和商业的发展。采矿业繁荣主要的影响之一，是增加了对城市消费和矿工对农产品的需求，如小麦、糖、葡萄酒、猪油、烟草、可可、玉米、马黛茶、牛、鱼等；增加了对用于铺设走廊、建筑工事和家庭使用的木材的需求；增加了对用于隧道照明的油脂蜡烛的需求，对安置在用来运矿的骡背上的皮革的需求，以及对数以千计用来运输的骡子和羊驼的需求。

农业商业化的最大受益者是委托监护主和第一批定居者，他们通过"恩赐"的方式合法地获得了土地，并凭借权力和地位，将所谓的未开垦土地也纳入囊中。在16世纪的最后三十多年，人们对土地的需求强烈；但反过来，人口锐减的土著人群并没有占有土地。从长远来看，这意味着把印第安人手中的土地转移到了西班牙人的手中。但是，土地所有权的合法化进程仍然阻碍重重，因为大部分可用于商业和农业发展的土地，在名义上仍然是土著人的财产。

西班牙人向印第安人购买土地在法律上没有得到允许，这限制了农业的商业化发展，但这并不是一个难以克服的障碍，因为他们会通过其他方法来占领土地（例如从土著当局购买、更改或转移土地、使用公共空地及其附近的土地、租用土地或简单地占为己有）；教会得到了许多捐赠，很快就成了最大的土地所有者。

西班牙王朝总是在寻找更多的资源，它找到了将西班牙人和梅斯蒂索人开采的土地合法化的公式，即所谓的土地协议（composiciones de tierras），协议涉及费用支付，以规范那些所有权没有合法化的财产。第一个协议出现在15世纪90年代，在17世纪也有出现。劳动力缺乏严重地限制了庄园的发展，实施米塔制度和从非洲进口奴隶是解决这个问题的办法，尽管只是解决了其中的部分问题。

在17世纪，庄园的规模和效率都在不断增长，到18世纪达到了大庄园的规模。一般来说，它们是自给自足的生产单位，拥有少量的长期工人（大多数是印第安佃农，他们接受附属劳工的身份，用以支付家庭消费，以及获取微薄的工资），与之相对应的是季节性劳作的印第安米塔劳工。伴随17世纪经济的发展，两种工人的比例发生了逆转。养殖绵羊和牛的牧场在山区兴旺起来，这加剧了对土著劳动力的依赖，在沿海地区畜牧业的发展是最明显的。

在17世纪中叶，大型种植园在北部的沿海地区得到了进一步的巩固和发展，专门种植可可和甘蔗等需求量很大的经济作物。劳动力则由奴隶或长久定居在这些地方的印第安人充当。对技术和劳动力的需求仍然旺盛，而这种需求也变得越来越有利可图。

除在庄园、牧场和种植园外，特别是在那些西班牙式的城市附近，出现了一群中小型私产者，即所谓的"小庄园主"（他们包括西班牙农民、梅斯蒂索人、克里奥尔人①（criollos）和混血印第安人），他们生产城市所需的消费品。

秘鲁国内市场的生产逐渐多样化，秘鲁的产品越来越多地同西班牙的产品展开了竞争，以至于都不需要再进口如小麦、葡萄酒或油等商品。尽管有宗主国的禁令，秘鲁同中美洲、巴拿马和墨西哥的贸易还是变得越来越频繁；同时秘鲁还加大了与东方世界之间的、可以带来丰厚利润的贸易。那些比西班牙和欧洲产品更便宜的、具有异国情调的东方产品（丝绸和豪华纺织品、香

---

① 在拉丁美洲出生的欧洲人，即土生白人。

水、瓷器、珠宝）通过秘鲁代理商用秘鲁白银支付而购得。秘鲁贸易和秘鲁商人们的势力，在1613年变得更加强大，迫于他们的压力，秘鲁成立了代表商人利益的行会组织——贸易法庭（Tribunal del Consulado）。

贸易收入还是融资和信贷的主要来源之一。毫无疑问，信贷对于加强和扩大这个新兴经济体至关重要。在复杂的信贷体系缺失的情况下，从殖民时代开始，教会和商人就成了最重要的贷款方。风险较小的贷款通常由教会承担，其来源是很多人为了拯救灵魂而支付的遗产，经日益累积而形成的基金，而最具风险性和复杂性的贷款则由商业机构承担。

要节约运输成本，就意味着要尽可能地避免从遥远的地方进口货物，因此，人们试图在主要的大城市和矿产中心的腹地，提供可以满足区域内人口需求的各类产品。这一点反映在地理问题上，就涉及了城市网络的扩张和增长。最显著的城市扩张发生在波托西，到16世纪末该地区已有10万居民，成为世界上人口最多的城市之一。利马人口在当时也达到了15万。

前西班牙时期的道路网络仍然存在——事实上在16世纪，大部分的贸易都是沿着印加公路网络进行的，商业流通随着羊驼运输队伍融入到了印第安社会中——印第安世界的空间变得模糊不清，但也没有被完全抹除，而是附属在了一个新的系统之中。在这个系统里,安第斯地区的原产品如玉米等曾经仅限于精英层次的消费品,那时也大量地加入到了商业贸易之中。而反过来,原产地来自西班牙的产品如山羊、猪和牛也被安第斯化了[①]。

促进秘鲁国内市场发展的矿产运输,是通过两条路径进行的:其一是所谓的白银之路,它从波托西出发,途经阿雷基帕,前往伊斯来港(Islay),最后到达卡亚俄(Callao)。再后来,路线从波托西开始,途经阿里卡港(Arica),最后到达卡亚俄。其二是所谓的是水银之路,水银的运输路线有两条:一条是陆路,这在16世纪十分盛行,在这条路线上,位于万卡维利卡市附近的城市华曼加扮演了重要的角色,因为汞在这座城市生产,每年分两次运输到波托西,汞与水银一样,是供应采矿业及人口经济来源的基础。这条路线经过库斯科、普诺、拉巴斯、丘基萨卡(Chuquisaca)(今苏克雷(Sucre))和波托西。在17世纪,通往钦查的坦博德莫拉(Tambo de Mora)港口的航线变得更为重要,水银从钦查运往阿里卡,随后在阿里卡中转直至波托西。1645年,坦博德莫拉港被皮斯科港取代。

---

① 即被土著人所接受。

-10-

殖民地中的两个社群

自17世纪初就居住在秘鲁的少数西班牙人，在文化差异巨大、人口数量对比悬殊的社会环境下，形成了一个孤立的群体。这样的社会环境不能简单地与西班牙社会结构相等同。解决这一社会结构难题的方案是在土著人和西班牙人之间确立一条明确的分界线：让二者分属于两个社群或者两个"民族"——印第安社群[①]和西班牙人社群[②]。

"印第安社群"的构建

根据西班牙法学家的说法，这个划分是合理的，因为需要赋

[①] 原文为la de indios，即república de indios。
[②] 原文为la de españoles，即república de españoles。

予土著群体不同的社会地位，以保护他们免受西班牙人的虐待。于是，适用于"未成年人"的法律概念被套用在了印第安人身上。因为土著人刚皈依基督教，他们的经济和社会制度相比西方较为落后，这导致了他们任由西班牙人摆布。和另一个社群的居民们相比，土著人的待遇受到了一系列的限制。

在安第斯殖民社会中，每个社群的功能各不相同，但又互为补充，因为从经济和社会的角度上来说，二者是相互联系的，也是相互依赖的。印第安人以一个从属的角色融入殖民体系，他们在法律上被区别对待——受米塔制度和纳贡制度的影响。印第安人是不能担任某些职位或参与某种活动的，尤其是他们不能获得殖民官僚机构的公职和祭司职位，这一点也更加强调了他们的从属地位。

大削减就是这种想法的一种表达，即在空间上、法律上和组织上，将两个群体分开。从某种意义上说，这两个世界之间是有界限的。群体间的某些要素使他们不一样。在农村地区，对西班牙社群来说最重要的是庄园；对印第安人社群来说最重要的则是印第安村落。从理论上讲，两个群体的功能也依照不同的逻辑加以区分：对西班牙社群来说，经济刺激和与市场的关系占据了社群生活的主导地位；对后者来说，占主导地位的是自给自足的经济。对前者来说，社会的基础是个人主义和私有财产；对后者来说，社会的基础是集体主义和集体财产。两个群体内部的管辖权决定了社群内居民在政治和法律上的不同行为。然而从更加细致的角度来看，如果两者没有在结构化关系框架内形成功能上的联结，庄园和社区间就不会相互理解。这种联结将二者整合到了一起，而不是将他们分开。这两个世界是相互依存的。

将两个社群划分开来是一种理想的模式，不过这种模式在复杂的印第安社会中从未实现过。从梅斯蒂索人和混种人的情况来看，分离的无效性从一开始就清晰地存在着。如果梅斯蒂索人的边缘化是一个问题，那底层人物的问题就更加复杂：黑人和混种人——即混合了黑人血统的人种——在社会和法律层面是被"排除在社群之外的"。这个群体受到了法律的限制，他们获得职位的机会也受到阻碍。他们是当局怀疑的对象，被认为是导致社会不稳定的极大因素。用那个时期的一句话就可以形象地表达他们的境地，即"在这片土地混居着不同的民族，也居住着模糊不清的人群"。

西班牙法律阻碍了梅斯蒂索人从事具有权威性质的职业，比如就职于政府，或担任书写员或文员。这样的限制使梅斯蒂索人只能从事一些卑微的行业，如从事赶脚夫，经营小买卖等低级工作。而那些自由黑人、黑白混血人、赞比亚人等，在法律上被认为是"卑微者"，被排除在大多数行业之外。但是领主和庄园主们却很重视这一群体，把他们视为自己产业里的专业劳作者，快速并有效地培养他们的技能，来满足自己追逐经济利益的需求。不过，统治者和宗教人士却对这一群体加以指责，认为他们产生了不良的社会影响，担心他们会组织和策划叛乱，而且这种不良影响还会波及印第安人。

城市空间设计的失效是社会秩序混乱的一个体现。本来殖民地城市空间的划分原则，是根据种族和等级标准而确立的，将城市中心保留给西班牙人，把边缘地带留给其他人口，然而人口的流动性打破了这一准则，因此许多西班牙人无法在广场周围生活，而不得已居住在其他边缘地区，和黑人和印第安人居住在一起。虽然黑人、穆拉托人和桑博人①（zambo）在大多数情况下，居住在利马的一些社区之中，诸如圣拉萨罗（San Lázaro）、圣安娜（Santa Ana）和马兰博（Malambo），但由于他们遍及整个城市，有利于他们与其他社会群体接触和交流。对于黑人奴隶或印第安奴仆来说这种接触更加密切，因为尽管有空间上的隔离，但他们与他们的主人还是生活在同一屋檐下。

在16世纪末，在新老精英阶层之间发生了某些变化，西班牙

---

① 黑人和土著人的混血。

王朝对殖民地发展的介入取得了成效。委托监护主们大都能够继续维持财富，但是却没有办法继续保持权力。殖民者们接管市镇议会，获取了财富，夺取了委托监护主们的权力。官僚机构变得越发强大，大获声望和权力；在委托监护主们的要求下，一些公职职位向公众开放。医生、牧师、文人和工匠组成了城市的中产阶级，社会结构变得更加复杂。

黑人与穆拉托人

大规模引进非洲黑人奴隶的想法，源于殖民地当局希望用黑人劳动力取代在矿山劳作的土著人。最开始，因为非洲黑人难以适应高海拔地区的地理环境与严寒的气候条件，使得这一想法难以实现。但是在沿海地区，黑人们则成为主要劳动力，在那些专门从事在糖、酒、油生产的商业化农业中——在庄园和种植园——从事生产和家务劳作。

对比其他种族的人口，自16世纪末以来，黑人和穆拉托人的人口增长比例尤为显著。特别是在利马城，这类人群在1593年就占据了该城一半以上的人口（6690人，居民总数12790人）；根据1619年利马大主教的指令而做的统计，黑人的人数（11997人）和穆拉托人的人数（1116人）加在一起超过了西班牙人的人数（9706人）。

城市中的私人和教会机构如修道院和医院对黑人奴隶有很高的需求。不仅需要他们从事家庭服务，还需要他们在修道院的花园、城市周围的农场中工作。他们在城市中也从事手工业和商业劳作。

体制的弱点

尽管经济出现了复苏，并改善了税收收入，不过很快这种经济系统就出现了很大的裂缝。从长远来看，这对殖民地产生了可怕的影响。

采矿业是曾经向西班牙输入大量财富的行业，而在此时该产业的收益开始下降。随之而来的是送到西班牙国王和商人们手中的白银数量减少。表层的矿脉已经枯竭，就必须要开掘更深层的矿脉，而这也意味着要增加更多的生产成本。天花疫情导致人口危机继续扩大，特别是在1580年代后期，从基多到阿雷基帕的土著人口受到了最大的影响。这场疫情导致了米塔劳工数量的减少。一方面，米塔劳工被支付薪水的自由工人取代，相比前者，后者更有经验，但意味着更高的成本。另一方面，米塔劳工也受到了来自土地所有者们和工人们的争议。在1601年，西班牙王朝在分配土著劳动力时就赋予了采矿业优先权,但是土著人口的减少最终还是影响到了所有的社会部门。

坚持将米塔制度作为一种劳动制度,引发了平民阶层和宗教人士新的不满。平民们——特别是土地所有者们和农民——抱怨米塔制度破坏了殖民地的经济环境,扭曲了殖民地城镇的发展——由此导致了社会组织和社区经济的减少与恶化,影响了土地的耕作。对于教会方面来说,他们的不满仍然来自道德和宗教层面。米塔制度的问题直到17世纪二三十年代才影响到了王室的收益,这主要是因为1592年商业税的出现。

殖民地政府试图提高经济管理效率的另一项措施是在1607年建立了高等审计法院(Tribunal Mayor de Cuentas)。

其他欧洲势力的围困

那时的西班牙四面受敌。法国、英格兰和荷兰没有给西班牙君主喘息的机会,他们企图占有一部分美洲生产的金属。他们的策略之一就是容忍甚至资助海盗。海盗们抢夺西班牙的船只,袭击并摧毁西班牙在美洲的主要港口。1582年,英国海盗弗朗西斯·德雷克(Francis Drake)出现在秘鲁海岸,他的队伍装备精良,虽然没有占据利马市,但却对秘鲁的商贸活动构成了威胁。

事实上，秘鲁沿海地区接连遭受海盗的蹂躏；在1587年，英国海盗托马斯·卡文迪什（Thomas Cavendish）袭击了派塔港并摧毁了几艘船只。不过几年后，秘鲁成功地避免了来自另一名英国海盗理查德·霍金斯（Richard Hawkins）的袭击，他在阿塔卡梅斯（Atacames）的一场战役后被捕获并被带到了利马。在17世纪前期，号称"海上乞丐"的荷兰海盗，受到了强大的荷兰印度公司的支持。最为可怕的入侵是1615年对斯皮尔伯格（Spilbergen）的入侵，入侵者在塞罗阿苏尔（Cerro Azul）击败了一支小型的总督舰队后抵达卡亚俄。

为了消除危机并掌控贸易，西班牙王朝试图加强海上舰队的防御力，这让贸易垄断的成本增加了，因此西班牙加大了对贸易商人的征税，也增加了用以维持行政和国防的地方财政的成本。另一项举措是在1581年建立了南海海军（la Armada del Mar del Sur）。这项措施使秘鲁舰队和大西洋舰队一致化，以保证在巴拿马的农布雷德迪奥斯港口（Nombre de Dios）以及后来的波托韦洛港口（Portobelo）的贸易和物品交易能顺利进行。

问题不仅出现在海上。1586年7月9日发生的大地震造成了巨大的破坏，秘鲁需要大量重建资金。另一方面，在智利的军事防御对于西班牙王室来说是一笔高昂的开销。智利殖民地仍然处于不稳定状态，对阿劳卡人（araucano）的同化也是举步维艰。

在1598年，维拉斯科①总督不得不应对一场最为激烈和最有组织的叛乱，在这场冲突中，省督丧命，对智利一些城市的封锁被解除。直到新任省督派遣部队出击，才镇压了这场叛乱，并把该省继续保留在西班牙的殖民范围之内。

由于地方资源的缺乏，使得西班牙王室采用了一些非传统的手段来筹集资金：通过扣留抵达美洲的批量货物强迫对方签订贷款；通过无偿捐款来筹集资金，如卡涅特侯爵总督在1589年组织的那场捐赠运动中，筹集了超过一百五十万杜卡多②（ducado）；把土著社区银行（la caja de comunidades）的存款交由印第安人口普查银行（la caja de censos de los indios）管理，让其成为一家为国家服务的银行（比利亚伯爵总督（Virrey Conde del Villa）下令从这些银行提取资金）；1597年开始推行公职买卖；通过协议将不明确的占用地合法化，这些协议助长了许多对印第安人的虐待行径。

前两种方式造成了真正的资本停滞，虽然它们被伪装成了自愿的贷款，但迟早会带来非常糟糕的后果——税赋征收或者售卖永久使用权，造成了严重的资本化——这些手段的滥用，虽然

---

① 全名路易斯·德·维拉斯科·伊卡斯蒂亚（Luis de Velasco y Castilla），1596—1640年出任秘鲁总督。
② 曾用于西班牙的金币名。

暂时缓解了君主制下的经济问题，但从长远来看，最终会破坏权力，影响权威的合法性。

权力的平衡

一方面，在这套西班牙王朝为加强皇权而建立的政治体系中，还存在一些其他的力量抵消皇权。毫无疑问的是，集中化和等级化的政治结构加强了皇权。而且托莱多推行的政治制度，虽然比先前的制度更为有效、更为集中，同时也更有条理地对殖民地进行了控制，但是，制度的推行者仍然还是一个间接政府，它由少数机构和政府官员构成，负责传达王室命令，维持殖民地秩序。

这样的政府模式虽然减少了治理成本，但却迫使西班牙王室将行政权委托给他人，发展出一个平行的行政管理制度。这种平行的管理制度，承担了国家的职能和行政任务，享有特权和豁免权，导致了难以控制的权力滥用、欺诈和勒索。而最主要的弊端是习惯性地将国家的主要税收，如商品税、什一税和进出口税让这个平行管理机构收取。

另一方面，在17世纪——即哈布斯堡王朝（la monarquía de los Habsburgo）时期——在殖民世界中，还存在着某种权力的平衡。甚至连获得国家最高授权的人——总督——在理论上他集中了政治、司法和经济各方面最大的权力,也可以独自具有权威——但如果没有军队的支持,总督就不得不与其他势力谈判。政治和官僚的力量,特别是利马检审庭和市政议会,对总督的权力都构成了制衡。检审庭不仅限制了总督的司法权,而且通过达成协议拥有治理权——在总督缺位、残疾或死亡的情况下——还可以成为总督的顾问委员会。此外,检审庭的法官和检察官还是财政委员会的成员,财政委员会是公共财政的主要决策机构。

西班牙王朝存在一套督查皇家官员行为的体系。通过任命视察官员,对殖民地进行定期或特殊的巡访,来审查殖民地官员的作为。在行政任期结束时,还会对高级官员进行居住审判,这让官员不愿对反对势力的团体或个人行为有所回应,因为后者可以在之后对官员的居住审判中出席作证。为了维持现状,官员们表现得十分谨慎,而且面对强权者的违规行为,官员们时常采取视而不见的态度。这种情况不仅出现在政治高层,而且也出现在农村地区。在那里,西班牙督办们必须与地方势力打交道、进行谈判,比如市政议员、酋长、委托监护主和庄园主。在印第安人的城镇也发生了这样的情况,代表印第安人行使政治权力的市政议会的权力受到了传统的酋长或省督们的制约,因为托莱多的措施给后者赋予了行政权。

另一个限制官员权力的部门是教会。尽管有王室的赞助,该机构仍然发挥着有效的制衡作用。教会和民事管理部门之间的冲突在当时是非常普遍的,特别是在托莱多政府之后。教会的武器有教会的豁免权、审查制度和驱逐权。教会对所有社会部门和整个社会群体产生直接影响。

16世纪末在利马发生的第二任大主教托里比奥·德·莫格洛贝霍(Toribio de Mogrovejo)与政府的激烈对抗,便是证明这类紧张局势的一个例子。他为了捍卫教会特权对抗政府,为了给神职人员争取工资与几位总督对抗,例如对抗路易斯·德·韦拉斯科总督。莫格洛贝霍将那些以税收缺少为借口,把降低或不按时支付神职人员工资的官员逐出教会。然而,1601年的皇家敕许却支持了总督。

最后,来自商业、教会和公司的压力也是限制皇权的强大力量。我们将在稍后讨论这些力量,因为它们在巩固克里奥尔人的权力方面具有很大的影响力。

教会与偶像崇拜

对殖民地的另一个警告是印第安人的偶像崇拜危机。以瓦罗奇里圣达米安(San Damiá)教区的弗朗西斯科·德阿维拉(Francisco de Ávila)为首的牧师们,把这个消息在利马戏剧性地传播开来。1609年12月20日，也就是在圣诞节前几天，他们当着秘鲁政府当局的面，在利马的武器广场竖立了一块木板，谴责印第安人还在信奉他们的传统宗教并继续举行宗教仪式，这震撼了利马社会，使得对福音传播失败的担忧再次卷土重来。人们担心印第安人会在政治和社会上发动叛乱。

大削减计划强调要与具有象征意义和皇权意义的印加古墓保持距离，要求土著人以教会为中心寻找新的定居点，过上新的公民生活，庇护民众的宗教圣人成了新的民族根基。大削减计划的进程恰逢印第安基督教化新范式的引入，在第三届宗教会议和耶稣会教徒的推动下，这种范式打破了先前以灌输天主教教义为目的，将印第安文化纳入其中的对印第安人的教化模式。

历史学家胡安·卡洛斯·埃斯滕索罗（Juan Carlos Estenssoro）将这一新政策视为教会重建的基础。从那时起，教会重建的主要精力就放在了实现福音传教在原则上和形式上的统一化和普遍化上，这二者在以前不是统一的。这种统一化和普遍化不仅在基督教教义的原则和教条上体现出来了，还在灌输宗教教义的策略上有所体现，教义原则被写在了印刷本或手抄本之中。通过这样的方式，教义通过教义册子传播，用土著语言布道。牧师们试图植入一种教义信仰体系，用标准化的和具有深度的教义，替代先前的短时记忆和肤浅学习。

在这一过程中，托里比奥·德·莫格洛贝霍起到了关键的作用。自他于1582年抵达利马以来，一直在教会组织中扮演着一个类似于托莱多的角色。他十分重视印第安人的皈依，试图摒除在印第安人中有所保留的异教徒仪式。他在1583年召集了第三届利马教士会议（Concilio Limense），会议通过了以"基督教教义和问答"的名义，将教义以西班牙语、凯楚阿语和艾马拉语出版成册的决定，力图统一教理方法和信息传播，更好地传达特兰托宗教会议精神。

结绳计数法被禁止使用了，因为教会认为这种计数法可以继续传播印第安的宗教、仪式和迷信。这位大主教还在1601年举行了第四次教士会议，而且在他掌管利马教会的12年多里，曾多次亲自参观管辖区（特鲁希略、莫约班巴（Moyobamba）和查查波亚斯到南部的纳斯卡），在巡访中还开办了医院和音乐学校。在其中的一次巡访中，他在距利马13西里（legua）[①]的其维斯（Quives）小镇为伊萨贝尔·弗洛雷斯·德奥利瓦（Isabel Flores de Oliva）施洗，将其册封为利马洛萨圣女（Santa Rosa de Lima）。莫格洛贝霍于1606年在兰巴耶克的萨尼亚镇去世，并于1726年被行宣福礼，在1983年被宣布为拉丁美洲主教的守护者。

---

① 西班牙里程单位。

在17世纪前期的利马大主教辖区，对偶像崇拜的铲除运动尤为激烈，在瓦罗奇里、卡哈坦博、瓦伊拉斯和贡楚格斯（Conchucos），铲除运动展示出了前所未有的威力。这支由神职人员和官员组成的队伍，致力于研究、预防和消灭印第安宗教与异教仪式。通过巡访、问卷调查和深入的访谈，这支队伍对偶像崇拜做了深入的了解。耶稣会的加入，为他们提供了新的动力和新的哲学。1621年，耶稣会教徒巴布洛·何塞·德·阿里亚加（Pablo José de Arriaga）发表了著作，在其中他阐述了关于铲除印第安人偶像崇拜的方法。

据历史学家埃斯滕索罗的说法，17世纪对各类偶像崇拜的铲除运动，把不接受基督教化的印第安人送上私人法庭，是区分西班牙人和印第安人的一个标志性事件。印第安人被视为不接受基督教的顽固分子，也被确定为偶像崇拜的嫌疑群体。

另外，这一过程也揭示了殖民政权在农村渗透的过程中所体现出的深刻而又紧张的态势。它揭露了牧师们敲诈印第安人金钱的行径，暴露了酋长们的双重面孔——他们是基督徒，也是"绅士作风"的宗教领袖，揭示出殖民地当局和土著宗教之间的种种斗争与竞争，证明了土著宗教的影响力在与日俱增。所有人都利用自己的权力和影响力，企图占用印第安劳动力，以便在殖民地内部市场谋得利益。

-11-

一个自治的殖民地(1620年—1700年)

西班牙帝国的衰落

从17世纪前期开始,西班牙帝国每况愈下。时移世易,西班牙不再拥有强大的军队与海军力量。费利佩四世(1621—1665)的统治加速了西班牙君主制的颓败;在他的统治结束以后,无休无止的战争接踵而来,西班牙帝国陷入了长期资源匮乏的境地,失去了对荷兰和葡萄牙的控制,并在与法国对抗的时候惨遭失败。

因颓败导致的经济危机蔓延到了各个生产部门。西班牙的纺织业和冶铁工业——生产美洲人最为需要的产品——正在逐渐走向衰落,甚至连殖民地必需品的供应也开始被英国人插足。而最有利可图的奴隶贸易,也被葡萄牙人控制。塞维利亚[①]的商人受到了来自秘鲁同行竞争的困扰。面对塞维利亚强行上调商品价格的行为,秘鲁商人跳过塞维利亚商人,直接订购其他国家销往美洲的产品。这波及了塞维利亚商人们垄断贸易的核心利益,西班牙政府垄断美洲贸易的大势已去。产自美洲的贵重金属被直接运送到了西班牙在欧洲的敌国的港口,如阿姆斯特丹(Ámsterdam)和伦敦(Londres)。

海盗的入侵变得更加猖狂。1640年,荷兰人试图占领瓦尔迪维亚(Valdivia)并在那里建立殖民地,但没有成功。1670年在亨利·克拉克(Henry Clerk)的指挥下,一群英国海盗再度发起攻占行动。1679年至1680年间,在秘鲁出现的英国海盗袭击事件已经很难被遏制了。最具戏剧性的是比利时海盗爱德华·戴维斯(Edward Davies)的袭击事件,他于1684年至1687年间,在秘鲁北部海岸大肆出没,掠夺沿线主要城市;以及法国人豪尔赫·德·豪特(Jorge de Hout)的袭击事件,他于1687年3月成功占领了瓜亚基尔(Guayaquil),尽管他在后来被击败。

走私和欺诈行为被制度化了,因为所有人都直接或间接地参与其中:海关官员、税务员、商人、船长甚至高级官员。这些船

[①] 塞维利亚(Sevilla),西班牙南部城市。

只的官方记录被掩盖,走私的货物被隐藏在负责船队防御的大帆船的大炮中。因此,超载的船只在遇袭时只能束手就擒。商船以多种借口(如某些技术问题)在港口停泊,但实际上,这些船正在卸载走私物或白银,这被称为"恶意抵达"。

这场混乱导致17世纪下半叶流向西班牙的白银量明显减少;毫无疑问,严峻的矿业危机和逃税状况,促使秘鲁流向西班牙的白银量锐减。但这种情况更多地与征收比例的增长有关,秘鲁当局以支付当地政府的费用为借口,将白银扣留。公职花费、与阿劳卡人作战的消耗,还有在智利常年驻军的开支,减少了西班牙王室的财政收入。但对于利马商人和银行家来说,因支付问题引发的负债却是他们大赚一笔的好机会。

日薄西山的殖民地当局

在殖民地,不仅最高权力机构的权威受损,而且连督办,作为总督区的主要代表,他的权威也受到了影响。督办们被认为是皇室权威的主要代理人,负责在管辖范围内加强殖民的合法性。对西班牙而言,他们是扩张皇权的有力支撑,但是对美洲而言,督办们并不具备实际掌控和干涉殖民地的权力。虽然督办们代表皇家威严,但在更多的情况下他们为满足自身的利益而行使权力。

在美洲的督办们并没有触及法律或官僚系统，他们通常利用总督的权力，在能够施展特权的管辖区内从事贸易。他们不属于行政管理部门，他们是无视君主制利益的西班牙人或者克里奥尔人。

督办职位属于法律体系，曾被排除在官职买卖范畴之外；但当这种官职也开始像其他官职一样，沦为买卖标的的时候，问题就变得更加严峻了。督办们试图捞回为获取官职投入的资金，最普遍的方法是强制分配货物。也就是说，向其管辖区内的大多数印第安人强制性地分发货品。这种做法成为殖民地典型的虐待现象，加深并凝聚了民间对殖民地当局的不满，也是造成殖民制度声誉普遍丧失的主要因素之一。

腐败在各级公共行政部门已司空见惯。即便是在皇家财政部担任最高职位的官员也干着同样的勾当。勾结其中的还有分析员、皇家银行的职员、军队和武装力量的工作人员。公共开支被逃税、贪污和挪用公款、隐瞒、超额付薪等层出不穷的欺骗手段套取。

印第安人的村庄也是大同小异。为了减少提供米塔劳力的份额和贡品数量，土著当局瞒报了居民的真实数量——出示给税务机构的花名册是假的，而被酋长掌握的记录着真实人口数的花名册，让偶然接触它们的皇家官员大为吃惊。他们还集体性地隐藏或涂改村庄的资源、贸易和社区公司的生产和收入数据。为了逃避监管，社区资产被无声地转移到帮会，当教士或者教会力量试图让帮会提交资产账目时，他们就把账目隐藏起来，或者拒绝提交。

在一个低效且腐败的政府下，社会上出现的抵制财政的行动，对公共财政造成了破坏性的影响，使政府深陷负债困境，并越来越依赖当地社会力量的捐助和特殊税收。从逻辑的角度出发，这也让后者能够获得巨大的利益和越来越多的权力。

就连军队——极端情况下除外——和司法力量都不能挽回局势。司法系统与行政系统一样是绣花枕头。各项法律条款和豁免法则，使得法律不能平等地适用于所有人。例如，1634年的利马市政议会上就有官员抱怨军队、宗教裁判所、圣十字法庭（la Santa Cruzada[①]）和领事馆享受特权，阻碍了皇家管辖权和普通管辖权的行使。司法的腐败在17世纪秘鲁司法体系中的一个重要体现是"赦免"的可购买性：向国王支付一笔钱就能够违法犯罪。权威的退化和正义的缺席已经沦落到了不可逆转的地步。

秘鲁克里奥尔人和自给自足

随着总督区的经济多样化，居民的消费更加自主。采矿产量

---

① 在印第安理事会下设立的与教会相关的特别法庭。

的下降是逐渐而缓慢的,这一点直到17世纪下半叶才开始被人察觉。毋庸置疑的是生产活动在地方上大肆扩张。例如葡萄酒、糖、面粉、羊毛、棉织物、玻璃、皮革、火药和大部分工艺品,秘鲁不但不再依赖外界的输入,而且还能向中美洲市场大量出口。秘鲁抢夺了西班牙人的市场,17世纪末的一位编年史家曾说:"除了丝绸和亚麻布,秘鲁拥有一切可用之物,已无需向他人乞求或等待王国的给予了。"

秘鲁进口产品的成分发生了变化。排在第一位的不再是基本必需品,而是一些矿业必需品,如铁;或是一些非本地生产的奢侈品;或是装点富人新贵们精致生活的衣服、精美的家具、珠宝或香水。但即便是这类精英阶层消费品的交易,也绕开了西班牙人,取而代之参与其中的是秘鲁商人——在秘鲁发财后回到西班牙的人[1]——他们因与菲律宾展开了利润丰厚的贸易而占据了市场的主导地位。

财富的主要受益者是克里奥尔人或者在美洲出生的西班牙人的子女。这个词[2]实际上体现出对于在美洲生活与发展十分强烈且不断增长的认同感。这是一种起源于征服伊始的社会现象,出生地是否是西班牙已不再重要,克里奥尔人与西班牙以及西班牙

---

[1] 西班牙语原文perulero。
[2] 西班牙原文criollo,即克里奥尔人。

政策之间产生了强烈的矛盾。从这个意义上来讲，委托监护主是维护克里奥尔人传统的发起人，是与西班牙王朝和刚到秘鲁的西班牙官员们相对抗的反对派，他们认为西班牙的政策违背了总督区常住居民的利益。在经过16世纪晚期的改革之后，委托监护主和征服者们的后代成为殖民地体系内新利益的获得者，积累了越来越多的财富。

获得社会声望在殖民社会是非常重要的，对财富的需求也总是多多益善的。有利可图的联姻和向国王效忠，都是有效的致富途径。拥有大量财富的人，试图将财富延续下去，他们将财富与姓氏捆绑在一起；或者通过长子继承制延续财富，即选择家族遗产的一部分——这部分不能被分离和被出售——由一位家庭成员继承（通常是长子接受继承）。只能由国王授予的贵族头衔使得贵族们的财富和西班牙紧密联系在一起，因此国王的特许就意味着社会阶层的提升。长子继承制是保护财富的战略之一，财富又随着克里奥尔人贵族之间的联姻而不断集中。另外一个获取声望的途径是向王室购买贵族头衔。

追逐权力的过程是艰难的，因为西班牙王室对克里奥尔人社会地位的提升重重设限。这些限制使克里奥尔人不能担任最具声望的公职，例如不能在检审庭就职。克里奥尔人认为脚踏自己的土地，却不能谋得行政职位是不公平的，因为除了与西班牙人拥有相同的或与之相比更甚的资格之外，他们对这片土地还有着更深刻的了解和更多的热爱。他们认为西班牙人的赴任存在大量旅途和安顿的花销，这提高了行政和管理的成本，而且让管理变得十分低效。

克里奥尔精英们为谋得行政机构中最具权威和最有声望的职位而竞相争夺。对检审庭职位的争夺是最激烈的。克里奥尔人熟悉国王的弱点，并且知道用白银来说服国王。克里奥尔人慷慨地提供白银——通过借款和捐赠的方式，这有助于他们得到"财政委员会"在经济上给予的好处，比如降低或者废除税收利率。通过买卖官职来充实皇家金库的做法早在17世纪初就出现了，总督钦琼（Chinchón）曾指出，超过一半的检审庭的职位被克里奥尔人占据了，委托监护主只向秘鲁人或在秘鲁长居的人效力，而且印度议会中也有一到两名成员是秘鲁人。他在统治期内曾要求克里奥尔人向西班牙王朝支付一笔新的被称为"武装联盟税"的税款。

克里奥尔人的很多愿望在17世纪逐渐实现。受过大学教育的人、通过培训可以从事专业劳动的人——通常是贵族或精英家庭中的次子们——成为"竞争者"，同西班牙人竞争不同的公职岗位。在此之前这些岗位都是被西班牙人独占的。中等的公共职位也被克里奥尔人接管了。

教会是争夺权力的另一个阵地,在那里对修道院权力的争夺特别的激烈。每三年会举行一次所谓的"修道院集会"选举,这个选举变成了半岛人和克里奥尔人之间派别对立的战场。克里奥尔人——人数越来越多并且他们的准备越来越充分——不断增加为谋取职位所需的费用投入,终于实现了所谓的"替换"。例如,在方济各会中,克里奥尔人和西班牙人轮流担任一些职位。争取印第安人信众是另一个争夺阵地。因为克里奥尔人占据着语言优势,他们更加容易成为土著教会的牧师。

秘鲁的殖民地社会有克里奥尔人、西班牙人、印第安人、混血人、黑人和其他的社会群体。这样的社会离成为一个结构紧凑且同质的社会还相距甚远。一方面,西班牙人——半岛人或者克里奥尔人——已经从安第斯世界的一个异类变成了领导群体,反过来他们成了西班牙语世界的造就者。在另一方面,一个群体或姓氏的归属是相对的。很多时候,在区分一个人的阶层时,更多的是要考虑他的种族、职业、经济地位。此外,相比以前,姓氏或群体的变化更为常见,姓氏成员也会结合自身情况,激发出一种特殊的能力来凸显自己的姓氏,或者将自己归属到某一群体中。捆绑关系使得姓氏的联合既充满变数又依赖于时机与个人的选择。例如,在西班牙语世界的半岛人和克里奥尔人之间显然存在着不可调和的矛盾,但这并不妨碍他们之间的联姻行为或利益结合。

所以，殖民社会绝不是一个根据种族等级对人口进行分类的、由严格的姓氏制度组织起来的静态的等级社会。殖民社会的特点是姓氏的模糊性和姓氏选择的灵活性，其中还包括了一定的姓氏变化的流动性。

殖民司法体系作为集体谈判的工具，对社会定居点安置、创造社会共识等方面起到了突出的作用。殖民地司法解释的唯一参照是行为者在社会中的合法性程度。安东尼奥·安尼诺（Antonio Annino）强调了印第安法律的特殊性质，认为它不仅仅是一种"正式的规范体系"，而是"一种坚实的诡辩建构"，"更多的是对当地社会的而非对集权意志的解读"。只要司法体系承认并纳入当地习俗，并允许西班牙后裔、印第安群体以及其他殖民集体之间展开谈判，就有助于建立一个由社会中的个人和集体塑造出来的新社会秩序，而这个秩序也会更加灵活。

印第安社会的重建

市政议会或印第安市政议会（cabildo indio）允许对土著社会进行改造，直面殖民压力，重塑自我身份。在经济领域，17世纪集体经济的主要机制是社区基金和教友会（cofradía）。它们创建了各种社区企业，为民事开支和宗教事务的花销提供资金。这些企业可能是工厂、贸易公司、小庄园和社区作坊；然而畜牧产业是最为普遍的，特别是牛羊畜牧业。

在土著人口较少的情况下，16世纪末的畜牧业可能是一种保护土地的战略，因为相比农业，畜牧业对劳动力的需求更少，并且可以控制大片无法耕种的土地。同时畜牧业的发展与安第斯地区具备良好的产业条件有关，也与羊毛生产无须大量投资即可获得丰厚红利有关。一方面，畜牧业的优势在于允许当地土著灵活且自主地管理畜牧群，因为畜牧群的流动性和难以被计数和难以被掌控的特性，使得殖民当局很难对这一产业进行监管和征税。他们经常抱怨印第安人藏匿牛羊。

印第安村落的统治基础是权威的差异性。最高级的统治者是卡西克（cacique，土著酋长），他们身上流淌着前西班牙时期的贵族血统，这也体现了旧制度的延续性。特权和地位使他们能够维持甚至增强经济实力。例如，克里斯托瓦尔·奥约思科斯（Cristóbal Olloscos）是印加库拉卡的后代，他出售了一个价值16000比索的葡萄园；还有塔克纳（Tacna）的库拉卡，迭戈·加奇（Diego Caqui），他的产业涉及葡萄酒、辣椒、小麦和藜麦的生产与种植，他用自己的商船将产品运输到巴拿马销售，用脚夫与车马队将产品运送至波托西销售。

交纳贡品和服劳役（米塔制度）主导了农村地区的印第安人们的生活。生活在南部山地的印第安人要离开故土，轮流到波托西和万卡维利卡服米塔劳役。每个部落成员在一生之中必须参与五次服役。 服役的土著人群由一个"队长"领导。在很多时候陪伴这些印第安苦力的，还有他们的家人，后者不仅给在矿中劳作的印第安苦力们运送食物，而且在苦役们在矿区服役期间，为他们重现故乡的家庭生活。此外，妻子们成为"帕里里"（palliri）和"昌奇里"（chanquiri）（矿物筛选工人和矿物质粉碎工人）在矿上劳作，或者从事洗衣和厨师工作。

矿地是印第安人接触商业世界的地方：在那里他们学习了西班牙语，了解了贸易习惯，接触了不同的饮食习惯，如食用面包、肉类，饮用白兰地和葡萄酒，知道了如何使用货币，体验了城市生活，穿戴"西班牙"服装，如穿鞋子；印第安劳力还接触到了来自其他地区的印第安人，了解到了不同的习俗和传统。通常情况下，当劳役服满之后，一部分人会选择继续在矿上劳作，而不是返回家乡。矿山"吞噬印第安人"的传说也从此开始，祭司们抱怨采矿中心让人失去了灵魂。

特伦托（Tridentina）改革提出将福音传播的方法同质化、严格化，规范了印第安村落在每日、每周和每年举办的仪式，天主教的教义和信仰通过记忆、强化和再生，最终存在于人们的社会生活之中。

人们为教堂的建造和维护付出了巨大的努力，而更重要的是，对于大多数人来说，雄伟的祭坛和富丽的墙壁能够增强他们的地域自豪感，同时也是他们构建自我身份的基础。人们力图让"自己的教堂"比邻近城镇的建设得更好。社区资金主要用于建造和装饰教堂。遍布全国各地的专家和工匠（石匠、木匠、雕塑家、画家、银匠和金匠，主要是混血人）加入到建设中，教堂的建设工作日益壮大。

定居点围绕宗教中心而建的特征出现了。宗教当局在构建信仰身份的过程中使用的一个关键手段是引入并扩大教友会，这些教友会在加强福音传播和深化基督教信仰等方面起到了巨大的作用。这类忠实的宗教团体强化了人们对圣人或圣女的崇拜。庆祝活动、宗教游行、弥撒、建设教堂是信仰虔诚最直观的表现。许多时至今日仍在展开的庆祝活动，都可以追溯到这个时期，尽管其中一些可能是前西班牙时期的宗教仪式。

城镇里的庆祝活动丰富多彩且耗资巨大，对教士们来说，这是一份有利可图的事业。因为当一个教友会成立之时会用一系列的物品——通常是土地或牲畜——来支付仪式的费用。教友会每年会选举专人来管理这笔财富。17世纪，教友会管理的财产数额超过了社区资金的数额；也是出于这个原因，教友会管理者有着比市政府官员还高的威望。

为了规避西班牙民事当局的贪婪，在许多情况下人们总是试图耗尽社区资金，并将其大部分资产转移到教友会，以便更好地保护财产和享有更大的自主权。通过这种方式，教友会的资产也开始用于支付民事费用。这是土著社会应对殖民者压迫而谋划出的策略之一，由此他们实现了重要的自治权。

牧师是乡村社会的重要人物，其管辖范围包括几个村庄。他们通过竞争上岗（也有例外是因蒙受皇恩被特别任命）。乡村牧师被授予财富或教会财产，但他们必须在教区居住，以换取工资。他们必须懂得管理印第安人圣礼的语言。他们领取皇家财政部发放的工资，接受信徒的捐赠（贡品、每日维护费），在根据协议确立的节日里他们还会获得各类服务酬劳，金额由主教确定。

印第安村庄里人们的生活并没有与世俗社会隔离开。在主要的村庄里，除了督办之外，庄园主、牧场主和委托监护主时常发挥影响力。脚夫、商人、工匠和梅斯蒂索人来来往往；西班牙人和印第安人之间的姻亲关系日益密切，而二者之间非正式姻亲关系中的纳妾关系，也得到了长辈们的允许。

较之黑人、梅斯蒂索人和穆拉托人，西班牙人同印第安人打的交道更多。印第安人通常是西班牙人的仆人，遭受了各种形式的虐待、勒索和暴力。因此，这两个群体之间的关系往往含糊不清而又相互矛盾。这两个群体在印第安村庄里共同生活在一起——根据实际情况来看，一般是西班牙男子与印第安女人姘居，而这样的家庭模式也被认为是"不合规范的"。

事实上，许多印第安人被迫离开自己的村庄去服米塔制度的劳役，因为他们无法保护家人而使得自身情况变得更糟。根据当时一位牧师的说法："此外，妇女们和女儿们时常要遭受黑人和西班牙人的抢劫。"所以印第安女人为了让自己的孩子能够避免成为米塔劳工、不再纳贡，更喜欢选择西班牙人为丈夫。为了缓解这种情况，当局禁止西班牙单身男士在印第安人群体中居住，即便是出于工作需要。

对许多印第安人来说，难以忍受的赋税重担使得他们更愿意另谋出路。最常见的方法是离开村庄，到西班牙人的公司里谋生。采矿行业对劳动力有着巨大的需求，而且一旦履行完米塔制度的劳役，米塔劳工就可以留在那里。印第安人也愿意在庄园和城市就业，这意味着印第安人强烈的脱离意愿，以及印第安人村庄中因血缘关系而建立起来的所有权的丧失。这也使印第安人陷入混乱。印第安人最终接受并习惯了西班牙习俗，因此他们与其他那些依赖西班牙人的群体没有多大差别，例如贫穷的西班牙人、梅斯蒂索人、穆拉托人以及其他人种。而在其他情况下的印第安人就彻底边缘化了。

这些印第安人选择了一条中间道路：他们迁移到其他城市，以摆脱米塔劳役和纳税义务。这样做的好处是，除了逃避殖民义务之外，还能过上像以前那样的生活。他们在新的村庄租用土地，与家人生活在一起。这些外来家庭通常和本地区的妇女们一起生活。然而，他们并没有享受到与城镇里当地印第安人相同的政治权利，所以他们面临重重困难。其中最重要的是，新居住地的酋长会分配给他们更加繁重的工作，他们也更容易受到酋长的虐待，他们被剥夺了基本的政治权利。不同人群之间的同化是渐进的、昂贵的，并且是十分困难的。陌生人以宗教为媒介象征性地融合在一起，本地人和外来者的共存使得村落越来越多地体现出二重性。在这些由西班牙人、梅斯蒂索人和其他人种构成的村落中，人们之间的情谊也加深了。

人们的生活现状只有在本地力量难以为继的情况下、在当地事务被干涉的情况下、在殖民政权企图重新获得失去的控制权的情况下才会被打破。因此殖民政府对公共土地的猛烈攻击，成为打破现状的关键。1640年左右殖民当局对土地的侵占，明显地减少了印第安人对土地的控制；17世纪后期米塔制度的重新恢复，使得殖民当局重新掌握了土著人口数并对其进行了分类，以便将外来者也纳入米塔劳工之中。尽管如此，米塔制度的劳工配额仅为前一个世纪的三分之一。

印第安民族主义

历史学家马努埃尔·柏加（Manuel Burga）和阿贝托·弗洛雷斯-加林多（Alberto Flores-Galindo）受到何塞·卡洛斯·马里亚德奇（José Carlos Mariátegui）论文的启发，指出从殖民时期开始，在印第安人中形成的"安第斯乌托邦"一直持续到20世纪末，在这漫长期间，发挥着抵抗文化和政治意识形态的作用。这样的乌托邦是对殖民体系的批判，是印加人政府的理想化和安第斯地区仪式变化的体现。

印第安人在君主制内遭受了双重的边缘化：一方面，他们是国王的附庸，但在法律、宗教、劳工和政治地位等方面他们却受到了严格限制。低下的地位使他们在社会生活中被区别对待——他们不能代表自己，他们必须履行米塔制度和纳税义务——并被驱逐出最高权力空间。另一方面，他们虽然是教会的一部分，但并没有被正式接纳成为其中的一员。

印第安人对殖民体系的不满日益增加，这意味着他们逐渐地意识到了自己所遭受的排斥，分歧变得越来越明显。在最具代表性的殖民机构面前，印第安人越来越多地表现出对司法和对暴力的反抗，对米塔制度、纳税制度的反抗也日益增多。还有一些印第安人为了基督徒身份被承认而抗争。

事实上，对印第安人来说，被排除在宗教领域之外，显然是很痛苦的。历史学家胡安·卡洛斯·埃斯滕索罗指出，直到殖民时代结束，教会才承认印第安人是完全的基督徒。教会从两个方面阻止印第安人完全基督化，一是不断地改变福音传播方式和教义内容。二是不允许印第安人参与圣礼，也不允许其忏悔和出席圣餐仪式，这直到18世纪末期才被允许。

对基督教教义不断地重新定义起到了固定福音传播过程的效果。为了传播新的宗教教义，教会一再取消其对教化土著人的策略。如果说在传教活动的开始阶段，教士们是借助土著信仰使土著人接受了基督教教义，进而达到教化印第安人的目的；而在特伦托改革以后福音传播的新目标（改革精神在秘鲁从1580年后开始实践），用埃斯滕索罗的话来说就是"建立一个没有所有土著特征的基督教"。

而问题就在于，教会不仅不会把第一个阶段里的宗教看作是已经过时的宗教，而且还质疑与谴责它，认为它是被妖魔化了的、偏离了教义的宗教，还认为土著人的宗教活动是对真正基督教习俗的模仿。因此，印第安人把从最初的福音传播中所学到的东西转变为了偶像崇拜。

就连如尼古拉斯·艾利翁（Nicolás Ayllón）（1632—1710）这些被基督教化了的印第安人，他们的事例也不能扭转教会对土著信仰的疑虑。而这些土著人的皈依，虽然象征性地体现了福音传播在印第安人的认知中得到了巩固，并在这个群体之中得到了长期的维护，但还是没能避开审查与纠问。

残酷的殖民地现实与理想化的印加社会形成了鲜明的对比，这种对比改变了改革精神在殖民地的传播。印加人的形象将印第安人的政治和社会期望有力地黏在一起。加尔西拉索·德·拉·威加的作品很充分地体现了这一点。他是西班牙征服者塞巴斯蒂安·加尔西拉索·德·拉·威加（Sebastián Garcilaso de la Vega）和库斯科纽斯塔（Ñusta）[①]伊萨贝尔·钦普·奥科约（Isabel Chimpu Ocllo）所生的混血儿子，特殊的人生经历——由母亲抚养成人，从母系亲戚那里接受了印加传统——使他在作品《皇室评述》[②]（Comentarios reales）（1609）中带有强烈的情感印记，他在作品中用平和且富有艺术性的视角展示了印加帝国，凸显了要求恢复并重现印加威望的论调，同时还含蓄地表达了希望归还印加政权的观点。这种被所有印第安人所感受的对美好过去的渴望，成了一种面对艰难甚至是曲折现实的政治选择。

加尔西拉索的作品在安第斯世界广泛传播。在印加的宗教和

---

① 凯楚阿语中对印加帝国王后或公主的称呼。
② 全称《印加王室评述》（Comentarios reales de los incas）。

典礼仪式中，比如在利马、波托西、库斯科等城市的公民庆祝活动中，印加人和印加贵族们穿着象征印加帝国的服装列队游行。在库斯科主要的宗教节日里，印加人自豪地展示着他们所有的辉煌。这种不断增长的民族声望，体现在印加人通过装扮成祖先的模样来表达对祖先的自豪和对印加血统的探寻之中。他们重建家谱，以谋求印加血统在法律上的认可。

这些场景诡异且艺术性地捕捉和表达了库斯科印加贵族展现印加符号的狂热态度。在偶像崇拜受到严重打压的情况下，这种新意识和新感知在安第斯地区的基督徒节日仪式中体现出来了。印加王阿塔瓦尔帕之死便是偶像崇拜的一个关键时刻。

这些仪式大多数都象征性地展现出与现实截然相反的社会秩序与历史：印加人击败了西班牙人。而这种不断增加的代表印加血统的要求，并没有逃脱西班牙殖民当局的掌控。例如在1667年，因为血统问题，西班牙殖民当局撤除了印加王的直系后裔阿隆索·印卡（Don Alonso Inga）在基多检审庭中的职位。

根据柏加和弗洛雷斯-加林多的说法，后期的安第斯乌托邦经历了潮起潮落。在18世纪，何塞·加布里艾尔·孔多尔坎基（José Gabriel Condorcanqui）袭用印加王图帕克·阿玛鲁[①]的名字，领导了一场将安第斯乌托邦推向高潮的革命。

---

① 自称图帕克·阿玛鲁二世。

-12-

波旁王朝在安第斯地区的改革措施

自1660年开始,宗主国当局和总督开始清晰地认识到殖民地行政上的弱点和瘫痪的局面。与往常一样,国王派遣巡视官员到访问题严重的地区,对当地情况进行调查。采矿业的振兴和米塔制度的实施,成为整场辩论的重点。

人们对进行人口普查的必要性达成了共识,殖民当局需要重新登记土著人口。然而,无论是阿尔瓦(Alva)总督还是他的继任者桑蒂斯特班(Santisteban),都没有突破波托西的企业家们的反对和阻碍,后者害怕自己的非法集资行为被暴露,担心分配所得的印第安劳役份额会减少。例如1665年,何塞和加斯帕·萨尔塞多(Gaspar Salcedo)兄弟在普诺的莱卡可塔(Laicacota)矿地发动了叛乱,这场在安达卢西亚矿工和巴斯克矿工之间的斗争向殖民地当局提出了要求。面对这样的无序事态，有人对托莱多模式公开提出了明确的质疑。这一立场的主要代表人物是在1667—1672年间治理秘鲁的德雷莫斯伯爵（Conde de Lemos）总督，他反对米塔制度，要求将其彻底废除。

由于国王和总督缺乏权威，任何改革都必须与精英阶层谈判。改革的推行受到了阻碍，甚至受到了地方上官员们的抵制，最后在支付了昂贵的捐款后，国王下令废除了米塔制度。

17世纪末的秘鲁社会是非常复杂的。虽然大部分由托莱多建立的社会结构维持了原样，但是在经历了一个世纪之后，新的事物出现了，并形成了一系列关系网。从逻辑上讲，这些关系网与西班牙的利益相距甚远。当然，主导秘鲁社会经济发展的并不是西班牙的利益，而是秘鲁当地精英阶层的利益。

与此同时，土著人实现了强大的安第斯人身份构建。安第斯人身份经村落中殖民机构塑造而成。米塔制度使印第安人彼此间相互联系，印第安人对印加帝国赋予的共同传统的接纳增强了对这种身份的认同。这种身份认同在种族和文化上继续保留界限，具体体现在语言和文化形式上，凯楚阿人（Quechuas）和艾马拉人的语言就是在安第斯世界保留的一个非常明显的文化界限。与他们比较，其他使用西班牙语的土著群体适应了西班牙文化。

"印第安人社群"不仅仅存在于印第安人村镇之内，季节性的劳务移民和大部分流向西班牙人社群的人口，以及重新制定的卡斯蒂利亚化的政治模式都触发了印第安人社群的外向型延展。因而，印第安人也被分化为两种类型：原住民和外来者，二者有着不同的权利和义务。这导致了外来者为了争取在印第安政府那里获得代表权而展开斗争。越来越多的西班牙人、梅斯蒂索人居住在土著人群中，这让事态变得更加复杂，因为在有些时候，前两者的人口数超过了印第安人，引发了关于共存与冲突的矛盾。但是大削减计划却出乎意料地加强了他们之间的团结。在不同种族和不同社会背景的人群间，正式的、非正式的以及象征性的重组，极大地丰富了当地的社会形态，并使之变得更加复杂化。

16世纪末到17世纪初，第三个社群形成了，黑人和其他种族社群。虽然这个社群从来没有合法地存在过，但在秘鲁殖民地，特别是在沿海城市和利马这样的城市里，这个社群的力量和存在感是不可否认的。这个社群的人甚至也象征性地参与国王的庆祝活动。组成庆典的游行队伍包括西班牙人、印第安人和印加王，黑人和黑人的国王。尽管奴隶制让黑人结合为一个群体，但这个群体成员的等级地位差异很大：有奴隶和自由人，有仆人和工匠。他们没能拥有类似于其他两个社群的凝聚力，但他们非常明显且十分重要地存在于社区和教友会之中，是一个存在一定问题和潜在危险的群体。

受攻击的波旁王朝：新的国防与行政政策

西班牙哈布斯堡王朝[①]到波旁王朝的更迭，给颓废的西班牙帝国注入了新鲜的活力。导致西班牙在新的政治和哲学潮流框架内，推行恢复君主制的威望和权力的新政策。而这些新的政治和哲学潮流要求西班牙像法国那样，建立绝对的、真正的中央集权君主制。

为实现这一目标，新王朝需要在政治上和经济上恢复对帝国强有力的控制权，如同16世纪末那样。18世纪的改革者们也发现，对丰富的美洲资源加以利用对西班牙恢复在欧洲的霸权至关重要，也是支付行政改革昂贵成本的重要资金来源，也是西班牙成为一个现代化的富强国家的决定性因素。不过要享有这些资源，就必须要将它们从美洲居民手中夺走。但鉴于克里奥尔人日渐积累的政治、经济实力，这显然并非易事。

改革始于菲利普五世（Felipe V）的统治时期，起初改革是缓慢而温和的，后来逐渐加快，并随着来自王室财政部和法院的

[①] 原文dinastía de los Austrias，直译为奥地利王朝，实指西班牙哈布斯堡王朝，它与奥地利哈布斯堡王朝同宗，故译为哈布斯堡王朝。

巡查者何塞·安东尼·德·阿雷切（José Antonio de Areche）在1777年到访秘鲁，改革的力度到达了顶峰。无论如何，这次对美洲的"重新征服"持续了将近一个世纪。为了实现目标就必须积极和坚定地对秘鲁推行一系列大刀阔斧的改革，改革的领域涉及行政、商业、经济、财政和民生，是对西班牙君主与美洲臣民关系的一次真正意义上的重建。波旁改革在秘鲁社会引发了极大的震撼，并导致了秘鲁历史上最大规模的土著人叛乱：在1780—1781年间，图帕克·阿玛鲁二世领导了起义运动。

波旁改革的推行与第一次殖民制度的重建存在许多相似之处。这些相似之处中值得注意的有，宗主国不断增强的对美洲大陆利益的控制；以及受开明的意识形态影响而增强的世俗化精神，例如推行中央集权、信奉激进主义、支持官方预备制度、忠心王室，以及决心整顿官僚机构腐败。

这些新官员是波旁改良主义的开明精神的最佳代表。启蒙运动的基本原则——秩序、进步、理性——源于法国的思想潮流是新王朝的摇篮——转变成了政治和社会秩序，成为加强中央集权，完善组织结构，促进国家经济改革方针。

新统治者的目标是通过更加合理地利用资源，来最大限度地提高殖民地的经济效益，并且在社会领域，通过简化司法行政，干预他们所认为的民众的迷信、野蛮和无用的习俗和信仰，加强对人口的控制。

如果说12世纪由菲利普二世制定的制度改革,源起于一个强大的西班牙帝国对增加收入以满足扩张的需求,那么波旁统治者推行的新改革,则是在本国明显落后于其他欧洲大国的背景下,为改善经济实力,遏制帝国崩溃而做出的努力。

出于这个原因,很大一部分改革落脚在战略、军事和防御层面,力求收复那些被竞争对手国家,特别是被英国侵占的殖民地,或至少在对方采取军事行动时能做到与之抗衡。欧洲强国袭击了哈瓦那、卡塔赫纳和瓜亚基尔等美洲主要港口,海盗的侵扰构成了对西班牙殖民地进攻的威胁,揭示了美洲地区在防御制度上的缺陷性和在民兵制度上的脆弱性。对主要港口如卡亚俄港口,进行军事堡垒网络建设,以及军队的专业化培养,是君主重新控权的关键。

一方面,设立常设机构是增强西班牙防御的重要之举。为此,西班牙军校开展了专门的军事训练。西班牙人和克里奥尔人、雇佣兵,还有梅斯蒂索人一起被征入伍,并享有"荣誉"称号。军官和职业军人得到了民兵的支持,民兵组织由可以携带武器和经镇议会和行会推选的自由人组成。军事行动时期的军饷由国库发放。

根据历史学家斯加里·奥佩兰(Scarlett O'Phelan)的说

法,总督阿马特①推行了军事改革,建立投弹手兵团,改良了贵族军营。这位总督还创建了由自己指挥的贵族军团。同时还扩大了印第安人军团,有36支队伍,共2000多名士兵。"酋长军事化"成为印第安酋长实现社会晋升的载体,有力地增强了他们的社会地位。在图帕克·阿玛鲁二世发动叛乱的关头,部落酋长的军队发挥了主导作用,例如马特奥·普马卡瓦(Mateo Pumacahua),后来他被授予准将军衔。

另一方面,由一名总司令领导的边境地区的军事分界得到了巩固。智利依靠秘鲁总督获得了更大的自治权。1802年,西班牙在亚马孙地区设立迈纳斯总司令部(la Comandancia General de Maynas)。波旁王朝十分重视军事防御,17世纪西班牙王室派出的新总督几乎都毕业于西班牙军校。第一个军人总督是卡斯特尔福尔特侯爵(Marquis de Castelfuerte)何塞·德·阿门达里兹·佩鲁雷纳(José de Armendáriz Perurena),他于1724年至1736年间任职。

对殖民地领土的捍卫以及更大程度地寻求对殖民地的控制权,促进了在土地和行政方面的改革,产生了两个新的总督区:1717年建立的新格拉纳达总督区(Nueva Granada)(1723年废

---

① 马努埃尔·德·阿马特(Manuel de Amat),1761—1776年任总督。

除，1739年最终成立）和1776年建立的拉普拉塔总督区（Río de la Plata），这两个总督区削减了秘鲁总督区的管辖权。从那时起，秘鲁总督区的边界线就更加接近目前秘鲁共和国的轮廓了。拉普拉塔总督区包括查尔卡斯地区，也被称为上秘鲁，是一片富含白银的地区，不过对秘鲁来说，这个总督区的成立是一个损失，因为那里提供的白银一直在当地市场流通，这对秘鲁南部地区（库斯科、阿雷基帕、阿里卡）的生产者们来说是至关重要的。

改善公共行政是波旁王朝改革的目标之一，推进了官僚革新，目的是实现官职专业化，给官员支付适当薪水并让官职具有职业性——官员也可以晋升——最终杜绝买官卖官的行为，根除高层官员的贪腐行为。高级官员的职位优先考虑西班牙人，以避免克里奥尔人从维护自身利益的角度出发而影响官僚机制的运作。从半岛派来的官员每隔一定年限就轮换一次，以此来减少官员与百姓长期相处而造成的勾结。卡斯特尔福尔特侯爵总督甚至囚禁了造币厂的一些官员——财务主管和分析员——他们涉嫌贪腐或挪用皇家财产。

改善公共行政和道德改良的另一个举措是派遣巡视员（visitador），这些人作为王室派来的检查员，有时会引起总督的嫉妒进而引发争执。何塞·安东尼·德·阿雷切和豪尔赫·

埃斯科贝多（Jorge Escobedo）分别于1777年和1782年抵达秘鲁，他们是在税务改革领域发挥过重要作用的巡视员，他们成功地将王室收入从18世纪中叶的年均约200万比索提高到18世纪末的年均约600万比索。他们推行的措施有增加新税收——例如甘蔗酒税（aguardiente）、提高税率，或者简单地恢复其他旧税的征收——例如恢复征收商业买卖税（alcabala）和征收土著人的贡品。

作为公共行政改革与重组的一部分，为了提高管理效率，在1784年废除了督办辖区（督办职位），取而代之的是设立监政官辖区（intendencias），由监政官对辖区土地和人口展开治理。督办已经成为专制和腐败的象征，代表事件就是在图帕克·阿玛鲁二世发动的第一次叛变中，起义军逮捕并处死了库斯科省廷塔镇（tinta）督办安东尼奥·德·阿利亚加（Antonio de Arriaga）。为了满足印第安人对商品的需求，曾在1754年颁布了一项给予督办分发货物权力的法规，例如分发铁器、骡子和其他原材料。曾经很多督办强迫印第安人高价购买他们根本不需要的货物。当印第安人不能购买这些货物之时，就会遭受监禁、殴打，或者被没收牲畜。

改革将督办势力转变成了政党，这些政党集合在监政官辖区中。1784年建立了利马、特鲁希略、塔尔玛（Tarma）、万卡维利卡、华曼加、阿雷基帕和库斯科七个监政官辖区。1796年，增加了普诺监政官辖区，它最初作为第八个监政官辖区，被整合到拉普拉达总督区之中。三年后，还创建了库斯科检审庭，目的在于为人口稠密的南部地区提供手续办理的便利。同时创建这个检审庭也是1780年图帕马斯特叛乱分子的要求之一。

启蒙运动、科学与经济

确保控制和捍卫美洲殖民地，以及在经济上对美洲加以利用的战略的基本要点之一是准确地了解该区域的地理环境、自然与社会特征。王室利益与开明的精神不谋而合，二者都认为自然是社会和人类进步的源泉，这促进了一系列花销昂贵的科学探索的实施，比如何塞·塞莱斯蒂诺·穆蒂斯（José Celestino Mutis）在新格拉纳达（哥伦比亚）开展皇家植物考察（la Real Expedición Botánica）（1732年—1808年），其他的国家科学考察队也得到了王室的支持，如法国科学院（la Academia de Ciencias de Francia）（1735年—1744年）为了计算地球的确切形状在秘鲁进行的考察，该探险队的成员有查尔斯·玛丽·德康达敏（Charles Marie de La Condamine）、路易斯·苟丁（Louis Godin）和西班牙舰队中尉豪尔赫·胡安（Jorge Juan）、安东尼奥·德乌略亚（Antonio de Ulloa），他们的报告准确地分析出了秘鲁的社会形势，并以"美洲秘闻"（*Noticias Secretas de América*）为题发表在了一家英国刊物上。

还有一些探险队，如植物学家伊伯利多·鲁易思（Hipólito Ruiz）和何塞·巴翁（José Pavón）在1778年至1788年间对秘鲁和智利进行对植物的考察；1790年，亚力杭德罗·马拉斯皮纳（Alejandro Malaspina）对秘鲁海岸进行了考察；1802年，地球科学家、德国男爵亚历山大·冯·洪堡（Alexander de Humboldt）的考察；克里奥尔人何塞·艾乌赛比奥·延诺·萨帕塔（José Eusebio Llano Zapata）和西班牙人巴尔塔萨·马尔丁内斯·贡巴尼翁（Baltasar Martínez Compañón）在18世纪下半叶撰写了有关秘鲁资源的宝贵知识，记录了南美洲的历史、物理、批判、护教论等知识。

西班牙王室"赞助"科学考察，提倡学术活动，推动知识传播，促进了人们对社会与自然理性态度的形成。在采矿领域的重要之举是在1736年将阿尔马登[①]（Almadén）汞矿工程师杰罗尼莫德·索拉·伊富恩德（Gerónimo de Sola y Fuente）调遣至秘鲁，恢复了也能生产水银的万卡维利卡矿山的生产。索拉·伊富

---

① 西班牙卡斯蒂利亚-拉曼恰雷阿尔城省的一个市镇。

恩德在隧道中引入了火药的使用，发现了17世纪被忽略的矿层，并实现了安第斯地区水银的现代化生产。

其中由塔特豪斯·冯·诺登弗里希特（Tauheus von Nordenflicht）男爵在1790年至1810年间率领的寻矿探险最具争议性。这个由20多位德国工程师组成的团队取得了一定的成果，例如设计了更优化的隧道，能更高效地将矿产从隧道转移到矿场，团队的主要目标是用现代化的方法将水银汞齐化，用半自动化的木桶机器替换石场，不过这一目标最终没有实现。

在总督的支持下，1790年在利马成立了模仿欧洲类似机构的爱国者协会（Sociedad Amantes del País），该协会汇集了来自不同科学领域的人才，如医学家、矿物学家、植物学家、历史学家和数学家。协会通过召开会议、举办聚会和出版书刊的方式传播知识。其中最著名的刊物是在1791年至1795年之间出版的月刊《秘鲁信使》（Mercurio Peruano）。协会中汇聚了秘鲁文艺界的主要代表人物，如伊伯利多·乌那维（Hipólito Unaue）、何塞·罗斯·鲁比（José Rossi y Rubí）、何塞·巴基亚诺·伊卡里约（José Baquíjano y Carrillo），以及何塞·伊格纳西奥·雷冈达（José Ignacio Lequanda）。

作为科学考察工作的补充，探险队还展开了人口普查。卡斯特尔福尔特侯爵在1730年左右组织了一次人口普查，目的在于测算1719—1723年发生的流行病灾害对人口造成的破坏，这场流行病灾害产生了数以千计的受害者（根据历史学家阿德里安·皮阿尔斯（Adrian Pearce）的观点，波及约四分之一的土著人口），只有少数人幸免于难。在经历了这场病灾之后，总督区的人口只剩约70万，是自1500年以来人口统计数量的最低纪录。从那时起，自西班牙征服以来就一直维持的人口特征与结构趋势被扭转。

吉尔·德·塔沃阿达（Gil de Taboada）总督在1792年开展的人口普查结果显示，居民数量有107.6万人，如将普诺人算入其中，再做一些其他调整，估计人口数能达到125万； 也就是说，几乎是1723年人口数的两倍。这种增长的出现并不是由于西班牙或非洲移民的迁入而产生的（在此期间有移民迁入，但迁入量适中），而是在基于现有人口基础上的自然人口增长。根据人口统计学家的估算，在1754年至1792年间，印第安人口占秘鲁总人口的比例从57.5％升至了61％。

贸易改革与生产激励

在理论上试图将外国商人排除在外的垄断性商业保护，并没有在美洲商业系统中奏效。因为大部分的贸易是通过走私的形式实现的。这种贸易牺牲了国家财政的收益，但却使外国商人和西班牙代理商受益。

1724年卡斯特尔福尔特侯爵总督抵达秘鲁后就立即下令对从事非法贸易的人判处死刑。但是，法律威胁力度还不够强大；在新经济潮流的影响下，非法贸易的情况持续加剧，并提出了逐渐实现贸易解放的要求。自18世纪40年代欧洲贸易停止使用巴拿马航线以来，舰队系统（每年一支或两支舰队，聚集在一起护送船只以避免其受到海盗的威胁）被所谓的"登记船"（navíos de registro）系统取代。这些单独船只，在没有军事舰队护送的情况下穿越大西洋，直接通过智利南部的合恩角（Cape Horn）进入太平洋。新航线是具备可行性的，因为航行技术和船舶质量的改进，可以让船只在没有任何危险的情况下穿越寒冷和风暴水域。不用再像以前那样，必须在巴拿马更换船只以穿越分隔两大洋的长长的海峡。这种变化降低了成本，增加了贸易量。

作为贸易逐渐自由化的一部分，在洲际交通中有新的港口被授权使用，而且使用流程被简化了，并在许多情况下减少了关税。对秘鲁人，主要是利马人来说，这带了双重影响：一方面是商业贸易量的增加，而另一方面是形成了对卡亚俄港口的竞争。曾经，至少在合法范围内，卡亚俄港口垄断了南美太平洋地区与欧洲的贸易。无论如何，双重影响产生的结果是卡亚俄地区的商业活动增加了。虽然那些往来利马的商人被布宜诺斯艾利斯、瓦尔帕莱索和卡塔赫纳的广场"偷走"了,但贸易总量还是增加了。其他的秘鲁港口,如北部的派塔港和南部的阿里卡港,也开始从开放中受益。

曾经几乎是被白银出口垄断的秘鲁出口业,也经历了一定程度的多样化变化,新的出口产品包括了农副产品和畜牧产品,如可可、稻壳(一种药用植物,也称为奎宁)和羊毛。然而,到18世纪末,贵金属(主要是白银)却占到了出口总量的五分之四。不过,如果我们把殖民地贸易量的增加也考虑在内的话,那么这个数字则会有所减少。对于智利、新格拉纳达总督区和拉普拉塔总督区来说,农产品和手工业产品,如糖、棉花、葡萄和甘蔗酒,刺激了边界地区的生产活动。

自18世纪30年代以来,采矿业开始恢复,利马造币厂开始以更高的价格向矿工支付白银,面向生产者征收的五一税[①](Quinto Real)从之前的五分之一降低到了十分之一。鉴于西班牙的阿尔马登矿和秘鲁的万卡维利卡矿的良好表现,水银价格也降低了,因此,白银产值在1701至1710年的十年间从2800万比索增加到了5800万比索。在接下来的十年里,波托西和奥鲁罗(Oruro)矿山被划进了拉普拉塔总督区的版图中,不过这种损

---

① 五一税指卡斯蒂利亚王朝于1504年对提取贵金属(主要是金和银)以及其他领域内物品征收20%的税。

失被北部和中部高原地区，如偏远的瓦尔卡约克（Hualgayoc）和帕斯科（Pasco）的采矿业的发展所弥补。自18世纪70年代以来，黄金产量也大幅增长，到18世纪90年代，占到了矿业生产总值的10%以上。这种比例是自16世纪以来的首次。

在波旁王朝末期，万卡维利卡的水银矿的表现却不尽如人意。当地商人协会同国家签订合同开始采矿后，当地的商人们可以更容易地获得印第安米塔劳力。购买水银的价格也被事先定好，来自国家价格的压力减少了。为了能够以更低的薪水支付矿工（水银是开采银矿物的最重要投入），当地商人开始了无序且鲁莽的开采，最终导致了1786年采矿业的崩溃。在接下来的几年中，生产是在"碎石工人"（pallaqueros）的劳作的基础上开展的，他们是在场地废墟里劳作的土著矿工。米塔制度在1812年宣告结束，万卡维利卡矿正式停产。

18世纪的奴隶进口刺激了农业生产，奴隶们在沿海的甘蔗和棉花种植园里劳作，在白人的城市住宅中从事家庭劳动。1767年对耶稣会教徒的驱逐，意味着对农业财产的重组，因为这个宗教组织是整个总督区最大的庄园所有者。在接下来的几年中，临时董事会组织的拍卖会将他们的庄园移交给了当地精英。

波旁王朝、克里奥尔人和宗教

波旁王朝的改革从根本上打击了克里奥尔人的力量，而且通过承认各个总督区为王国的方式，彻底地打破了宗主国与美洲臣民之间的契约。从政治与财政自治权丧失的角度来说，二者间的殖民关系变得更紧张了。殖民体系的重新制定意味着美洲殖民地成了廉价且丰富的原料供应者，同时也是销售制成品的市场。

克里奥尔人受限不能在政府部门就职，转向了商业领域。然而，在这个领域他们面临来自宗主国公司的竞争，例如马德里五大行会（los Cinco Gremios de Madrid），自1785年起，行会公司就得到了在秘鲁销售产品的授权。除此之外，克里奥尔人还活跃在军队、宗教和学术领域。克里奥尔人和西班牙人在商贸协会和矿业协会会长的竞选中——例如贸易法庭和矿业法庭会长的竞选，以及宗教和学术领域的领导者的竞选中并驱争先。后者因他们的肤色，通常被称为"查贝同[①]"（chapeton）。

波旁王朝的政策——与启蒙运动基础上的世俗化潮流相一致——向教会施加了强大的压力。开明哲学的基本原则是理性和宽容。因此自然而然地，改革者认为教会不具有包容心，并仍然

---

① 指初到美洲的欧洲人。

固守宗教信仰——这种信仰是理性的敌人。世俗化成为一种新的社会、政治范式。

开明化的专制君主试图将教会特权扼杀在萌芽状态，并对教会施加皇威。马努埃尔·德·阿玛特·伊胡涅特（Manuel de Amat y Junient）总督（1761—1776）对教会力量发起了最直接和最具致命性的打压，他不仅让宗教裁判所得到了王室支持，而且还把宗教裁判所的审查对象扩大到世俗与宗教读物。而他最重要的措施是驱逐耶稣会教徒。

君主对教会权威的加强，不仅是因为自16世纪以来坚定地实行了王室对宗教的赞助，让教皇在对教会组织的控制上和对教会任命权上对西班牙君主让步；也因为代理君主学说经西班牙理论家传播而受到广泛推崇。根据这种学说的观点，王国将直接行使神明代理权（没有教皇干预）。实际上这种学说涉及了一种管辖权从教会到君主完全——除了权力秩序外——的转移。当然，这种转移还包括支付建筑物维护费用和监督神职人员。

下令驱逐那些忠于教皇而反对君主的耶稣会士，强烈地体现了君主对教会的正面打压，也体现了波旁君主对于加强皇权和至高无上的统治权的强烈渴求。耶稣会士在学校的影响力控制了克里奥尔人的精英教育，并留下了大笔经济遗产。驱逐耶稣会士使教育领域内部形成了一种真空状态，由此萌生了在利马推动高等教育改革的想法，以便在高校能够传播开明知识与学说。在这样的想法的推动下，大学改革开始了，高等教育的改革摒弃了耶稣会教育的原则，改建了圣马科斯大学并创建了圣卡洛斯学校（Convictorio de San Carlos）。

1768年颁布的皇家法令，批准阿玛特总督限制宗教裁判所法院在政治和学术领域的控制权。禁止圣职办公机构在民政当局已实现审查的情况下进行审查。

波旁改革与印第安人

如果对克里奥尔人来说波旁改革带来的苦果多余甜头，那么对土著人来说这种对比更为明显。改革目标之一是限制地方和区域当局在农村的权力与自治权。除了督办之外，卡西克和社区教士也成了被监督的对象，因为这些人在地方上掌握了一定的权力。

卡西克、教士和督办为尽可能多地争得土著社会的剩余人口而持续斗争。尽管他们之间存在竞争，但这并不妨碍他们在违规行为甚至违法行为中成为同谋者；也不妨碍他们在共同管理经济和政治时保持一种能让所有人都受益的平衡。而波旁改革的到来打破了这种微妙的平衡，改革迫切地要求控制在地方上颇具争议的大部分土著剩余人口。地方上面临重重压力：自上，是来自新机构和新体制的打压；自下，是来自印第安人集体日益增长的不满情绪。

在巡视官们的严格要求之下，纳税人口的范围增加了。以前那些因卡西克和督办腐败而在纳税名单之外的人受到了细致的检查；那些伪装成梅斯蒂索人和外来人的印第安人受到了不遗余力的追查。这对印第安人来说是一种几乎不需要任何导火索就能引发他们公开抗议的压迫。在17世纪80年代的大规模起义爆发之前，在安达瓦拉斯（Andahuaylas）、卢卡纳斯（Lucanas）和阿桑加罗（Azángaro）等地就爆发了多次抗议事件。

波旁王朝的改革措施正面打击了那些在印第安社群里中实现自治与自给自足的公司。对卡西克政府的干预不仅是为了实现经济合理化，同时也是为了恢复印第安人的习俗。西班牙朝廷试图通过控制逃税，并以经济优化原则为指导，侵占原本由土著公司控制的土地，直到那时这些土地还未曾受到过外界的干扰。因此对卡西克独立和自主管理的集体财产，如土地、庄园、物品、工厂都进行了登记。改革要求酋长提交书面报告，以监督酋长的土地分配和印第安人在庄园的劳作。王室的一个干涉点在于对社区教士的服务费用与津贴开销进行监管，在此之前，这些费用都是按照教士与印第安人之间达成的"协议"而确定的。

印第安人们在基督教节日和娱乐庆典上奇异的庆祝方式，也是改革者关注的另一重点。过度的巴洛克式虔诚已渗透土著社会，它被认为是非理性的和堕落的，因为酗酒和无秩序包含其中。而且还与启蒙运动所倡导的、权力精英们（无论是民众的还是教会的）所坚持的理性主义原则相违背。改革者把这种态度归因于印第安人的无知和非理性，而且认为这一点是可以通过西班牙式的学习予以纠正的。

对大量支持异教节日的印第安教友会予以控制和加以世俗化，导致了印第安人群体同民间与教会当局之间的主要矛盾，这种针对印第安宗教活动及其主要机构的攻击，也是当地民众不满波旁当局和教会机构的主要原因之一。

改革攻击了土著人的公司及他们的特权，甚至打击了包括牧师、督办和克里奥尔人在内的地方政治精英的利益和自主权。这些人已经习惯在处理当地事务时不受中央或上级机构的干预，但波旁王朝破坏了这种机制，这点燃了他们的不满情绪。

这是一种不应遵循的机制，总督区的民众已经开始考虑独立或者与西班牙断绝殖民关系。他们向地方当局提出抗议，而这样的抗议之声很快就把民众团结起来了，进而进一步向中央当局抗议。但他们没有向国王发起挑战，大众仍然视国王为正义和协调的基准。天主教仍然是一个强大并坚实的整合剂。

在1780—1781年间由何塞·加布里艾尔·孔多尔坎基领导

的大规模叛乱,表明了印第安农民对西班牙政府近十年来的改革政治的态度。孔多尔坎基是库斯科高地的卡西克,从文化上和种族上来讲他都是一个典型的混血儿。他拥有一个由200头骡子组成的骡帮,在印第安高地从事贸易行当。与其他的卡西克一样,他喜欢将西班牙的习俗,如穿衬衫、戴帽子和骑马,和彰显印第安贵族的符号相结合。根据约翰·罗和阿贝托·弗洛雷斯-加林多等历史学家的说法,一种新民族主义在18世纪发展起来了,它旨在恢复人们对古代安第斯统治者的记忆,并越来越频繁地用符号、戏剧或文学来表现前西班牙时期的帝王形象。

孔多尔坎基叛乱以绑架该省的督办开始,反叛分子假以王国命令对督办进行公开审判,谴责他犯下了虐待的罪行,并对他处以绞刑。孔多尔坎基使用了图帕克·阿玛鲁二世(Túpac Amaru Ⅱ)的名号,这位廷塔的库拉卡在当地召集了成千上万的印第安人和梅斯蒂索人,集结了一支乡村武装军队力量,大军一路南下杀到艾马拉,摧毁了那里的纺织工厂(obraje)和庄园(hacienda),烧毁了教堂。然后他们试图攻占库斯科,但没有成功,孔多尔坎基在进攻溃败后的逃亡路上被抓捕。然而他的一些追随者继续活跃在现今的玻利维亚普诺地区,让叛乱持续了两年之久。

图帕克党的叛乱在当时被理解为种族之间的战争,因盟友的背叛而结束。一方面，它的盟友是克里奥尔人，他们在最开始是支持图帕克·阿玛鲁二世的，但当他们看到这位反叛领导人失去对军队的控制权之时，就背弃了他。另一方面，抢劫、犯罪和强奸等暴力事件四处泛滥，也混淆了这场起义在政治上号召的平反名义。

  一部分的波旁改革政策因起义运动而宣告破产。例如取消增加印第安人的税收份额，不再派遣督办并废除督办职位，并由监政官取而代之等政策。但同时，创立了库斯科检审庭，展开了反印加人记忆的新运动。对于克里奥尔人来说，这次叛乱使他们对种族战争产生了极大的恐惧，并大大地削弱了克里奥尔人和印第安人之间建立联盟的可能性，使秘鲁在政治上变得更加保守。

-13-

独立危机（1808年—1826年）

在1810年代，西班牙的美洲殖民地为了寻求解放，再一次发动了摆脱宗主国控制的反抗运动。秘鲁总督区不仅宣称自己最忠于西班牙君主，还成了反对独立革命的中心。来自拉普拉塔、智利或新格拉纳达的爱国主义者（patriotas）的军队集结在这片土地上。因此秘鲁也同玻利维亚一样，是最后一批与伊比利亚半岛切断殖民关系的国家。

1824年，战役在位于利马和库斯科之间的华曼加市郊外的阿亚库乔村落打响，保皇党们（realistas）被彻底打败。这支由拉普拉塔、智利、大哥伦比亚和秘鲁总督区反抗者组成的军队，给西班牙人在美洲的存在画上了句号。据目击者称，那一天在阿亚库乔周围的山丘上，围满了数以千计的印第安人；没人知道他们在那里到底是为了支持作战的某一方，还是像飞鸟俯冲捕捉猎物一般来捕获散落的钱财。一切都很神秘。

　　1810年代，秘鲁对西班牙是忠心不二的，但到了1824年，在秘鲁则洋溢着共和主义的热情和明显的反西班牙的情绪。两种态度之间的强烈对比，让历史学家就秘鲁独立提出了各种各样的解释。有人指出，秘鲁人民是在违背自己意愿的情况下解放的：尽管他们不赞成独立，但也没有力量来阻止独立的发生，他们是被南美解放浪潮带进了某种不确定的命运中。当然，在巩固了独立成果之后，政府以爱国的角度解释了相关事实，创作了一个突出英雄和先驱者的版本。在这个版本里，争取独立的先驱者和英雄们深受爱国主义的感染，在圣马丁①（San Martín）和玻利瓦尔②（Bolívar）军队到来的数十年前，就为打破国歌里唱诵的万恶的"残酷的奴役"的镣铐而斗争。

　　也有关于独立的其他解释。有人认为尽管秘鲁人有意脱离西班牙的控制，但他们遭到了像费尔南多·德·阿巴斯卡尔（Fernando de Abascal）这样的一个精力充沛且富有能力的总督的压制。人民在合适的时机里保持了缄默，对独立抱以期待。最终随着1820年何塞·德·圣马丁（José de San Martín）将军的到

---

① 即后文的何塞·德·圣马丁（José de San Martín）。
② 即后文提到的西蒙·玻利瓦尔（Simón Bolívar）。

来，秘鲁取得了独立。最新的观点认为，这场如今被称为"西班牙革命"的、于1808年至1823年发生在伊比利亚半岛及其美洲殖民地上的事件，是一股强烈和令人不安的涡流，它将忠诚的、在政治上保守的秘鲁人民转变为了渴望自治的革命战士，他们更倾向于采用共和制政府的模式，相比君主制，这种模式有更加广泛的政治参与度。

社会结构与政治决策

通常情况下，每一种解释都有一部分的真实性。首先我们要承认，在1808年至1814年西班牙君主制发生危机时，秘鲁是在政治上最为保守的西班牙殖民地之一。这是社会人口结构分布的结果。由于秘鲁是南美洲第一个西班牙总督区的中心，到18世纪下半叶，秘鲁一直扮演着南美洲和西班牙海外贸易分销中心的重要角色，受伊比利亚君主制力量的控制。秘鲁有近150万人，其中60%是土著人，22%是梅斯蒂索人，12%是西班牙人或克里奥尔人；剩下6%的人口一半由黑人奴隶构成，一半由穆拉托人、桑博人和自由黑人构成，这一族群时常被称为 "卡斯塔人" （castas）。

西班牙和克里奥尔人居住在主要城市里，除了居住在利马及其港口附近，还居住在南部的卡亚俄、阿雷基帕、库斯科和华曼加以及北部的特鲁希略、皮乌拉和卡哈马卡。土著居民主要是农村人口，分散居住在高原的各个小村庄内。而梅斯蒂索人是这两个群体之间的纽带，他们是少数人群，也是工匠、手工业者和文员。奴隶群体集中生活在庄园和沿海城市。

往来秘鲁各地区的旅行者使得质疑的氛围更为突出。各个群体之间本已存在的敌意甚至变得公开化。政治和经济权掌握在白人这样的少数人群手中，特别是掌握在半岛人群体（出生在伊比利亚半岛的群体）的手中。少数人群掌握着不成比例的权力份额。克里奥尔人和梅斯蒂索人，接受过和半岛人相似的教育，他们认为国家的高官职位和更为有利可图的经济活动优先考虑半岛人是不公平的，因为相比半岛人，他们不仅更了解这个国家，而且还更有意愿在这个国家永久居住。

半岛人除了需要印第安人从事采矿业和农业之外，还需要印第安人提供邮政服务，在客栈（旅馆或客店）、西班牙人城镇提供清洁服务。由于一个针对土著劳动力的市场还没有形成，通常印第安人被招募起来，形成一个具有一定人数规模的工组，换句话说，也就是以轮班制度来义务地提供劳动。除上述的劳动义务之外，男性成年土著人还得向西班牙政府交纳人头税（每人每年金额固定），到了收获季节（收税期范围在18世纪末期被扩大）

还向他们征收其他赋税。随着税收负担的加重，土著人群对西班牙当权者的怨恨也逐渐加深。

在19世纪初总督区的社会构成中，似乎没有人对自己的命运感到满意。即便是享有特权的半岛人，也对其他群体和在这个国家艰难的生活抱有怨言，根据最后一位总督的说法，"这个社会落后得就像是刚刚脱离了大自然一样。"不满的情绪氛围并没有被消磨掉，而是转变成了要与西班牙断绝关系的渴望，因为对一些领导阶层而言，如克里奥尔人，很明显，西班牙君主及其盟友天主教会权力的消失，会强制取消或至少严重威胁印第安人向采矿主、土地主和城市居民提供服务的社会模式。社会的分裂和政治上的无政府状态将是独立革命走到最后最可能产生的结果。

然而，从18世纪的最后几年开始，在受过最多教育的阶级中开始出现自治主义倾向。由于半岛人对谋取公职的偏爱，或者可能是出于好意，抑或是出于精明与合适的考虑，政府实施的赋税政策没有征求当地精英的意见，基于对这种情况的反抗，一些克里奥尔知识分子如何塞·巴基亚诺·伊·卡里略（José Baquíjano y Carrillo）、马努埃尔·比道雷（Manuel Vidaurrey）、伊伯利多·乌那维（Hipólito Unanue）等成了涌现于改革思潮中的代表。他们是律师或科学家，是世界上非常知名的知识分子。洪堡男爵在到访秘鲁时说过，乌那维是唯一可以与之保持开明性谈话的人。面对独立困境,知识分子采取了一个被定义为温和的改良主义的立场。他们认为,西班牙控制下的美洲殖民管理部门需要经历一场重要的变革,但是最好不要与西班牙君主制决裂,因为这可能带来社会创伤和不可逆转的政治后果。

山中无老虎,猴子称大王[①]

在拿破仑·波拿马(Napoleón Bonaparte)凭借武力强迫西班牙国王在拜奥那(Bayona)退位之后,秘鲁没有像其他西裔美洲国家一样形成一个稳定的政府委员会(Juntas de Gobierno)。1811和1812年间,在塔克纳(南部海岸)和瓦努科(中部高原)的一些小城市,地位不高的克里奥尔人和梅斯蒂索人无视地方当局,企图成立一个自治的政府。不过这些努力很快就被总督政府的军队镇压下来了。但是,由一名在财政部门任职的政府人员弗朗西斯科·德·泽拉(Francisco de Zela)领导的这场运动却是幸运的。因为这场运动与当时在拉普拉塔爆发的运动相呼应,与

[①] 原文"CUANDO EL GATO SE VA, LOS RATONES COMEN...SÓLO SI SE ATREVEN",意为"只要胆子大,猫走后,老鼠可以吃肉",根据汉语表达习惯,翻译为"山中无老虎,猴子称大王"。

后者的革命领导人胡安·何塞·卡斯特利（Juan José Castelli）保持联系，使塔克纳革命与拉普拉塔革命在同一天爆发，他们计划打败瓜基（Guaqui）的保皇派军队后继续向秘鲁进军。但是当卡斯特利的军队被击败时，由于缺乏地方上的支持，泽拉领导的运动也以失败告终。泽拉在塔克纳被地方首领抓获，曾经泽拉还抱有不动用武力就让这些地方首领成为其追随者的幻想。

1812年狂欢节期间，在瓦努科爆发了一场起义，叛乱中来自乡村的土著居民攻占了附近的城市。起义军的克里奥尔人领导者多明戈·贝罗斯皮（Domingo Berrospi）和胡安·何塞·克雷斯波·卡斯蒂略（Juan José Crespo y Castillo）控制不了起义军，在行动中犹豫不决并最终叛逃。在这样的情况下，一支由监政官贡萨雷斯·德·普拉达（González de Prada）率领的来自塔尔玛的军队，遣散了起义军并抓住了起义军头目。在过去，这些起义的目的被理解为争取独立，但在今天有人对此提出了质疑，认为起义的目的更加宽泛，是一种更有针对性的抗议（如反对不公正的税收，反对滥用权力）或者试图恢复旧的社会制度。

西班牙国王在拜奥纳退位之后召开的加得斯（Cadiz）会议[①]给温和主义改革带来了机会。新闻自由、新宪法和新宪法委员会

---

① 1810年费迪南二世被废黜之后，取代国王而执政。

的传播开启了一场政治辩论,围绕政府应该代表谁,谁应该成为选举人和具备代表权进行了辩论。在这场辩论中,小册子和报纸应运而生,但对1814年的库斯科来说,这场辩论导致了一场中等规模的起义,这场起义发生之时恰逢西班牙专制制度的复辟。因此,这场叛乱曾被解释为,在古印加首都的克里奥尔人对宪政的捍卫,但在后来人们发现当起义开始时,废除加的斯宪法的消息尚未传到库斯科。

库斯科起义由一位曾经的印第安将军马特奥·普马卡瓦领导。他在35年前曾击败图帕克·阿玛鲁。起义波及整个南部高地,并波及华曼卡、阿雷基帕(市长被谋杀)、普诺和拉巴斯等城市。它是第一个明确宣布以国家独立为目标的起义。但是这场起义既没有得到利马人民的支持,也没有得到阿雷基帕和库斯科的克里奥尔人的拥护。一方面,对于利马和阿雷基帕来说,支持一场本地的精英们无法控制的起义运动是很难的;另一方面,因为起义军在前往库斯科路途上的暴力行径,如把牧师挂在城市广场、在祭坛前强奸白人妇女,都让人们深感害怕,激起了人们的敌意和恐惧。由于处境孤立且没有外部支持,这场起义运动在1815年初就被扼杀了。

那时总督辖区的气氛是如此的平静,使得接替阿巴斯卡尔的新任总督华金·德·拉·佩苏埃拉(Joaquín de la Pezuela),这位曾在与拉普拉塔爱国者队的战斗中战功显赫的将军,开始遣散部队。他相信分裂主义的危险已经过去,并开始恢复农业生产和采矿业。然而,1818年智利爱国者的胜利给秘鲁总督区政府敲响了警钟,因为它意味着在太平洋上开启了一条新的军事阵线。西班牙不乐观的财政情况使得他们不能对秘鲁总督区实施军事援助,秘鲁不得不独自御敌,于是秘鲁的独立战争变成了内战。

源自海洋的独立

智利革命的胜利让佩苏埃拉噩梦成真。1820年9月8日,何塞·圣马丁将军率领了一支4000人的军队登陆距离利马以南50公里的帕拉卡斯湾(la bahía de Paracas)。这支队伍是由智利新政府派遣的,目的是帮助秘鲁"起义"。圣马丁相信这支军队的到来能够唤醒秘鲁人的自治和自由主义精神,他还认为这支军队能给地方领导人在政治主张上和军事上提供支持。然而,他的愿望仅在北部得以实现,在那里何塞·贝尔纳多·托雷塔格莱(José Bernardo de Torre Tagle),也就是更被人熟知的托雷塔格莱侯爵(Marqués de Torre Tagle)宣布了特鲁希略的独立。瓜亚基尔港位于现今的厄瓜多尔海岸,也加入到了圣马丁的阵列,与此同时,圣马丁麾下的一支队伍进军伊卡,击败了保皇党的防御并占领了一些庄园，并将庄园里的奴隶招募入军。随后这支军队在胡安·阿尔瓦雷斯·德阿雷纳莱斯（Juan Álvarez de Arenales）的指挥下，向中部高原帕斯科的矿区进军，在击败了迭戈·奥雷阿利（Diego O'Really）的部队后，攻下了帕斯科。

圣马丁其余的军队向利马以北200公里的乌阿拉（Huaura）镇转移，实现了对秘鲁首都的包围。在这些军事行动推进的同时，总督和圣马丁的代表在利马郊外的米拉弗洛雷斯（Miraflores）镇举行了一场和平会议。西班牙自由主义的回归，以及拉斐尔·德尔·里戈（Rafael del Riego）将军起义的胜利，打开了新的政治局面。在米拉弗洛雷斯，克里奥尔人伊伯利多·乌那维提议，让圣马丁的军队撤出秘鲁，以换取对智利独立的承认。然而除此之外，圣马丁将军的代表们还要求秘鲁政府把拉普拉塔联合省（las Provincias Unidas del Río de la Plata）归还给上秘鲁（Alto Perú）①，那是阿巴斯卡尔总督曾试图保留在帝国版图内的地方。

会议的失败加之迭戈·奥雷阿利在帕斯科的失手，引发了佩苏埃拉政府的危机。何塞·德·拉·塞尔纳（José de La Serna）将军指挥一支保皇军在1821年1月推翻了总督政府并控制了总

---

① 西语原文Alto Peru，是西班牙统治者最后几十年对玻利维亚和秘鲁南部地区的称呼。

督区。新的和平会谈在利马前往帕斯科矿区的途经地布查乌卡（Punchauca）牧场举行。会议达成了和平协议，协议包括西班牙承认秘鲁独立，但条件是秘鲁由一位与西班牙君主制有关联且与西班牙结盟的立宪君主统治。谁来做君主成了协议最棘手的问题，是费尔南多七世（Fernando Ⅶ）的某个外甥？还是某个印加王的后代？当然他们也可以直接拒绝西班牙政府的这一要求。一些历史学家甚至认为，这场和谈不过是拉·塞尔纳为等待来自伊比利亚半岛的军事增援的缓兵之计。

　　协议落空了，休战状态最终被打破。对利马的围困让拉·塞尔纳政府举步维艰，拉·塞尔纳选择离开首都利马，并将政府迁至库斯科市，在那里似乎保皇派更受人同情。总督带军离开让首都陷入一片惶恐之中。英国水手巴兹尔·霍尔（Basil Hall）见证并记录了那些曾经支持西班牙政府的精英家庭陷入的困惑与迷茫：他们应该追随总督吗？或者应该在卡亚俄堡垒避难，保皇派会在那里驻军吗？或者留在城里并臣服于即将进入的新主人？富人阶层担心"海地主义"的爆发，即黑人奴隶们展开对奴隶主的反抗。而在利马，黑人的数量几乎等同于白人。为了规避这种风险，他们邀请圣马丁军队迅速进入城市。由此，不费一兵一卒，1821年7月28日解放大军进驻利马，圣马丁在武器广场宣布秘鲁独立，"捍卫了人民的意志和上帝的正义"。

虽然在利马宣布了独立,但大部分地区,特别是南部和中部的山脉地区(爱国者无法到达帕斯科矿区)仍然处于保皇派的控制之下。将总督的军队驱逐出安第斯山脉并不容易。受理论辩论、选举氛围、宪法权力、解放军队存在的影响,民众的更倾向于选择独立。但在山区,这种气氛很弱。库斯科人民因成了总督区的首都居民而洋洋自得,并幻想着随着总督的胜利,曾经的印加旧首都将再次成为国家的政治中心。

经济陷入一片萧条。贸易不再像和平时期那样畅通了,虽然商人们通常被迫地通过贷款和捐款的方式进行合作,但他们处于难以为继的极限状态。利马人民拒绝了圣马丁曾试图发行的纸币,所以圣马丁只能派遣代表团到伦敦筹款。保皇党那一边的情况也不好,大量的财富累积在利马而不在内陆地区,对土著人征收赋税缓和了金钱用度上的紧张,但这种征税是以对某一类人群的剥削为前提的。

1822年6月,在利马宣布独立一周年纪念日临近之际,圣马丁前往瓜亚基尔与委内瑞拉人西蒙·玻利瓦尔(Simón Bolívar)会面,后者是南美洲北部独立革命的领导人,刚刚在皮钦查(Pichincha)击败了保皇军。为确保玻利瓦尔的军队能支持秘鲁的独立,圣马丁在许下退出领导位置的承诺后,离开了瓜亚基尔。回到利马后,他呼吁在秘鲁已经解放了的地区进行制宪议会选举，并于1822年9月，在一切妥当之后，他解除了自1821年7月以来获得的秘鲁保护者称号。随后他立即离开了秘鲁，政府由经国会任命的三巨头控制。

三巨头无法巩固圣马丁取得的独立成果。一支被称为"内陆远征军"的部队曾在卡亚俄和阿里卡之间的港口登陆，以对抗驻扎在南部高地的保皇派部队，但却以失败告终。在这样的情况下，保皇派将军何塞·德·坎特拉克（José de Canterac）再次攻占了利马，在对利马持续了几周的占领之后，他的军队退回到了山谷之中。1823年，西蒙·玻利瓦尔终于率军抵达秘鲁，领导独立战争的最后阶段。在与拉·塞尔纳对抗之前，玻利瓦尔不得不处理秘鲁克里奥尔人的不满情绪，比如何塞·德·拉·里瓦·阿圭罗[1]（José de la Riva Agüero）和何塞·托雷塔格莱，这些富裕的克里奥尔人认为独立战争是以一种更为激进的和反西班牙的模式进行的，他们更愿意选择寻求与西班牙政府达成协议的方式来解决这类问题，就像拉·塞尔纳和圣马丁在布查乌卡签订协议那样。由于反对者们没有军队支持，很快就被玻利瓦尔打压下去了。里瓦·阿圭罗为了保命不得不逃到国外，托雷塔格莱在保皇派驻扎的卡亚俄阵地寻求庇护，站在了西班牙王室这一边。几年

---

[1] 圣马丁离开美洲前召集了新议会，议会起草了秘鲁共和国第一部宪法，任命何塞·德拉·里瓦·阿圭罗为第一任总统。

后，他因饥饿和坏血病而去世。

沿海地区的克里奥尔人精英顺从了，1824年安东尼奥·何塞·德·苏克雷（Antonio José de Sucre）将军指挥玻利瓦尔军队，为攻破总督的武装力量进入秘鲁山区。8月，在胡宁（Junín）击败了坎特拉克的军队。12月，在阿亚库乔的战场上俘获了总督拉·塞尔纳，拉·塞尔纳宣布投降。几周后苏克雷的获胜军进入了库斯科，并继续向拉巴斯挺进，直至他们消灭了保皇党将军佩德罗·奥拉涅塔（Pedro Olañeta）的军队。卡亚俄港口是最后一个保皇派势力的堡垒，由何塞·拉蒙·罗迪尔（José Ramón Rodil）率军据守至1826年1月，到抵抗的最后时刻他都没有等到西班牙的舰队支援。

何塞·德·圣马丁放弃权位前组建的国会，于1823年制定了一部宪法，宪法确立了秘鲁的共和政体，宪法规定遵循的章程类似于当时在拉丁美洲其他国家颁布的宪法。国家受一个行政机构统治，这个机构由共和国总统和五个国家部门组成：政务部、司法部、财政部、外交部和战争部。法律由代表国家的立法机关颁布。但由于那位委内瑞拉解放者更喜欢拥有权力更大的终身总统职位，所以在玻利瓦尔掌权期间，这一宪法被取代了。在玻利瓦尔离开秘鲁回到大哥伦比亚之后，1828年秘鲁再次颁布新宪法。

这些接连更替的短命宪法，体现出这个受邻国强烈影响而独立的新政权的种种弱点。没有一个来自秘鲁本土的社会团体和先驱来领导独立，而这一团体本应成为秘鲁独立之后国家政府的合法成员。领导秘鲁独立的是其他南美国家的军事头目，实现独立目标后，他们就离开秘鲁返回故国了。国家的统治权则留给了另外的人，他们是在保皇派军队中效力的军官，或是受新模式影响的思想家和名流，或是审时度势并知道如何适应新形势的殖民政权的幸存者。

一种在几十年前流行的观点认为，秘鲁的独立革命只不过是该国在政治上的变革，在社会与经济结构上没有为秘鲁带来真正的转型。不过在今天，人们更倾向于认为，出现上述观点的原因在于秘鲁人对所发生的种种变化的失望。毫无疑问，独立在秘鲁历史上意味着一场革命。在政治方面，秘鲁的政治模式经历了两次改变：从西班牙帝国分裂出来，用共和制取代君主制；在社会领域，与海外贸易有着紧密联系的半岛贵族衰败了，克里奥尔人和梅斯蒂索人等新群体通过政治和军事手段实现了社会阶层的上升，并一跃成为领导秘鲁政治几十年的阶层；在经济领域，国家的税收制度和对外贸易政策也发生了很大的改变。

但不幸的是，这些改变并不意味着在政治秩序、经济进步、还有在独立所承诺的实现社会启蒙与社会正义等方面取得了成功。但我们也不应该就此得出结论，认为秘鲁从殖民地到国家独立的过程只是一个既成事实,没有给秘鲁人民的日常生活带来巨大的改变。之后几年的历史表明,在西班牙殖民时期就保留下来的人口和种族结构的框架内,从殖民地向一个国家的过渡必然是一个漫长且复杂的过程。

-14-

其他可能性的探索（1826年—1845年）

秘鲁独立后的前景并不乐观。秘鲁是最后脱离西班牙殖民的国家之一，也是独立信念相对淡薄的国家之一。政治上的独立给美洲的经济发展带来了绝好的机会。例如，最先独立的国家或者在大西洋沿岸的国家成了欧洲贸易在美洲地区再分配的中心；或者成了西班牙北部的欧洲移民的定居点。这都与秘鲁无关，秘鲁貌似处在美洲大陆"错误海岸"的那一边。

独立战争使商人们失去了船只，他们并没有因为害怕新时代的到来而移民；奴隶们逃离了庄园，采矿场上也不再有骡子、火药和工人。人们希望所有这些问题可以通过英国商人和企业的到来而解决，但事与愿违。或者说，只不过是来了几十个谨慎可疑的商人，他们专注于出售英国商品却不愿意向秘鲁的矿场或庄园投资。1825年的伦敦危机①，加之欧洲人对秘鲁信息的匮乏，以及天主教会在秘鲁的主导作用，阻碍了外国企业和商人对独立后秘鲁投资。

自由的困难

共和政体的模式是很难在秘鲁的政治舞台上搭建起来的。在共和政体模式下，国家由致力于承担政府任务和具有代表权的公民组成。对秘鲁而言，在独立战争期间，秘鲁最开明的人群的绝大多数要么已经死亡，要么移居国外了。在1827年居住在该国的150万人中，不到一半的人将卡斯蒂利亚语用作日常语言，而在这些人中，识字人口仅占总人口的五分之一。因此，要在殖民地官僚体系之内的一些关键领域，如税收、公共支出、司法管理、中央权力与地方权力的协调等领域，建立起一个有效的国家机构是一件极为困难的事。

唯一有组织的机构是军队和教会。为获得政府领导权，二者之间时而是竞争关系，时而是合作关系。在独立后的半个世纪里，大量公职人员来自军队。然而，军队人员并不是接受过军事学院培养，且全身心投入军旅生涯的职业军人，而是具有抱负的

---

① 1825年英国经济危机。

普通梅斯蒂索人。梅斯蒂索人很快就意识到了个人晋升的最有效途径便是穿上军装，这似乎可以保证他们在战争期间获取利益颇多的战利品；在和平年代又能享受到商业贸易带来的利益。战后的军人数量比战争时期多，但商人数量却比战争时期少，虽然在后来这一情况有所改变。

相比军队，教会的势力就显得相形见绌了。在玻利瓦尔短暂的掌权期内，他没收了那些不满足最少人数标准的修道院（独立战争期间，许多西班牙教徒或移民或被驱逐，使得许多修道院空无一人）的资产。剥夺教会的产业占有权、撤回宗教团体的土地，在本质上抑制了这类资源在市场上的流通。虽然这类情况在秘鲁并不像其他拉美国家那样明显，但它确实在某些情况下产生了一定的影响，逐渐侵蚀掉了教会财产。但不管怎样，国家并没有与教会发生对抗，因为在那样一个不稳定的情况下，需要利用教会的力量来完成对诸如亚马孙地区的殖民化和控制农村人口等任务。

少数开明的人士，或在当时被称为"光明人士"，独立后他们在秘鲁的分布也特别不均匀，因为他们只集中在少数几个城市。在独立后的最初几十年里，这些城市精英们为获得更大的权力份额而进行斗争。库斯科和阿雷基帕的人口几乎和利马的人口相当，一方面，人们认为这是一个可以让这两个城市成为国家政治中心的所在地的机会。另一方面，不同地区之间存在着经济利益上的分歧。例如，库斯科和阿雷基帕，在政治上团结一致，希望重新构建上秘鲁。由玻利瓦尔和苏克雷组成的新共和国，其名字则暗指委内瑞拉领导人——玻利维亚。秘鲁南部和玻利维亚西部，分化在了两个不同的共和国之中，这阻碍了两个地区之间的贸易。来自阿雷基帕、莫克瓜和塔克纳地区的农民为奥鲁罗和波多西的矿场生产烧酒、葡萄酒和金银镶嵌物。库斯科地区的生产商也为那里的市场提供服装和古柯。

而利马与这些地区之间的联系断开了。利马在卡哈坦博瓦罗奇里和帕斯克山地区拥有自己的银矿，为了满足市场的需求，利马从智利进口小麦，并将在温暖海岸线上出产的糖和其他农产品出口国外；北部沿海的山谷地区为利马供应豆类、玉米和所谓的面包等产品。这些山谷地区还生产糖和棉花，其中大部分通过海路运往智利和厄瓜多尔。

在这样的两种模式下，二者之间形成了不同的政策乃至不同的货币体系。例如，在南方流通的是银含量较低的玻利维亚货币，这种货币最开始由圣克鲁斯（Santa Cruz）政府铸造，也被称为"分量不足的"硬币，它取代了从殖民政权继承而来的货币的流通，招致了利马和北方商人对这种货币进入市场的不满。相关的外贸政策，则是另一个不和谐的话题。每一方都想保护自己的市场，然而贸易保护主义政策不能每一方都保护。美国和英国的商业领事为本国的产品努力谋求市场准入，以换取当时向秘鲁出口产品的特权。这样就出现了一个问题，那就是如果美国面粉进入了秘鲁市场，则意味着要将智利的小麦赶出秘鲁市场。这样就会中止秘鲁向智利的糖贸易出口。所以在这种情况下，秘鲁糖业生产者和商人以及智利人都一致反对从美国进口面粉。

1836年，秘鲁和玻利维亚联邦最终结成，首都设在利马，第一任总统是玻利维亚人安德雷斯·圣克鲁斯（Andrés Santa Cruz）。以利马和特鲁希略为首的秘鲁北部地区对这样的结盟持反对态度，因为这意味着政治权重向南转移，利马甚至可能会失去国家首都的地位。秘鲁把智利当作盟友，但智利政府怀疑秘鲁新政府会出尔反尔，因为新政府的领土构成不禁使人联想到了由阿巴斯卡尔领导的总督地区。圣克鲁斯承诺英国开放港口和降低关税的要求，但还是没能得到英国的支持。

1837年至1839年之间爆发的秘波联邦与智利之间的战争，最终以北方党的胜利而告终。在战后的几年，北方党的武装分子将这场战争描述成为争取秘鲁独立而开展的"恢复性"行动，并称智利军队为与他们联合起来的"恢复军"。1839年1月20日的永凯（Yungay）战役，恢复军获胜，意味着上秘鲁①（Alto

---

① 即北部秘鲁。

Perú）和下秘鲁①（Bajo Perú）联盟的解体，就此至今，玻利维亚沦为内陆国。尽管该国直到1879年都控制着安托法加斯塔（Antofagasta）海岸，但由于缺少通信路线和中转城市，这个区域很难与玻利维亚的其他地区连接起来（虽然在某种程度上来说，它们确实拥有秘鲁阿里卡和伊斯来港口），这使得拉巴斯对海岸线的控制十分薄弱。

在秘鲁国家内部，在西蒙·玻利瓦尔率军离开后，亟待解决的财政与经济政策问题就留给了这个于1826年创立的自治共和政府。虽然就几十年前史学界确立的观点来看，新政府的建立没有产生重大的变化，但就最新的观点而言，新政府对前总督政府最后阶段所遵循的模式，还是有所突破的。在税收领域，新统治者们引入了一项可称为减税的政策。在波旁王朝期间，税收过度增长，遏制了经济的发展。新政府的统治者们开始废除一些臭名昭著的税收项或减少税收。

温和的税收

许多人将独立革命解释为一场反税制革命。使新国家合法化

---

① 即南秘鲁。

的一种方式便是减轻人们的税收压力。共和国的领导人也认为这种方式是可行的,因为他们曾经认为殖民当局把总督们户头上的大量财政盈余转移到了大城市。当这些人组建政府却发现并没有这笔财富时,就必须恢复一些赋税,例如针对土著人和卡斯塔人的征税。在独立战争时期,为了将土著人和卡斯塔人纳入爱国者阵营,这笔税收曾被废除。在1826年,当这笔税收被恢复时,征税的总金额与1820年相比少了1比索。每年的总税收金额在5—10比索之间;和北部居民相比,南部地区人们承担的赋税费用更高,因为在16世纪,南部地区的人们拥有成群的羊驼、原驼和小羊驼,他们被认为是更富有的人。赋税减少则意味着税收收入减少了10%—20%。

尽管如此,向土著人和卡斯塔人收取的赋税(自1830年开始征收到1854年被废除)和关税一并成了公共财政的主要来源。每年税收总额在100万到200万比索之间。对于土著人口占多数的山区省份而言,如安卡什、库斯科和普诺,这笔税款在征税总额里占比是最高的。其余的赋税,如向登记在册的土地所有者、城市居民和注册贸易的征税,所占的比例就很小了,这表明了国家很难向有产阶级征收赋税。

向从业者征收买卖金额6%的商业买卖税被最终废除,但是房地产税没有被废除,它的税率下降为3%。矿业税于1829年开始,从殖民地时期的10%降为3%。从1831年开始农业什一税变成了15%,而且对土著农民来说,要缴纳的比例更多,达到了20%。推行这种税收政策的动机,除了让共和国政府比殖民时期的政权看起来更加亲民之外,共和国政府还希望通过降低税收来促进经济的发展。

由于要缴纳的赋税更少了,矿场主理应提高白银生产量,农民理应提高水果产量,商人理应扩大交易额和贸易量。但是这种设想没有实现。矿场主虽然不再有纳税压力,但却陷入了生产所需的材料短缺的麻烦,没有充足的木棒、铁绳、火药、水银、骡子和人力。西班牙人撤离后,万卡维利卡矿区就被曾经在那里劳作的印第安人占领。虽然他们设法生产了几百担①的水银,但并没有达到满足秘鲁最重要的帕斯科矿区的水银量需求。曾经从西班牙的阿尔马登(Almadén)进口的水银,却因独立战争后与西班牙贸易的中断而价格大涨。米塔制度(强迫土著劳动力在矿区工作)在独立前不久就被取消了,也使得生产白银的劳动力成本变得更加昂贵,而白银却是该国的主要出口产品,也几乎是唯一能够弥补运输到遥远的欧洲的高额成本的产品。于是采矿业无法恢复到1800年的生产水平。1836年,基乌拉科查

---

① 重量单位,一担即一百磅。

（Quiulacocha）的地道工程完工，白银产量出现短暂的反弹，但成本高和人力短缺问题无法得到解决，新的地道不能继续开辟，一直到19世纪末期，采矿业一直萎靡不振。

共和国政府没有对采矿业开展有效的组织管理，也没有坚定的态度支持采矿业的发展。尤其是考虑到采矿业在殖民时代之所以取得长足发展，是殖民国家采取了利于采矿业的政策，并以牺牲其他部门为代价而实现的，所以共和国政府宣称，采矿业的发展不再需要诸如农业等其他产业的支持，采矿业的发展也不再优先于其他产业。政府对采矿业冷漠或中立的态度，是独立后秘鲁在政治层面上体现出的一个新特征。

减少对农民的征税和1855年取消对农民的征税，带来的结果是农产品产量的减少而不是增长。因为纳税金额是固定的，当金额减少了，人们就不必像之前一样努力生产了，因为生产较少的农产品足以抵消税收的压力。人们更愿意在农闲时间从事其他能获利的行业。这是在农产品市场缺失的情况下（矿区是农产品市场之一，在当时处于低迷状态）的合理选择。而这种选择造成了人口增长的结果。1791年和1876年间（共和国第一次人口统计）的人口普查表明，在整个国家的人口中印第安人口增长的速度最快，大于其他人口的增长速度。这样的情况以前从来没有发生过，在以后也不会再次发生。印第安人口约占总人口的五分之三。

除了利马，其他城市的人口都减少了。西班牙人移居国外，官僚体系的缩减以及商业贸易的减少，使得在对库斯科、卡哈马卡和阿雷基帕等"内部"城市（对首都以外城市的称呼）进行人口普查时发现，这些城市至少失去了四分之一的城市人口。

考迪罗①政策

如果独立后的经济特点是农业的发展、贸易业和生产业的萎缩；那么独立后的政治政策特点就是不稳定性。这种不稳定性的根源在于，一个受宪法约束的国家行政部门，在权力的轮换机制的建设过程中面临种种严峻的挑战。共和国的总统不是通过公民参与的定期选举选出的，而是通过武装斗争来确定人选，这是一种在当时被称之为"革命"的、十分常见的手段。

拥有一支军队可以使自己在战斗中更有胜算。因此，军队领袖们往往在竞选中更具优势。不过在1872年，一名"穿着黑色西服的男人"②在一群政客们中脱颖而出，开始上台执政。在政治斗争中取得胜利需要在重要地区拥有盟友：领导者必须有一张支

---

① 西语原文caudillo，直译为首领、头目。考迪罗制度是拉丁美洲特有的本土化独裁制度。
② 即第一位文官总统曼努埃尔·帕尔多。

持自己的关系网，这张关系网除了向他通报竞争对手的谋划与行动之外，还要在全国各地举行游行活动。在地方上，卡西克们成为这种关系网的关键环节，无论他们的身份是土地所有者、法官还是土著社区的领导者。这些卡西克经常改变他们的阵营，甚至有时候脚踏多只船支持多个对象。

一旦掌权，获胜一方的领袖就会对那些曾经支持过自己的地方势力奖赏官位，让他们拥有地方税收的管理权和地方政府的管理权。所以，虽然秘鲁政治制度是集中的，但实际上地方当局（中央政府任命或属于同一级别的部门的部长、各省的省长和地区的长官）在处理地区事务上的自由度还是很大的。鉴于沟通的缺乏（邮政行业的不稳定性）以及财政自治的现实因素——每个省的财政运转通过征收赋税来实现。20世纪中期的地理学家和历史学家埃米利奥·罗梅罗（Emilio Romero）把秘鲁这种现象称之为"事实上的权力下放"。

总统无法长期掌权，掌权期为四年或五年，甚至有的掌权期还不到法律规定。在独立后的50年间，只有阿古斯丁·加马拉（Agustín Gamarra）在1829年至1833年间的执政，拉蒙·卡斯蒂利亚（Ramón Castilla）（1845—1851和1855—1861）和曼努埃尔·帕尔多（1872—1876）完成了总统的任期。有二十多名总统被推翻、被杀害，或者在他们的任职期结束前就被

"合法"地处决了。

拉蒙·卡斯蒂利亚（1797—1867）是一位来自南部地区的梅斯蒂索军人，他在保皇派军队中开始他的军官生涯，并在此期间，因善于与当地势力结盟而脱颖而出。作为一名军官，他负责管辖不同的地区。他在地方上如塔拉帕卡省和普诺省担任过省长或副省长。时势造英雄，在阿亚库乔战役中他击败了保皇派，在永云凯战役中又击败了邦联力量，在卡门阿尔拓他领军获胜。军事领导者们虽然缺乏文官领导者所具备的文化知识，但他们却能辨别出哪些人对他们有用，哪些人对他们忠诚，即便是自己对这些人曾经的政治行为不甚认同。他的支持者中有很多是19世纪著名的知识分子，例如牧师巴托洛梅·埃雷拉（Bartolomé Herrera）和作家菲利佩·帕多·伊阿利亚加（Felipe Pardo y Aliaga），还有年轻的里卡多·帕尔马（Ricardo Palma）。

如果说考迪罗政策在卡斯蒂利亚执政期间达到了一定程度的稳定性，那这种稳定的局面要归功于鸟粪现象。鸟粪一词来源于凯楚阿语[①]，指的是海鸟干燥的粪便，正是这种毫不起眼的物质改变了秘鲁近40年的历史。

---

① 西班牙语guano，来源于凯楚阿语wanu。

-15-

鸟粪共和国（1845年—1872年）

当德国学者亚历杭德罗·德·洪堡在19世纪到访秘鲁总督区时，收集了一些激发他好奇心的样本，其中就包括鸟粪和硝石。二十年后，他门下一位年轻学生，主修地球科学专业的阿雷基帕人，马里亚诺·爱德华多·德·里韦罗（Mariano Eduardo de Rivero），在论文中研究了鸟粪的肥料特性。里韦罗在秘鲁独立期间回到了美洲。他带着洪堡写给西蒙·玻利瓦尔的一封推荐信来到波哥大，得到这位加拉加斯解放者的准许后，里韦罗回到了秘鲁，掌管新共和国政府的采矿部门。他尝试成为采矿业的企业家，但没有成功。努力付诸东流使他备感沮丧，他回想起自己在欧洲创作的论文，并决定碰碰鸟粪的运气。来自塞罗德帕斯科（Cerro de Pasco）的矿业企业家弗朗西斯科·基罗斯（Francisco

Quiro），是另一位在颓败的矿业领域中郁郁不得志者，他与里韦罗合作，于1841年首次将鸟粪运往英国。

鸟粪作为肥料在英国农业领域大受欢迎，使得它的市场价格迅速上涨，受到了媒体和商人的热捧。秘鲁看到了专卖鸟粪的可能性，这将使国家摆脱经济困难，而又不必向民众征税。秘鲁认为和里韦罗、基罗斯签订合同是违背国家利益的，遂将其取消，并宣布鸟粪属于国有资产。由此，秘鲁和鸟粪代理人签订合同，鸟粪被开采、运输，并被市场化了。

想在秘鲁崭露头角？那就去当代理人吧

成为鸟粪代理人，成了在秘鲁最快、最有效地积累财富的手段。代理人为鸟粪的开采和运输提供必要的资金。一旦销售出去，就能收回成本并赚取大约12％的佣金。秘鲁作为鸟粪的所有者，在几年的时间内，从乞丐摇身一变成了百万富翁。如果在1850年，他们的年收入还不到500万比索，那么十年后其收入差不多可以达到2000万比索。当代理人们赚得盆满钵满时，本国的其他行业却并不景气。

鸟粪积存在秘鲁海岸无人居住的小岛上，那里人迹罕至，得益于寒冷且富含鱼类的海洋，温暖且干燥少雨的海岸，这些优良的栖息条件吸引了大量的鸟类。昼夜间巨大的温差将海鸟的排泄物风干成形,并保存了它们对土壤的肥性。鸟粪不需要任何加工即可投入市场。人们要做的仅仅是把鸟粪捡起来,晃动一个留有羽毛、鸟骨、石头的金属丝网,使得它们与鸟粪相混合,然后扔进船舱内。与矿业一样,对鸟粪的开采与运输,并没有和其他的经济部门发生关联。既没有建造一条公路或铁路的必要,也没有安设烘干机或清洗机的需求,更别说投入资本和安装机器来对鸟粪进行精炼了。在岛上,人们用驴子和手推车将鸟粪运送到临时建造的码头上,而那些由木头搭建的倾斜平台,可以方便鸟粪滑到船舱内部。

由于秘鲁国内的劳动力供不应求,1849年至1874年间,秘鲁从中国招募了近10万名男性劳工,这些劳工除了在鸟粪岛屿劳作之外,还被安排在沿海农场工作和修建道路。尽管鸟粪产业与其他经济部门关联甚浅,但是在代理人圈外,还是有顽强和富有想象力的企业家获得了成功。其中最吸人眼球和最被人熟知的是爱尔兰移民威廉·格雷斯(William Grace),他的船只为岛上的工人提供水和食物,收入颇丰。不久之后,他还为沿岸贸易建立了一条蒸汽船航线,后来这条航线拓展到整个美洲海岸,即格雷斯航线,威廉·格雷斯因此成了美国的商业巨头。

在那一时期的代理人中,英国的公司是最举足轻重的,例如吉布斯父子（Gibbs and Sons）公司。这家公司同那些很有可能在几年内成为局长、部长甚至共和国总统的秘鲁商人们达成贸易协议，成为合作伙伴。代理业务本是把外国人排除在外的，秘鲁商人们为此抗争过，但最终秘鲁还是与外国公司建立了合作关系，因为这家公司的财务水平和后勤能力以及对世界市场的了解，是秘鲁商人们迫切需要的。

鸟粪产业中最重要的工人和企业家，甚至少数与之相关产业的人员都是移民。这个事实告诉我们，秘鲁人在商业经济中缺乏责任和适应性。劳工被视为地位低下之人，法律本身使得"劳工或家庭佣人"的投票权边缘化。离开舒适的首都从事倒卖船只、骡子或者商品的行当，并不适合精致的上层男士和贵族人士，因此在塞罗德帕斯科和其他地方的矿场主，几乎也都是欧洲移民。

来自自由主义的批评

在独立三四十年后的19世纪中期，一个落后和腐朽的殖民地并没有按照承诺变成一个繁荣和开明的共和国，新一代的秘鲁精英出现在公共视野之中，他们批评时局，提出了一系列改革措施，力图使秘鲁走上进步和文明的道路。他们之中有曼努埃尔·帕尔多、路易斯·本哈明·西斯内罗斯（Luis Benjamín

Cisneros）、加尔维兹（Gálvez）兄弟（佩德罗和何塞）和拉索（Laso）兄弟（贝尼托和弗朗西斯科），其中还包括一些来自智利的流亡者，比如弗朗西斯科·比尔巴鄂（Francisco Bilbao）、马努埃尔·阿木那特西（Manuel Amunátegui）和维克多尼诺·拉斯达里亚（Victorino Lastarria），他们在拉丁美洲掀起了自由主义运动。

他们批判不切实际的、教条而又不科学的西班牙传统。他们骄傲且顽强，既不倾向于体力劳动，也对测量的准确性不敏感，例如时间的准确性。他们谴责使国家政治陷入混乱的军事等级制度，谴责在没有建立起强大且稳健的财政体系的情况下的职位分配制度、工资和特权养老金制度。为了摆脱当时的困境，秘鲁的经济不得不向贸易和专业化生产转变。这就需要建立现代化的交通基础设施，并通过学校系统向人们提供教育，培养一批有知识、有行动力、受过专门教育的男子从事工业工作。

大部分的自由主义者来自社会地位较高的阶层，这产生了两种结果：一方面，它消除了欧洲自由主义激进的负担，除一些个例之外，欧洲的自由主义代表都来源于传统农业。另一方面，他们设法摆脱了独立时期的军事领导人，让他们在法律的框架内离开权力舞台。

与拉丁美洲其他国家在其他阶段蓬勃发展的自由主义者不

同，秘鲁人有鸟粪资金来实现他们的目标。他们在1854年结束了奴隶制度，用来自东方的中国劳工取代了非洲裔的黑人。这些劳工不是奴隶，而是拥有合同的工人，一旦满足要求他们就能恢复自由。中国到秘鲁的旅途费用以及招募"苦力"（人们对中国劳工的称呼）的巨大花费，使合同期延长到七年，也使苦力们的工作条件十分艰苦。

1854年至1855年卡斯蒂利亚与埃其尼克[①]（Echenique）内战期间，为了让土地阶级资本化，转移国家积累的部分财富，秘鲁废除了奴隶制。奴隶主得到了每个奴隶300比索的慷慨补偿。在那个时代，大多数奴隶都是老人，所以他们的商业价值是不高的。废除奴隶制的目的是使农场主（他们是最大数量的奴隶的所有者）能利用这些资金实现农业设施的现代化，让劳动关系从强迫劳动过渡到自由劳动。

出于类似目的的政策还有合并和偿还自独立以来积累的国内债务，1850年颁布了合并法，将旧债券换成新的合并债券。法律承认了约1200万比索的国内债务，但审查委员会承认的债务数额在几年内却增加了一倍。一场巨大的债务方面的丑闻在公众的舆论声中爆发了。一些审查文件和批准请求的委员们承认了自己朋

[①] 全名何塞·鲁费罗·埃其尼克（José Rufino Echenique）。

友和亲戚的欺诈性债务。委员们显然没有对自己提交的文件有半点羞耻之心，参与了对这些文件的验证工作。

拉蒙·卡斯蒂利亚在1854年发起了一场革命，推翻了默认或支持腐败的何塞·鲁费罗·埃其尼克（José Rufino Echenique）将军的政权。内战一直持续到第二年年初，最终埃其尼克阵营败北。埃其尼克逃往纽约避难，在那里写下了"辩护"词，他辩称由于债务的整合，政府原本可以保留的资本已经投入市场流通，且没有带来收益，公共财富应该解决个人贫困。政府有义务将财富转移到人民手中。在他看来，实现这一目标的最佳方式是资助一个可以转变为现代资产阶级的有产阶级，资产阶级提供的就业机会，将使财富扩散到其他人手上。

卡斯蒂利亚是坚信这一论点的，尽管他曾在总统席位上任命了审查委员会，承认有一半的债务具有程序上的缺陷，是应该被拒绝的；但他的政府对从不否认大家申报的债务，并在接下来的几年内偿还了这些债务。

奴隶解放、债务合并以及政府的鸟粪预算合同，将不同来源的大量资金交到了有产者手中，仅仅只有一部分资金被用于现代化和多样化生产。沿海的糖厂主和棉花农场主们巩固了他们的财产权，改善了他们的灌溉系统，引入了亚洲劳工，并开始了一些机械化生产。淘金热和跨洋铁路开放了美国西海岸市场，美国内战和1868年的古巴危机使美国南部面临农业危机，在这样的历史背景下，北部和中部海岸的土地所有者趁机将出口市场推向了太平洋。

在鸟粪出口产生的多倍效应下，农业和利马的商品出口业蓬勃发展，一些银行出现了，这些银行的功能仅限于储蓄和购买期票。通过"整合"的方式转移到私人手中的公共财富中的大部分被用于金融投资。那些通过政府周转资金而致富的人被轻蔑地称为公共财政周期性吃紧的因素。在欧洲，商人们预测鸟粪的价格，积累了大量的库存，希望在价格上涨时出售鸟粪。这使得鸟粪价格出现波动，出现了销售瘫痪期，使得政府的收入变得不稳定。在这样的情况下，合并的办法帮助了财政部门，虽然成本高昂，但肯定比建立工厂或在未来开展不确定性的业务带来的好处更多。

鸟粪现象产生了对公共财富的"争夺"效应：各类人士都试图在这场利益盛宴中分一杯羹。有些人更有优势，例如利马精英们和军事阶层们，他们都是手上拿着最好牌的人；其次是省级精英们和利马下属官员们，而农村广大人民（80%的人口在农村）则处于劣势。

国家支出在鸟粪时期增长迅速，几乎与收入相当。军人和高级公职人员的工资上涨了，有一笔丰厚的退休金和养老金；宪兵和警察的人数也增加了；国家部委数量从独立后的8个，增加到1876年的18个，各省的部门数量从55个增加到了95个。每一个区域都有自己的行政机构和警察局、法院和检察院，鸟粪经济带来的财政收入，使各机构的日常预算增加。但是这样的收入是短期的。

19世纪60年代，革命运动风起云涌。与外国商人的合同期结束，秘鲁不得不与本国商人签订合同，追逐利益的人开始了一场"厮杀"。这一时期爆发的"西班牙争端"①（1864—1866）激化了内部矛盾，一支从西班牙出发的带有科考目的的舰队的真实意图被揭穿，西班牙要求秘鲁赔偿自殖民地时期以来的财政损失，西班牙舰队占领钦查鸟粪群岛并要求秘鲁赔款。虽然秘鲁政府答应赔款，但双方还是于1866年5月2日在卡亚俄开战了。这一事件加上革命运动的爆发，消耗了秘鲁大部分的公共财政收入。

国家的成长

借着鸟粪经济带来的鼎盛国运，秘鲁政府扩大了领土范围，加强了武装力量，不仅增加了军队人数，还给军队配备了19世纪

---

① 秘鲁与西班牙之间的战争。

的现代战争所需的技术。能够在亚马孙丛林航行的装有蒸汽机的装甲船开到了秘鲁，丛林地区的殖民化进程开始了。在西班牙殖民时期，除了传教殉道者之外，是没人涉足丛林地区的。在伊基托斯港和圣拉蒙建立了军事要塞。在中部丛林，奥克萨潘帕（Oxapampa）、波苏索（Pozuzo）和比亚里卡（Villa Rica），秘鲁尝试尽可能多地安置欧洲移民。在接下来的几年里，由于定居点交通的缺乏、在定居点附近也没有可以售卖作物的城市，这些定居点渐渐萎缩，甚至连丛林地区的移民工作也停滞了。

受1848年欧洲革命的影响以及因鸟粪出口而出现的繁荣的吸引，欧洲和南美知识分子受到激励前往秘鲁。再加上民族意识的出现，"秘鲁"的特征逐渐清晰起来。来自北半球的知识分子包括意大利地理学家安东尼奥·雷蒙迪（Antonio Raimondi）、西班牙历史学家塞巴斯帝安·罗兰德（Sebastián Lorente）、英国历史学家克莱门茨·马卡姆（Clements Markham）。在19世纪70年代，法国工程师和经济学家爱德华如多·德·哈比奇（Eduardo de Habich）、安德雷·马内丁（André Martinet）和保罗·帕吉尔－富德雷（Paul Pradier-Foderé）来到了秘鲁，此外还有来自西班牙加勒比地区的费尔明·丹圭斯（Fermín Tangüis）和何塞·巴扬（José Payán）。随后发生的秘鲁历史和地理上的第一次重建，就是由马里亚罗·德·里维罗（Mariano de Rivero）、胡安·J.特苏第（Juan J. von Tschudi）、马里亚罗·巴斯·索单（Mariano Paz Soldán）和一些上文提到的移民推动的。

有了这些知识分子的参与，前西班牙时期成了秘鲁的一个独特话题。不过克里奥尔人不承认这一时期的祖先。土著人的建筑遗迹、葬礼仪式以及精心制作的陶器，都是那个精致但已逝去的文明的象征。秘鲁的第一张地图于1865年在巴黎集中绘制而成，地图将亚马孙地区囊括其中，由于与邻国的地图不一致，这成为日后秘鲁与邻国发生分歧、爆发战争的原因。

里卡多·帕尔马是当时的一位"浪漫主义"作家，他从19世纪70年代开始在利马的报刊上发表文章，用幽默和讽刺的手法重现秘鲁的故事和轶事，后来这些故事和轶事被称为"秘鲁传统"。弗朗西斯哥·费罗（Francisco Fierro）、弗朗西斯科·拉索（Francisco Lazo）和伊格拉西奥·梅里罗（Ignacio Merino）等画家，把他们所感受到的包含了秘鲁历史和"秘鲁人"特征的秘鲁风景绘成大型画作，他们的作品描绘了在街上兜售食物的黑人、去弥撒路上带着面纱、裹着毯子的神秘利马妇女，还有那些看起来更像是一种社会景观的印第安人。

自由派和保守派之间的争议影响了国家的政治。双方争议的问题包括：外贸政策应该是什么，是像美国那样的保护主义还是像英国那样的自由主义？如何确定印第安人在国家生活中的地位，他们是要像在美国或阿根廷那样被边缘化，还是要被接纳成为拥有身份的公民，从而推进一个漫长、真实和持久的民族融合政策？

第一次辩论涉及了发展民族工业的最佳战略。殖民时代的服装制造业已被欧洲纺织品围剿了，因此可以说在秘鲁不存在纺织业。发展制造业需要高关税保护、熟练的劳动力、实现商品流通的道路和港口、稳定的政治环境以及强大的生产市场，但是这些前提都不存在。由于鸟粪出口而获得的大量外汇使该国倾向于采用相对较低的关税，这当然最终阻碍了工业的发展和潜在的企业家群体的成长。

自由民族和印第安人

印第安人的问题涉及一个严重的政治问题：必须缩小印第安人和非印第安人之间存在的巨大的文化和经济差异，加强群体之间的一致性，这是建立共和国政体模式的公民基础。很明显自独立以来，由不同人群但至少是由相似人群构成的"民族集体"并不存在。一半的人口不懂官方语言，即西班牙语，没有参与货币交易，而且自1855年以来，也没有向公共财政部门缴纳税款，这部分人群就是印第安人。正如国家历史书本所记载的那样，他们是构成人口的大多数，也是这个国家的原始人口。他们在全国选举中有投票权吗？他们可以当选成为国家官员或者地区代表吗？如果以上这些问题的答案都是否定的，那么从国家政治生活参与度来看，他们是国家人口中的极少数。那么在这样的情况下，扩大公民权利的最佳或最快方式是什么？

在这个问题上，保守派不愿意将印第安人纳入"民族集体"。他们认为"民族集体"是一个等级社会概念，政府的立场自然是向着精英群体，在秘鲁这一群体就是欧洲殖民者的白人后裔。赋予印第安人选举权意味着把买卖选票的腐败和煽动性的竞争引入选举，也意味着参选方会为了实现自己的利益而争夺无知选民的选票。曾担任阿雷基帕主教、国务部部长和国会主席的巴托洛梅·埃雷拉（1808—1864）牧师，以及多次担任国务大臣的作家菲利佩·帕尔多·阿利亚加（1806—1868），都是保守派思想的重要代表。

自由主义者赞成文盲参与投票，也赞成印第安人参与国家政治生活，他们认为自由主义的前提是"没有人受骗"。在他们看来，殖民地国家的不公平在于剥夺了多数人口的公民权利，因此要为他们争取权益。1856年颁布的宪法（所谓的"自由派"宪法）和1860年颁布的宪法（"温和派"宪法）就很好地体现了这场争论，争论最后以平局结束：文盲（几乎所有印第安人）被授予投票权，但在当时的间接投票系统中，他们几乎是不可能当选为国会议员的。

自由主义者认为通过引入铁路，可以使印第安人摆脱"千年昏睡"，成为辛勤劳作、开明活跃的公民。在自由主义者们的想象中，铁路自1860年以来已成为一根魔法棒，可以把贫瘠的荒地变成多产的沃土，把无知落后的农民变成进步和关心公共事务的公民。

秘鲁的土地情况貌似并不适合开展贸易活动。秘鲁虽有3000公里的海岸线，延展于太平洋沿岸，但是毗邻之地却尽是沙漠，由于沙地的不牢固性、淡水资源的缺乏与高额的成本，在这块区域实现公路运输是不可能的。海岸线的另一边是由巨大的岩石和砂岩构成的安第斯山脉，海拔超过6000米。穿越这片石头迷宫是对人们耐力的考验。自被征服以来，只有骑着骡子和羊驼、运输贵重金属的脚夫，或者那些受传教热情驱动的福音传教者能够跨越这片区域。

突然之间，铁路似乎能够拯救这片土地，能够驯服这片土地，能够让人们在这片土地上开展贸易了。把短暂但实际存在的鸟粪财富，投入到耗时多年但会带来效益的铁路建设之中，成了当时人们热情饱满的信念。保守派作家菲利佩·帕尔多·阿利亚加之子曼努埃尔·帕尔多·拉瓦耶（Manuel Pardo Lavalle）（1834—1878）是秘鲁铁路运动中的杰出人物。他曾是鸟粪代理人，曾担任利马公共事业部主席，在19世纪60年代担任财政部部长，并最终在1872年成为秘鲁共和国的总统，他自称是第一个在历史上穿着黑西服登上总统职位的人。

  铁路建设的推进和世界贸易中海上运输的减少，拉动了对内陆土地的需求。梅斯蒂索人和印第安酋长们对产毛的绵羊和羊驼的兴趣大增。曾经的公共牧场变成了私人土地，土著劳动力市场经过独立后几十年的萧条冷淡之后，再次成为人们关注的热点。过去的平衡态势被打破，骚乱接踵而起。其中最有代表性的动乱是发生在普诺的农民动乱，领导者是自由派的知识分子胡安·布斯塔曼特（Juan Bustamante），据称他是图帕克·阿玛鲁的后裔。动乱分子在1867年末至1868年伊始占领了普诺市，最后被政府军打败。

–16–

税收危机和硝石战争的溃败
（1872年—1883年）

曼努埃尔·帕尔多·拉瓦耶于1872年开始担任秘鲁总统，不过在这之后他不得不着手打击军事叛乱，试图阻止像他这样的"财阀"接管国家。军人们并没有离开政府，事实上，除帕尔多于1872年至1876年担任总统这段时期外，直至1895年他们都一直执掌权力。为了获得总统职位，帕尔多成立了文官主义党（Partido Civil）（这样的称呼是为了强调反对军事垄断的政府）。

文官主义党主张自由主义的意识形态，把基于贸易和法律的经济进步视为国家福祉的关键。认为必须终止集体特权，这样才能为所有人提供展开经济活动的机会，选举法也应该付诸实践，权力的更迭不应再以武装斗争的方式进行。然而，主要领导人的社会背景，削弱了19世纪自由主义最激进的部分，例如反对教会和集体财产，反对降低贸易税。

这位领导者是殖民地时期一位大法官的孙子和国务大臣的儿子。他曾在智利圣地亚哥的高中（他父亲流亡的地方）和欧洲的高等学校接受过精英教育，在那里汲取了自由主义的思想。回到利马后，他投身商业，并符合时宜地进入了最赚钱的行当——鸟粪运输。肺部疾病（哮喘或结核病）迫使他在豪哈山谷疗养了一年，在那里他的病情得到了好转，因此这个安第斯镇被称为"肺病城"。在山谷疗养的一年中的休息和观察启发了他的思想，他开始反思农民的现实问题以及利马和秘鲁内陆之间的差别。从那时起，他开始认为铁路可以将两个世界整合起来，并可以把落后的自给自足经济转变为先进的商业文明。

文官主义党

文官主义党成功地整合了部分地方精英和城市的大众阶层。这些人对文官主义党带来的新气息感到兴奋，他们的想法似乎与欧洲文化所捍卫的事物相一致，拓展教育和现代化沟通渠道、实现税收的有效性、摒弃国家依靠买卖原材料的习惯；支持政府权力的下放、支持公司经营等被列为新政党的工作重点。但是当帕尔多上台时，由于秘鲁通过德雷福斯合同在欧洲金融市场上有大笔贷款，他不得不面临一场严重的财政危机。

1869年，秘鲁政府让一家公司取代了所有的鸟粪代理人：法国的德雷福斯公司（Dreyfus）。秘鲁政府授予该家公司垄断权，而作为交换，该公司每月必须向秘鲁政府交付70万比索，承担秘鲁政府在国外的财务支出，并在政府需要时管理新的贷款。提取、运输和营销产品所需要的成本费用被确定在了合同之中，避免了政府官员们与代理人像过去那样，为调整账户而进行可疑的生意来往。

根据这份旨在提高鸟粪国际价格的合同，秘鲁政府雄心满满地启动了一项铁路建设计划，该计划一直持续到1876年。德雷福斯在欧洲管理贷款，把秘鲁的债务增加到该国预算的8倍。秘鲁设计了十几条铁路线，这些铁路将把太平洋港口与内部的山谷或矿区连接起来，越过山脉的铁路会连接亚马孙的河流，使之与大西洋相通。当时人们缺乏在山区建设铁路的经验，导致预算失控，工程延误。还有一些意想不到的问题接踵而来，例如未知疾病对工人的影响、供应的中断和劳工人手的短缺。

到1872年，没有任何一条大铁路线完工，只有部分路段修建完成，例如莫延多（Mollendo）到阿雷基帕路段。也是那一年，德雷福斯公司（其合同受到包括新总统在内的秘鲁代理人的猛烈攻击）宣布，因为所有的鸟粪收入都用于支付债务，所以暂停向秘鲁政府缴纳相应的钱款。秘鲁政府不得不用其余的国内收入来支付整个公共财政（债务支付除外），而这些收入仅占国家总收入的三分之一。

修建铁路变成了一项不可能完成的任务。由于国家支出大幅度的减少，难以避免地会造成社会动荡，而且国家也不能再收取新税，因为几十年来实行的免税政策已经让人们习惯性地认为，征收赋税是专横政府为了统治殖民地而发明的手段。从1876年起，外债的偿还和铁路工程建设的出资都被暂停。只有连接莫延多港口和与玻利维亚接壤的阿雷基帕市和普诺市的南部线路线已经完工。每周两列火车足以应付从这片高原地区将羊毛运出的需求。而其他线路的建设都中断了。本应该将卡亚俄港与帕斯科的矿区连接起来的中央铁路，300公里的修建计划只完成了约100公里。1875年，法国人查尔斯·维纳（Charles Wiener）在游历秘鲁时曾想到，这条在干旱山脉中断和夭折的铁路是对秘鲁国运的隐喻，往大了说，也是欧洲经验在南美洲难以实践的隐喻。这也应景地反映出一个奢侈时代的落幕，一条阻挡在社会精英和其他阶层之间鸿沟的形成。其他在北部地区修建的铁路线，几乎没有把海岸线上的小港湾与内陆主要城市连接起来，长期以来，高额的铁路基础设施投入并没有得到有效的结果。

由于没有产生利润，建造铁路所产生的债务无法偿还。贷款的另一部分用于沿海建设灌溉工程、扩大耕地的工程以及首都的美化工程。煤气灯柱装饰了利马城，广场和街道被铺平，拆除了殖民时期修建的阻碍城市扩张的城墙，并从1872年开始建设了一座豪华的展览宫殿，在其周围环绕着法国风格的花园，体现了国家发展态势。

虽然利马人享受了新的城市设施，但必须采取措施取代鸟粪收入创造财政收入，德雷福斯的目的是支付外债，秘鲁政府的目标也是如此。硝石的专销成了一个新的选项，硝石是海岸上的另一种天然肥料，它降低了人们对鸟粪的热情。硝石的开采地位于毗邻玻利维亚海岸的南部沿海省份。从1868年起，这个被人遗忘的、位于沿海沙漠的、曾被疏远的地方，变成了一片繁忙运作的硝石工业产区，在那里到处是硝石企业的办公室，遍布着用于提取地下水的水井和用于运输硝石的私人铁路线。

当鸟粪在19世纪40年代成为专销商品之时，在商业领域没有引起任何的反对意见，因为这是一项刚刚出现的新活动。但是对于19世纪70年代的硝石来说，就大不一样了。在这个领域有许多公司，其中很多来自移民或外国资本，它们具备先进的基础设施，可以把从地下提取出的硝石矿转化为用以出口的硝酸盐。在面对损害自身利益的负面影响时,贩卖硝酸盐的商人们会与政治和经济权力相对抗。总的来说,自由主义理论提倡国家将生产和商业领域留给私人,以便集中精力为真正的公共服务事业提供服务,这也是自由派在政治辩论中所宣扬的立场。但在当时的棘手问题是,不只秘鲁有硝石,邻近的玻利维亚海岸也有硝石,在那里开办公司的几乎都是智利人。

硝石战争

最终,秘鲁企图用硝石来取代鸟粪在公共资金上发挥的作用,这引发了发生于1879年至1883年间的国际冲突,即硝石战争,亦被称为太平洋战争。秘鲁一方面和玻利维亚对抗,另一方面又与智利敌对。硝石带来的财富也引发了玻利维亚与智利之间的边界争端。玻利维亚政府违背先前的协议,试图向在其海岸线开采硝石的智利公司征收税款,后者向智利政府寻求支持。这些公司的董事和所有者都是智利政府的高级官员,所以外国公司和政府之间的冲突很容易演变成两国政府之间的冲突。

1873年秘鲁开始硝石专营。同年,玻利维亚和秘鲁签署了军事互助联盟条约。玻利维亚援引了这一条约,把秘鲁拖入战争。无论如何,秘鲁都十分关心智利与玻利维亚冲突的结果,因为智利是否能专卖硝石取决于这两个邻国的竞争结果，无论获胜方是玻利维亚还是智利。根据智利历史学家的说法，和智利政府相比，秘鲁更可能向玻利维亚政府示好，因为这样可以把秘鲁和肥料的垄断联系起来。相反，秘鲁历史学家更倾向于认为，秘鲁卷入了一场与之无关的战争，因为即便自己的安全没有受到威胁，但为了履行条约，也不能让玻利维亚受智利的摆布。

战争爆发于1879年2月，当时智利军队出兵占领了在那时还属于玻利维亚的安托法加斯塔海港。1883年10月双方签署安康和平条约，战争结束。战争有两个决定性的时刻：一个是1879年的伊基克和安加莫斯海战。在这场战役中，秘鲁舰队失去了他们的主要舰艇——尽管造就了一位英雄米格尔·格劳（Miguel Grau），他将在未来成为最受认可的国家人物。一个是1879年至1880年间在圣弗朗西斯哥（San Francisco）、阿里卡和塔克纳的南部沙漠的一场战役，联盟军队被有组织的智利军队击败。战败后，玻利维亚退出了战争，失去了海岸线。1881年1月，利马落入智利军队手中，导致了秘鲁政府的垮台。政府的垮台使得智利没有签订和平协议的对象，因此等到两年后，秘鲁才正式投降。

战争失败以及利马被智利军队占领，对秘鲁来说意味着一场可怕的国家危机。在这个由印第安人、梅斯蒂索人和克里奥尔人组成的社会中，在彼时那样一个恐慌和愤怒的时刻，各民族间那种本就无力的关系破裂了。因此，在沿海地区工作的中国工人，被指责为向南方侵略者透露财富机密的告密者，或者被指责为在城市里开始囤积生活必需品的投机者，他们在卡涅特受到了黑人和印第安人团伙的骚扰，后者把几个世纪以来蒙受的羞辱与怨恨转移到了他们身上。

  被强行征召入伍的印第安农民，不理解使用西班牙语的克里奥尔军官，也不理解战争的原因，或者在他们看来这只是一场白人内部的战争，一切都与己无关，也没有必要为之牺牲生命。考虑到士兵们可能会叛逃，秘鲁和玻利维亚军队不能进行夜间急行，在南部沙漠炎热干燥的环境下，这对敌人来说是一个重要的优势。米格尔·伊格莱西亚斯（Miguel Iglesias）和安德雷斯·卡塞雷斯（Andrés Cáceres）上校于1881年至1883年间组织了"抵抗运动"，他们分别在北部和中部地区集结了一支印第安人组成的军队，他们的号召力并不在于军衔，而是因为他们的家族是这些地区的农场主。因此他们在当地农民们面前具有"自然的"权威或优势。卡塞雷斯还掌握了印第安人的凯楚阿亚语。

  智利的占领持续了将近三年，但占领区仅限于沿海地带，偶尔有智利的零星军队为驱除秘鲁残余部队入侵山区。然而在利马被攻陷之后，秘鲁的国家军队已不复存在。秘鲁总统马里亚罗·伊格纳西奥·普拉多（Mariano Ignacio Prado）带领部队，将政府迁至阿里卡。随后他返回利马并出国购买能改善军备力量的武器,尽管秘鲁已很难改变战局。由于秘鲁缺乏国际信誉,再加上英国等欧洲国家对智利的偏爱,因为智利代表了更符合维多利亚时代自由主义的政治和经济思想,这些欧洲国家在两国宣战之前就选择支持智利一方。

尼古拉斯·德·皮耶罗拉(Nicolás de Piérola)是一位富有魅力的来自阿雷基帕的武装头目,他反对文官政府,推翻了作为替换人选的副总统。在那时文官政府被认为是在鸟粪经济造就的富人俱乐部,人们轻蔑地称其为"抱团者",旨在强调它的封闭性和排外性。在智利人占领利马之后,皮耶罗拉逃往阿亚库乔,试图在那里重建政府。皮耶罗拉并不被人所了解,所以利马精英们任命了另一位来自精英阶层的律师兼银行家弗朗西斯科·加西亚·卡尔德隆(Francisco García Calderón)为临时总统,让他来与智利签订和平协议。在首都以外的地方,军事头目们再次出现在人们的视野中,他们召集知名人士,宣布自己为总统或政府首脑。这表明了鸟粪共和国的崩塌,也悲剧地证明了金钱并不能直接地将一个国家引向进步。

智利军队为了维持自己的日常开支,向卡亚俄港增加关税,也向秘鲁首都利马的地主们和大商人们征收配额费。这些人自然希望尽快达成和平协议,但这意味着秘鲁要失去那片被智利人觊觎的南部硝石地区。另一部分秘鲁人不接受以此为交换换来的和平。其中包括临时总统弗朗西斯科·加西亚·卡尔德隆,他拒绝签署将塔拉帕卡(Tarapacá)割让给智利的条约,之后他被捕并被押送到智利的圣地亚哥。还有卡塞雷斯,他在安第斯山脉中部的游击战中取得了胜利,让人们产生了他能扭转战争局势的幻想。

对于有产阶层来说,是继续战争还是同意和平协议,实在是难以抉择。继续战争意味着将自己暴露在敌军面前,后者会定期地向土地所有者和商人们征收"配额费",并遭受他们的侮辱。而放弃塔拉帕卡的领土,则意味着要放弃现在和未来最重要也最可观的经济来源。他们寄希望于美国,希望美国能成为仲裁者,遵循美洲是美洲人的美洲的政策,甩掉欧洲国家的干涉,迫使智利放弃对塔拉帕卡的要求。

最后,来自北部的地主军人米格尔·伊格莱西亚斯同意签署了这份割让南部硝石区域的和平协议。在一份名为"蒙坦宣言"(Manifiesto de Montán)的文件中,他承认这片土地是一块黄金,但也是"我们过去腐败的根源",也许共和国的重生,应该从摒弃这块罪恶的土地开始。1883年10月,安孔条约在利马北部45公里的安孔城的一处贵族浴场签订。根据条约,秘鲁永久地将塔拉帕卡省割让给智利,并将阿里卡和塔克纳省交给智利管辖十年。十年后由公民投票决定这两省的归属。协议的其他条款涉及硝石国有化以后权益受损的商人和秘鲁国家之间的债务问题。其中几位外国商人要求智利政府承认这笔债务是他们自己的。根据条约,智利还向秘鲁征收了100万吨鸟粪作为战争赔偿金。

因此秘鲁成为这场战争的最大失败者,第一,它失去了自1840年以来支撑起财政的两部分资产:鸟粪和硝石。第二,两种肥料的开采使得沿海地区形成了强大的寡头集团。秘鲁在硝石战争中失败的最重要后果,是秘鲁不得不经历一场强制改革,改变国家与寡头保持了几十年的关系。

-17-

战后的萧条（1883年—1895年）

米格尔·伊格莱西亚斯经历了所有与敌人签署投降协议的总统一样的命运：一旦入侵者撤离，就被驱逐出政府并受到历史的诅咒。当最后一批智利军队从莫延多港离开之后，安德雷斯·卡塞雷斯就立即与伊格莱西亚斯对抗。安德雷斯·卡塞雷斯是阿亚库乔的上校和土地所有者，代表了寡头阵营，代表了反对永久割让南部硝石区域的寡头派系。他对割让土地的抵制，更具政治性而非实质性，因为在当时看来，秘鲁已无法撕毁安孔条约，重启战争击败智利军队了。在伊格莱西亚斯辞职之后，卡塞雷斯将权力移交给由名士们组成的委员会。当然，这群人呼吁卡塞雷斯赢得选举，因为这样能开启一场在秘鲁史学界被称之为"国家重建"的进程。

在伊格莱西亚斯和卡塞雷斯的内战中，安卡什（Ancash）山区爆发了独立后最为重要的土著人叛乱，体现出了秘鲁的国家弱点和精英阶层的分裂。叛军头目是一位来自瓦伊拉斯小镇的镇长佩德罗·巴布洛·阿都斯巴利亚（Pedro Pablo Atusparia）。印第安人抗议的根源在于在硝石战争期间恢复了向他们征收人头税，这使得他们回想起了曾经的殖民时代，更为重要的是，他们反对梅斯蒂索精英们把这所谓的"共和国工作"强加在他们身上。这些工作包括清理村庄的街道、递送邮件、维护和清洁公共场所。

1885年三四月间，在各种要求被省长驳回后，来自安卡什的数千名农民占领了瓦伊拉斯政府——这里是地主和商人们汇集的地方，也是该省的首府——官员们落荒而逃。为平息战乱，利马派出了两个步兵营、一个骑兵团、一个炮兵旅，抓获并处决了叛乱的主要领导者，但被俘虏到利马的阿都斯巴利亚没有被处决。刚刚赢得总统职位的卡塞雷斯将军在家中接见了阿都斯巴利亚，并将他视为民族和解的代表。个人税款的征收（人头税的名称）和公共劳动至少暂时性地停止了。

关于秘鲁改革的辩论

硝石战争失败后，公众舆论认为国家重建应该是自秘鲁独立以来最重大的改革。但是对改革的内容却没有达成共识。代表激进主义的是国家联合党（el Partido Unión Nacional），该党派由持无政府主义思想的知识分子们创立，尽管家族背景和财产将他们与殖民地官员后裔的寡头集团联系起来。曼努埃尔·冈萨雷斯·普拉达（Manuel González Prada）（1844—1918）是塔尔玛（Tarma）市长冈萨雷斯·德·普拉达的孙子，后者曾在1812年对战瓦努科的爱国者们。曼努埃尔·冈萨雷斯·普拉达为了表明对贵族身份的拒绝，将姓氏中的"德"撤回，但他没有放弃家庭财产。他设法留下了一系列带有"宣传性和攻击性"的诗歌和散文，但他的政党既没有渗透到统治阶级内部，也没有得到下层官员的拥趸，后者更喜欢其他改革方向，例如卡塞雷斯主义、皮耶罗拉主义，或者更新的文官主义。曼努埃尔·冈萨雷斯·普拉达文章的抨击矛头直指寡头集团、军队，以及所有使秘鲁远离欧洲理想的一切。他反对西班牙文化遗产，认为这样的文化孵化出了一种不愿意从事体力劳动、不具备坚韧"先驱者"精神的国家精英。相反，他称赞印第安人，称他们为"真正的秘鲁人"。

卡塞雷斯的政党被称为宪法党（Constitucional）。该党以尊重1860年宪法为旗帜。1860年宪法禁止政府以任何形式割让国家领土。他们认为1883年签订的和平条约违背了宪法，尽管政府以"既成事实"为理由承认了该条约。1886年至1899年间，担任秘鲁总统的有卡塞雷斯（1886—1890），雷米里奥·莫拉莱斯·贝穆德斯（Remigio Morales Bermúdez）（1890—1894）、再次连任的卡塞雷斯（1894—1895），以及尼古拉斯·德·皮耶罗拉（1895—1899）。莫拉莱斯·贝穆德斯也来自宪法党，因此在这期间宪法党两次连任。但由于1894年卡塞雷斯再次参选受到了皮耶罗拉党派［也称民主党（Demócrata）］和重组后的文官主义党的挑战，宪法党没能成功实现第三次连任。

战后改革由宪法党和民主党推进。文官主义党在那些年里处于休眠状态，尽管其成员被活跃的政党招募为官员与合作者。1878年，担任参议院议长的文官主义党领导人曼努埃尔·帕尔多被谋杀；硝石战争的战败使文官主义党元气大伤，因为国家舆论认为它是战争失败的罪魁祸首。在19世纪90年代，该政党在马努埃尔·甘达莫（Manuel Candamo）（1841—1904）的领导下又兴盛起来。甘达莫是一位富有的商人，他的家庭财富历经战争灾难而幸存下来。他可能是19世纪中期秘鲁最富有的智利商人佩德罗·贡萨雷斯·德·甘达莫（Pedro González de Candamo）的后裔。

战前的政府财政计划因鸟粪和硝石的损失而遭到了破坏，19世纪80年代到90年代，政府要负责制订新的财政计划。卡塞雷斯在这样的情况下强制实行财政分权。他恢复了对印第安人的征税，尽管是按照最普遍的"个人征税"要求，对21岁至60岁的男性征收税款。缺乏贸易的山脉地区以这笔税收收入来维持开支；沿海地区开支的维持则依靠海关收入，复制了鸟粪时代以前制定的计划。我们可以指责他们的政策缺乏创造力，但现实状况导致没有太多实施其他政策的可能性。

由于无法维持庞大的官僚机构，国家的规模缩小到最低限度。国家权力在各省的存在仅限于中央政府授权的职位（省长和副省长），其手下有十几位警察。内政当局几乎都是军人。一方面，这样国家可以节省工资；另一方面，这是自独立以来的常见模式：军队在动荡时期参与战争，在和平时期致力于政事。警察们和副省长们的收入不再像以前那样指望中央政府的拨款，因此他们手拿武器向农民和商人们征税。

除了秘鲁最大的三四个城市，其他地方因为不发薪水，检察官们逃离了，法院大门紧闭了，学校的情况也是如此。少数的省府地区学校由于得到了家长的支持而维持了运营，少数医院由宗教团体接管经营。在这般情景中，"加莫纳尔"[①]（gamonal）的形象得到了加强，他通常是大地主，有时会将自己的财富优势同政治与司法权威结合在一起。他的政治职能是维持各省内部秩序以及确保它们对中央政府的忠诚。作为回报，中央会支持他，

---

① 西语直译为首领，即地方上的当权者。

因为他会与该地区的武装力量和农民组织发生冲突。加莫纳尔的出现，表现出了国家在财力和人力上的匮乏。这种情况于20世纪中期逐渐减弱，当时国家的财政状况得到改善。

经济复兴

所有者阶层们对战争灾难有着自己深刻的理解，并成功地使国家不再干预出口部门，甚至放弃对出口商征收任何形式的税收。对出口商品征收的小额税被废除，国家承诺在1915年之前不对出口商品征税。在这一规定下，工资下降，土地贬值，最重要的是，用于支付国内交易的税单的贬值了，秘鲁于1895年开始重组出口部门，首当其冲的领域是生产蔗糖和种植棉花的农场。随着日本移民者的到来（对秘鲁人来说，仍然难以离开他们不缺少土地的村庄），国家在灌溉、技术教育、水源保护和个人土地所有权方面的立法，土地所有者对北部和中部沿海的种植园进行了现代化改造，使农产品首次成为秘鲁国最重要的出口产品。

鸟粪和硝石不再像以前那样能够吸引资本了，投资者把目光再次转向采矿业，这个已经颓败了半个世纪的行业。秘鲁开办了采矿与道路工程专业的学校，颁布了新的采矿法规，加强了企业家在采矿领域的投资安全，并允许他们投入更大规模的运营成本，这些举措促进了大公司的活动，这些公司不仅开采贵金属，还开发石油和铜矿。

为了重建出口部门，必须要解决战争前累积的公共债务，这些债务多年来一直没有偿还。1889年与欧洲债权人签订的合同（格雷斯合同），允许消除无法通过普通方法收回的债务，而作为交换，秘鲁要向铁路贷款的债权人提供亚马孙地区的土地和一定数量的鸟粪。这份合同的签署引发了激烈的争论，重现了战前文官主义者（反军人参政的）和皮耶罗拉主义者之间的分歧。卡塞雷斯总统领导的武装力量在这场对峙中起到了关键作用，他们支持协议的签署。债权人成立了一家公司运营秘鲁交付的货物，即秘鲁公司。在接下来的几年里该公司一直在扩建铁路，直到把主要港口与矿区连接起来。

社会的再生

硝石战争的战败提醒了精英阶层，秘鲁需要一个长远计划。这意味着要对全国人口进行整合，克服殖民时期对印第安人、白人和黑人之间的人种分裂。还要通过铁路、电报和其他快速通信方式，让不同地区可以相互联系。19世纪的最后几年充满了激烈的辩论。一方面，"社会达尔文主义"思潮涌现，不少人认为国家的最大问题是土著人的问题。据1876年的人口普查报告，秘鲁总共有270万居民，其中160万是印第安人，只有30万人是白人。就如作家里卡多·帕尔马写给总统皮耶罗拉的一封信中所说的那样，土著人的问题就是1879年秘鲁败给智利的原因。印第安人国家注定输给白人国家，在经济竞争上亦是如此。只有尽早地像阿根廷和美国那样，通过欧洲移民改变这种人口比例，秘鲁未来发展的速度才会更快。

1893年，莫拉莱斯·贝穆德斯政府颁布了一条旨在吸引"白人移民"的法律，为移民定居提供了很多的优惠政策：免费前往秘鲁，政府出资可在利马免费住宿一周，免费提供种子、土地和牲畜，免税五年。但是移民们并没有出现，该项政策的发起人指责土地所有者们囤积了农田，阻止了移民们的到来。如果秘鲁要重建辉煌，那么土地的重新分配势在必行。

莫拉莱斯·贝穆德斯总统在1894年的选举中突发疾病死亡，这就把决定权留给了他的继任者。总统的突然病逝造成的权力真空，对卡塞雷斯将军来说是一个机会，他是最具力量的权力继承人（莫拉莱斯·贝穆德斯曾是他的合作者，可以说是卡塞雷斯将其带入仕途），能够发起政变执掌权位。但是，19世纪90年代的情景与十年前已大不相同。曾经在1886年凭借军人英雄掌权的光环，并没有继续闪耀在涉足政坛的卡塞雷斯头上。对他组建的政府的批评声不绝于耳,例如人们认为格雷斯合同是一场交易,而且合同的签署很有可能是通过贿赂国会人员达成的。

来自阿雷基帕的军事领袖尼古纳斯·德·皮耶罗拉(1839—1913)在几年的流亡生涯之后回到了秘鲁,并成了总统候选人。在战争开始前的几年里,鸟粪寡头集团一直视他为祸害,将他从德雷福斯合同受托人中除名。皮耶罗拉谴责寡头们是一群自私又腐败的富豪,他发动反政府叛乱,并逐渐崛起。1894年,他与文官主义党达成一种奇怪的联盟,向后者承诺在第二年重新夺回国家领导权。这是一个令人不安的协议,皮耶罗拉(由于他的胡子和极端的宗教信仰被人称为"哈里发")早年谴责文官主义政党是为了实现利益而相互抱团的政治派别。然而,皮耶罗拉认为中立文官主义党是必要的,因为它将国家的经济精英聚集在一起,并在秘鲁国内具备了一定的组织,可以助他掌权并开展政府工作。

与独立后的几年一样,决定谁应该执政的是在街头和战场上的力量竞争,而不是选举。那时的军队还没有专业化或大规模的装备化,因此一个会骑马、会用枪的人就可以成为正规军的士兵。皮耶罗拉组织游击队以结束卡塞雷斯政权,由此拉开了一场持续到第二年的内战。内战的胜利属于"哈里发"。有人曾问过这位内战领袖,为什么要与过去的敌人合作来打败卡塞雷斯,皮耶罗拉回答说，尽管他们中有优秀的演讲者和出色的管理人员，但他们却都不知道如何在马背上进行战斗。走投无路的卡塞雷斯不得不在利马最大的广场上投降并交出权力。于是，选举重现：由名士组成的委员会暂时接管权力组织选举，让内战获胜的一方当选。

1895年的革命

围绕皮耶罗拉主义以及发生在1895年的最后一场武力夺权革命的历史意义，发生了一些历史辩论。皮耶罗拉主义的政治力量来自它反寡头的口号，但"哈里发"不会是第一个用煽动性言论掌权，然后用经济权力统治国家的人。在1895年至1899年间，他的政府没有与所有者阶级产生摩擦，是因为该政府的特点在于制定了一套规则，并根据资本主义经济对投资安全的要求，确定了自然资源的所有权。

国家的税收基础围绕间接税稳定下来了，除了对一些进口商品的消费征税之外，没有触及寡头集团的利益。为征收税款，政府与战后出现的新银行组成的公司达成协议。因此，银行提供运营资金，同时国家通过有组织的基础设施建设和公司业务，完成相当复杂的税收任务，例如商品消费税的征收延伸到大量使用的大众商品，如糖、酒精、烟草、鸦片、盐和火柴。

皮耶罗拉的另一项经济政策的措施是采用金本位的货币标准。这一举措备受争议，支撑秘鲁索尔（sol peruano）的白银因贬值而使出口商从中受益，因此，出口商们反对这项放弃白银作为担保货币的举措。但是，不管是国家，还是贸易与银行领域，都倾向于采用以黄金为基础的、更加稳定的货币体系。从1898年开始，秘鲁索尔被由黄金铸成的秘鲁镑（libra peruana）取代（由于在19世纪80年代经历过纸币贬值，民众们根本就不想回到纸币时代）。金本位有效地赋予了本国货币恒定的价值，但同时也削弱了新兴的民族工业，因为对出口业而言，他们无法再依赖通过货币贬值而实现的保护机制。

关税政策是另一个有争议的问题，为了不让资本"人为地"向工业转移，而是集中在农产品和矿产的出口领域，出口商们更倾向于降低关税。但政府的征税需求是继续提高关税。（进口商品在秘鲁是一个强有力的社会标志，所以它们的消费并没有随着关税的上涨而下降。）

到1900年，随着皮耶罗拉的继任者，同样来自阿雷基帕，并在伦敦受过教育的一位工程师爱德华多·洛佩斯·德·罗马尼亚（Eduardo López de Romaña）的上任，秘鲁似乎在经历了硝石战争带来的创伤之后实现了稳定。他统治了寡头集团的敌对党派，与寡头集团保持着和谐的关系；通过与债权人的协议解决了国家的财政问题，国家的生存不再依赖贷款、征用私人公司、收取自然资源开采税，而是收取贸易税。

  国家也面临着严重的挑战，对内，要让印第安人转变为符合共和国秩序要求的公民和参与工业化的人群；对外，要收回当时还被智利人控制的两个"被虏省份"塔克纳（Tacna）和阿里卡。根据安孔条约，将要在1894年进行公民投票来决定两个省份的命运，而且智利要求秘鲁要提供大量的，且在当时无力拿出的保证金（当然是根据条约的要求）。1896年，为了筹集这笔资金，秘鲁开始食盐专卖，但是这项措施的进展速度却很缓慢。

-18-

寡头政治（1895年—1919年）

20世纪前20年，秘鲁政治体现出了明显的稳定性。一直持续到大规模革命的爆发和政变的出现才结束了这种稳定性。政府的更迭根据宪法规定进行（从1860年共和国设立宪法一直延续到1920年），由代表们组成的议会厅是一个履行立法权兼有行政权的机构。那时的秘鲁处在一个经济进步、环境相对和平的时代。

相对来说，这样一种稳定性是将大多数人排除在参与政治与社会生活之外为代价的。根据1895年颁布的一项新选举法规定，只有年满21岁的识字男性才有权参加投票。但文盲占秘鲁总人口的80％以上，因此选民是秘鲁人口中的少数群体，而这些人基本上都集中生活在沿海城市。

正因如此，再加之间接的总统选举制度，所有者阶级在20世纪的前几十年一直保持了对政府的控制。利用这一机会，他们将自然资源所有权"现代化"（对所有者们来说意味着更大的权力），制定出了符合自身利益的财政、货币与贸易政策。当然，精英阶层对政治和土地资源的控制，促进了经济的强劲增长，也使得这种寡头秩序（国家被一小部分家庭控制）合法化，并允许它拥有足够的预算来制定秘鲁的社会发展政策。19世纪末至20世纪30年代，拉丁美洲都建立了类似的制度，历史学家将其称为"寡头时代"。由于战争的影响，这种制度在秘鲁的建立稍晚于其他国家，一直持续到20世纪30年代。

随后，代表大地主和商人利益的文官主义党掌权。像皮耶罗拉主义党那样反寡头主义的政党，与党派领导人一起销声匿迹了。这个被称为接替者的组织，受到了寡头集团的骚扰，上台执政的时间被推迟了几十年。在19世纪的最后几年，为了加强秘鲁军队的现代化和专业化建设，皮耶罗拉政府聘请了法国团队。虽然在这方面并没有取得完整意义上的成功，但却有助于把军队与政治分开，这是一项自秘鲁独立以来一直没能实现的任务，在整个19世纪，军队始终影响着政治。这些举措使得军队更加愿意与寡头们合作，并愿意与寡头们进行谈判。

起义的终结

对寡头集团心怀不满的政治领导人,从那时起就很难从武装人员中招募追随者了。虽然军队拥有更强大的武装力量,但真正掌握合法暴力垄断权的似乎还是政府,军阀在挑战政治领导人之前必须三思而后行。虽然交替出现了领导者,比如奥古斯托·杜兰德(Augusto Durand)(他被称为"最后的起义者"),或者来自塔拉帕卡(Tarapacá)的硝石商人吉尔默·比林豪斯特①(Guillermo Billinghurst),但是对于当政的寡头们来说,在必要的时候是完全有能力让这些人改变立场或者下台的。

在洛佩斯·德·罗马尼亚政府之后,文官主义的改造者马努埃尔·甘达莫赢得了选举。一场疾病使马努埃尔·甘达莫于1904年在任职期间去世;之后赢得选举的是文官主义党中最有权势的何塞·帕尔多(José Pardo),他是该党的创始人曼努埃尔·帕尔多的儿子。何塞·帕尔多两次担任总统(1915年至1919年是其第二任政府),不过在1910年代,他经历了文官主义党的分裂,长期执政已经使该党疲惫不堪。一位老皮耶罗拉主义者吉尔默·比林豪斯特利用这场分裂的机会,在1912年举行的一场动荡

---

① 自19世纪中期以来,秘鲁第一位非文官主义党出身的总统。

的选举中夺走了文官主义党的权力。在接下来的几十年中，寡头集团反复出现，他们召集军队推翻了这位新贵并将权力交还给帕尔多。将政治寡头们与军队联系起来的是一名叫奥斯卡·贝纳维德斯的（Óscar Benavides）年轻高级军官，他是在法国的帮助下培养出来的现代武装人才，曾在与哥伦比亚接壤的领土冲突中立下战功。

  从那时起，军队就开始在国家政治中扮演特殊的角色，当穿着黑色西装的人①可以自己解决问题或文明地交替权力时，军人们不会干预其中，但是当寡头们失去了对国家的控制，或者当分裂威胁到了国家稳定时，军人们就会充当仲裁者，他们长期执政，直到政局稳定。1914年，由贝纳维德斯领导的政变推翻了比林豪斯特政府，召开了一场全国性的政党大会，何塞·帕尔多被推选担任新总统。但这也是文官主义党的最后一次掌权机会。

  在经济方面，文官政府促进了出口业的发展。因工业化和巴拿马运河的开放，欧洲国家对原材料的需求增长，推动了出口业的发展。出口产品有糖、棉花、铜、来自亚马孙的橡胶、石油，以及来自安第斯南部地区的羊毛、咖啡和可可（直到1911年才合法出口，用于治疗和药物应用）。

---

① 即文人政客。

公司的发展

由于原材料的开采需要外国的资本,从而导致了非国有化公司的出现。塞罗-德帕斯科公司(La Cerro de Pasco Corporation)和国际石油公司(la International Petroleum Company)分别在中部山地和北部海岸开发了巨大的开采地,建立了很多典型的"公司化城镇",这些地区在后来被社会谴责为帝国飞地。糖厂和棉花农场,主要还是掌握在本国地主手中(他们中许多人是移民的后代),但他们有时还是依赖外国商人的信贷。

出口公司的规模日益扩大。正如历史学家赫拉克里奥·博尼利亚(Heraclio Bonilla)所说,这些公司"在越来越非国有化的情况下变得越来越像资产阶级",公司以有效的工作流程来提高每一位工人和所投入的每一美元的利用价值,不再像以前那样需要国家或其他部门的投入。把甘蔗运输到工厂的流程是机械化的,因为越来越多的发动机代替了骡子或牛;大型轧花机将棉花与种子分开。在矿区,可以追溯到殖民时期的"庭院利润"技术被以煤炭作为燃料的水套炉技术取代。铁路使人们可以到达曾经未被开发的矿区。

这些转变减少了出口部门的国有化,这种情况的发生不仅是因为出口在很大程度上受到了外国资本的影响,而且还因为运用了现代技术，使得领域内的很多内部资源不再被使用，直到出口部门对其他经济部门的发展也产生了乘数效应。万卡维利卡牧民养殖运送矿物的羊驼；来自瓦曼加、塔尔玛豪哈的皮匠制造缰绳、马鞍包和安置在动物身上的装备；运送货物的脚夫、兽医、硝石工、手工匠等直到20世纪初都还在从事出口业的群体，于此时都与经济增长脱离了。只有在困难之时，才会在城市生产领域，如在铁路建造和现代生产领域，再次使用这些劳动力。

新技术的运用导致了欣欣向荣的出口业需要大量的工人。但在一开始，秘鲁是没有能力提供大量工人的。缺乏愿意出卖苦力换取酬劳的男性是秘鲁自殖民时代起就长期存在的问题。在19世纪，风平浪静的经济形势被疯狂的鸟粪出口与铁路建筑热潮打破，但却未能促使秘鲁形成劳动力市场。自1854年秘鲁废除了非洲奴隶制度后，秘鲁先后引入了中国劳工和日本移民作为劳动力，直到20世纪初，秘鲁商业部门对劳动力周期性的需求才被满足。20世纪前几十年的出口繁荣改变了这样的局面。

新工人

转型过程是复杂而缓慢的。企业家不得不招雇生意人或当地政府人员，让他们到农村去说服农民从事生产行业或者采矿业。

农民缺少对金钱的需求，所以他们缺乏赚取工资的动力。他们的消费很少，仅限于购买日常生活必需的商品。人口的增长给招工者提供了机会。在第一次世界大战前夕，秘鲁人口已经增加了400多万，而且增长的速度也在加快。土地开始成为稀缺资源，有些农村孩子因为农村没有足够的土地而不得不离开农村。

招工者们向潜在的劳工们赠送礼物或者支付工资，并给他们讲述工作场所的美好事物，用这些技巧成功地将许多人带到了出口公司。并不是每个农民都能适应工作环境，工人之间会发生争执，工人和雇主之间也会产生纠纷。由于劳动力短缺，即使他们的合同（合同时间只有6到12周）已经到期了，雇主还是试图留住工人，为此雇主发明了债务，或者鼓励工人在工厂里的食品和饮料集市消费。

因此招工成了一个受社会谴责的主题。在缺少国家监管的亚马孙橡胶种植园内发生了最严重的工人虐待事件。被奴役的土著人，被迫在体罚的威胁下工作。慢慢地，工人们开始明白纪律要求，开始变得温顺，并开始享受由稳定工作带来的薪水的好处。在第一次世界大战结束时，出口部门雇用工人数约有15万，如果算上他们的家人，就有接近100万人，加之那些由出口衍生部门间接产生的工人，例如城市商店的雇员、公共职员等，可以说一半的秘鲁人具备了现代化性质。

知识分子在反思如何将另一半人群融入社会之中。吸引欧洲移民的失败，使得一群知识分子和领导人接受了"自生（autogenia）"（一种秘鲁的优生学变体）的学说。"土著种族"是堕落的且发育不良的，土著人无法通过自学而成为勤劳文明之人。种族的衰弱对他们来说是历史上孤立的结果，而不是因剥削或虐待导致。可以通过适当的教育、卫生、医疗服务和沟通，实现对本土人种的改造。

从20世纪的第一个十年开始，秘鲁启动了一项扫盲与卫生计划，旨在降低秘鲁的高文盲率和死亡率，在那以前，几乎在所有的山区，婴儿的死亡率已达到250‰左右（四分之一的儿童在一岁之前死亡）。

这项努力是政府强有力的集权化的体现，政府一改硝石战争之后的分散主义的态度。政府把市政当局和教会管控的教育和卫生工作，交由曾在受中央管理的"科学学校"接受过教育的教师和医生负责。这些学校在初期的招生环节，设法吸引寡头家族的子女就读，增加了学校声望和社会权威，提高了办学效率。尽管如此，而且教育工作者们也付出了很大的努力，殖民地时期传教者们的神秘感仍然被人们时常回忆起。改变的过程是很缓慢的，因为这依赖于现代的通信手段和市场经济的平行扩张。

当老师和护士们在铁路边、公路边和公司里看到自己的努力被稀释，于是产生了一场吓坏了政治寡头们的、意想不到的政治结果。当教师或学生不能解释为什么政治寡头或者城市人口，与农村居民之间存在着如此不平等的生活时，他们的头脑中出现了一种颠覆性的想法，这种情况也发生在本应在某些地区执行任务的军官身上。其中就有特奥多米奥·古迭雷斯·圭瓦斯（Teodomiro Gutiérrez Cuevas）少校，他以恢复印加帝国为口号，于1915年在普诺省领导了一场土著人叛乱。

由于技术的高成本以及与秘鲁公司复杂的管理关系，铁路扩张的进展十分缓慢。很明显，由于交通运输量少，从短期和中期的效果上看，铁路都不是一件划算的生意。因此，英国公司不愿意扩张铁路线。这家公司已经获得66年铁路特许权，在第一次世界大战结束时，期限已过半。到1920年，铁路的路程已经超过3000公里。但对于一个超过100万平方公里的国家来说还远远不够，因为除了在亚马孙河流域，秘鲁没有可通航的河道。

城市与文化的成长

与此同时，出口经济带来了城市数量的增长和新城市中心的出现。第一次世界大战结束之时，利马居民数量达到了20万；库斯科、普诺和阿雷基帕享受着由秘鲁公司管理的南部铁路带来的羊毛贸易所导致的繁荣。在中部地区，得益于将利马和矿区相连的铁路，出现了万卡约和豪哈等城市，在那里出现了纺织业和食品工业。在北部地区没有长途铁路，但沿海航运覆盖了这片地区。在特鲁希略和皮乌拉老城区的周边，出现了诸如奇克拉约、苏亚纳（Sullana）和塔拉拉（Talara）等区域贸易点，它们都是由农业出口业和石油业发展带动起来的。亚马孙地区的伊基托斯（Iquitos）成了一个大型河港，可以从大西洋到达这里。秘鲁政府希望改革共和国的财政制度，因而生活相对隔绝的丛林地区经历了两次分裂主义的尝试（1896年和1921年）。

在寡头共和国时期，秘鲁国境的一些边界被重新划定。秘鲁与玻利维亚和巴西达成了最终协议，割让亚马孙地区部分领土给巴西，以换取获得可在该国亚马孙河流域航行的许可。不过秘鲁未能与哥伦比亚和厄瓜多尔达成协议，因为这些国家打算在不给秘鲁合理赔偿的情况下获得亚马孙流域通往大西洋的出海口；秘鲁和智利也没有达成一致，后者试图永久保留塔克纳和阿里卡省，在1883年的条约中，只是做了将这些省暂时由智利管理的承诺。

秘鲁的现代化使得秘鲁可以重返国际经济社会，出口行业与铁路修建带来了社会变革，其中包括城市化和教育的扩展，这促成了新技术在秘鲁的使用。统计学是推动国家治理的工具。要推行教育或财政政策，就需要了解经济需求和潜力，就需要发展国家统计学。大约自1900年开始，秘鲁定期出版了与采矿、农业和国际贸易相关的刊物。1896年，一个新的部委——公共工程和发展部（Fomento y Obras Públicas）成立，负责编制统计数据，这体现了国家在新领域有所建树的雄心壮志，国家决心促进经济和社会发展。

经济现代化和城市的扩张也使社会和文化领域产生了混乱，诸多种种，都在文学中留下了印记。文图拉·加西亚·卡尔德隆（Ventura García Calderón）（巴黎，1886—1959）和阿布朗·瓦尔德洛马尔（Abraham Valdelomar）（伊卡，1888—阿亚库乔，1919）等作家将印第安人写入故事中，尽管从他们的角度来看，印第安人是在历史境遇中充满了恐惧和神秘色彩的人物，或者是见证了时代湮没与朦胧传说形象的目击者。上文提到的第一位作家的《秃鹰复仇记》（*La venganza del cóndor*）（秃鹰实际指印第安人），和第二位作家的《卡梅罗先生》（*El caballero Carmelo*），都是秘鲁文学中具有象征性的故事。文学史学家们认为后者（1913年出版）是现代秘鲁叙事体的开篇之作。故事讲述了发生在秘鲁南部海岸皮斯科小港口（用作家的话来说，是一个祥和的沿海村庄）的一场斗鸡的故事。卡梅尔公鸡在与另一只年轻但地位不高的公鸡决斗后的痛苦，似乎暗示着对传统文明和历史的告别。

其他的作家们吸纳了现代主义和哥特式的颓废主义,如何塞·玛利亚·艾古仑(José María Eguren)(利马,1874—1938)的诗歌中充满了滑稽小丑、无赖流氓、木偶和梦幻般的女孩,她们提着蓝灯穿过云雾朦胧的小街。再如克雷门特·帕尔马(Clemente Palma)(利马,1872—1946)的故事中充满了凶狠的人物,例如机器人和历史鬼怪,揭示了对一个处在变迁时代中的社会的深切期望。

这个时代可以被认为是秘鲁文学的黄金时代,因为在这个时代出现了"典范式的"人物。其中一个是塞萨尔·巴列霍(César Vallejo)(巴黎,1892—圣地亚哥丘科,1938)。他有着农村背景,并不富裕(和之前的作家相比),他的早期的诗集《黑色骑手》(Los heraldos negros)和《特里尔赛》(Trilce)分别于1918年和1922年出版。巴列霍移居欧洲后获得了国际声誉,他参加了西班牙内战,成功地创作出了诗歌《西班牙,我饮不下这杯苦酒》(España, aparta de mí este cáliz)(1937年)。其作品强烈地反映了天主教的旧价值观与西班牙家庭文化之间的紧张关系,以及现代化对人性的暗示。

由于独立百年纪念日的临近,加之国家处于相对安定的状态,秘鲁建立了国家历史与考古博物馆,在中学和高校推广了历史教育书籍,这是一次来自官方的历史叙述。这个历史版本认为前西班牙时期的土著文明是一个优秀和完美的神灵(一个无欲无求的、公正的王国),但却由于西班牙贪婪和野蛮的征服而失去了国家。它导致了数百万居民及其文化的消失,使古代印加人沦为了顺从、无知的印第安人。

在被征服之后,西班牙的王室、总督、神父和书记员们设法在秘鲁建立一种社会秩序,这种秩序被认为是现代秘鲁的基础;同时西班牙向秘鲁带来了基督教、西班牙语、文字写作、商业贸易与货币等文明元素。秘鲁的历史演变被一分为二,一个是理想化的和遥远的"古秘鲁";一个是现代的、建立在对前者否定的基础之上的秘鲁。秘鲁的独立被认为是各个部门的"秘鲁人"在面对"初到美洲的欧洲人"(半岛西班牙人)的暴政而做出的反应。硝石战争的失败是秘鲁历史上的一块伤疤,但人们对它的解释是不一样的。对于一些人来说(激进思想者,以贡萨雷斯·帕拉达为首),这是一场堕落的精英主义共和国的溃败,这样的共和国把占人口大多数的土著人群排斥在外;而对于另外一些人来说[官方或保守派,后经豪尔赫·巴萨德雷(Jorge Basadre)发展],这是一场由智利的扩张带来的痛苦,秘鲁不能预见。

第一次世界大战期间,在比林豪斯特政府事件发生后,政治寡头们确定了自己的国家计划。一个活跃的出口业应该逐渐地将印第安人吸收为内部劳动力，可是，这个人群却仍然过着一种自给自足的生活，或是在部落酋长的鞭子下痛苦地呻吟着。学校、疫苗和营房将帮助这类人群接触现代文明。在第二次世界大战期间，出口价格出现了令人咋舌的反弹，这使得出口商和国家获得的利润大大增加。国家继续征收出口税，对于政治寡头们来说，秘鲁这个国家似乎走上了一条进步的道路。

-19-

反寡头政治的挑战（1919年—1948年）

奥古斯托·贝纳尔迪诺·莱吉亚（Augusto Bernardino Leguía）（兰巴耶克，1867— 利马，1932年）是文官主义党的政治领袖，他出生在北部海岸的一个中产家庭。他受过上等教育的经历（包括在伦敦的学习）以及管理卡涅特庄园的能力，为他打开了通往权贵的婚姻大门。在20世纪的第一个十年里，他成了一名年轻的财政部部长，并在1908年至1912年间成了秘鲁总统，促进了文官主义党的发展。

对政治寡头的批评

就像许多秘鲁人一样，莱吉亚认为文官主义党已经成为秘鲁大地主们和商人们的捍卫者。国家机器的发展为政府与公共服务方面的专家提供了庇护：税务官、工程师、教师、地理学家和医生成为一种新的"智慧团体"，是不同于政治寡头的知识分子。他们认为，所有者阶级的自私以及开放精神的缺乏阻碍了国家进行更大更快的社会融合。

参加选举的人数只有仅仅数千人，因为不能参与投票的文盲占全国10岁以上人口的80%。间接的总统选举制度助长了相互勾结的联盟的出现，把独立于传统圈子之外的人物边缘化。由资本银行操作的国家税收公司已经成为一个触及全国各地的怪兽，它消减了地方精英的势力，打击了他们的经济力量，受到当地精英们的排斥。

文官主义党需要革新，但对于莱吉亚来说，执政20多年对政党的消耗，使得在党内与党派创始人长子的斗争比开展一场外部的斗争更加复杂。因此，1919年的选举是寡头集团中两个阵营之间的较量：以糖厂主安德罗·阿斯比亚加（Antero Aspíllaga）为代表的传统派和以莱吉亚为代表的现代派的竞争。双方家族都来自沿海的农产品出口业，但由于莱吉亚更为中立的社会背景，他似乎更愿意接受中间阶层的需求。在竞选期间，按照秘鲁人民的诉求，莱吉亚开创了"新祖国"（la patria nueva）的口号。

当还在清点选票时，莱吉亚策划了一场政变以获取政权（他之所以赶在选票清点结束前发动政变,是担心一些欺诈性的运作让选举结果无效,使他成为下一个比林豪斯特)。在他的第一个总统任期内,他已经表现出了相当的勇气,当时一群皮耶罗拉主义的支持者,利用卫队人少兵弱的漏洞,把莱吉亚带到大街上,拿着枪强迫他签署辞职文件,遭到了莱吉亚的拒绝。于是1909年的那一天,在后来被他的支持者们称为"勇气日"。

莱吉亚的新政府从1919年一直持续到1930年,这是因为他在1920年起草的新宪法允许总统连任,后来人们将这个政府称为"11年政府"。在他执政期间,代表旧文官主义的机构和人士受到了攻击:糖厂和棉场主们不得不承担出口重税,有一定自治权的部门管委会被下令关闭,取而代之的是只有典礼功能的地区议会(congreso regional),国家税收公司被国家机构国家存款和寄售基金会(la Caja Nacional de Depósitos y Consignaciones)取代。

尽管世界市场开始出现大幅度的波折起伏,但随着一战的结束,出口业仍然蓬勃发展。不管怎样,石油和棉花的销售状况都很好,它们给政府提供了大量的关税收入。再加之美国银行慷慨提供的贷款,帮助秘鲁实施"新祖国"计划,启动积极的公共工程计划,计划主要包括城市街道建设,卫生设施建设,污水处理、饮用水净水工程,公路和铁路建设。

长期以来，国内道路建设面临的一个问题是劳工的缺乏。莱吉亚政府于1920年颁布了一项道路国家劳役法，规定处于经济活跃年龄（21至60岁）的男性，要在周日参加他们所在省份的道路建设工作，另一种选择是交付一定的钱款来免除劳役。可以预测到的是，白人和梅斯蒂索人，或所有就业人员，都会选择支付金钱以换取豁免权，而印第安人则不得不服劳役，因此政府的反对派谴责这是在恢复征用印第安人服苦役的制度。

针对出口羊毛的牧场私有化的法律，导致了1915年至1924年期间发生在南部地区各省份，如普诺、伊卡和阿亚库乔等地区的农民起义。这些社会性抗议活动由军事领导人特奥多米奥·古迭雷斯·圭瓦斯（土著语"Rumi Maqui"，意为石之手）或者地方律师艾斯吉尔·乌尔维奥拉（Ezequiel Urviola）领导，他们占领了庄园，如果可能的话也会占领各省省会，直到得到政府的正面回应。暴乱者在富人的商店和家里大肆掠夺，甚至有时在酒精作用下还会杀死地方官员。让叛乱逐渐消失的不仅仅是政府的让步，更多的是羊毛在20世纪20年代的跌价，使得农场和社区维持了一个持续几十年的和平状态。

在"11年政府"期间，利马经历了现代化的改造，建成了新的广场（例如圣马丁广场，它于1921年为纪念独立一百周年而建，其意义在于建立一个"共和国的广场"，而不是殖民地的广场），还有新的林荫大道（汽车川流其间的大马路，中间设有长凳和散步花园），例如萨拉维（Av.Salaverry）大道、巴西大道和莱吉亚大道，其中莱吉亚大道在莱吉亚政府结束后，被改名为阿雷基帕大道（Av.Arequipa）。这些大道把利马城中心与大海相连接，在接下来的几年里，带动了这座城市的发展。

莱吉亚是第一位将传统的马车换成汽车的秘鲁总统。像许多秘鲁人一样，他曾认为汽车由于其规模小、灵活性强，以及配套基础设施的成本低，汽车比起火车来说，是更适合秘鲁经济情况的交通工具。他还强调航空运输的发展，并于20世纪20年代末开启了利马和塔拉拉（国际石油公司的石油营地）之间的定期航班，该航班由福赛特公司（Faucett）经营，是一家由美国移民建立的公司。沿海的灌溉工程是莱吉亚政府另一个大力发展的方向。该工程引导从山脉流下来的河水，在最终汇入大海之前，灌溉沿途的沙漠，使其变得可耕种。他将秘鲁的每个自然区域都纳入政府计划之中，这也体现在他的座右铭上："灌溉于海岸，沟通于高地，殖民于丛林。"

"11年政府"也对被占领的塔克纳省和阿里卡省的收复问题保持关注。为了达到目的，莱吉亚政府先解决了与哥伦比亚的边界争端，后者可以从莱蒂西亚三角地（el trapecio de Leticia）进入亚马孙河（这种谋略在几年后才被公开）。在美国的调解下，秘鲁和智利双方的外交使节进行了谈判，达成了协议：秘鲁收回塔克纳，但阿里卡成了智利领土的一部分。虽然并非所有人都对这一结果感到满意，但必须承认秘鲁政府取得了胜利。在智利接管这些省份的50年之后，让其中的任何一个省份回归秘鲁，都非易事。1929年塔克纳"回归祖国"就如同一场真正的国庆节。莱吉亚在同年再次当选秘鲁总统。美国媒体称其为"太平洋巨人"。但这一片祥和的景象却都处于岌岌可危之中。

1929年纽约证券交易所引发的经济危机造成了股票大跌，中断了美国银行向秘鲁政府的贷款，也中断了外国公司在秘鲁的投资。次年，秘鲁出口的原材料价格暴跌，销售额下降。矿业公司和糖厂纷纷解雇工人；政府的公共工程被迫搁浅；在利马，像秘鲁银行和伦敦银行这样的金融机构宣告破产，它们是硝石战争危机中唯一的幸存者，将大部分信贷发放给了无法承受经济危机影响的农民。

寡头军事与新政治思想

人们对经济形势的不满给反对者的上台带来了机会。随着执政政府期限的延长，反对者的人数也在增加。1930年8月的最后一个星期天，当总统在赛马场观看完他最喜欢的赛马时，被告知陆军司令路易斯·米格尔·桑切斯·塞罗（Luis Miguel Sánchez Cerro）已经占领了阿雷基帕，并要求总统辞职。米格尔·桑切斯·塞罗（皮乌拉，1889年—利马，1933年）是一名梅斯蒂索士兵，他像贝纳维德斯一样，在充分涉足政坛之前，凭借一些武装事件早已声名鹊起，展示出自己的军人性格。1922年，他在库斯科领导了一场反对莱吉亚的起义，最终他被莱吉亚送进了监狱并夺取了他的军权。与贝纳维德斯不同，米格尔·桑切斯·塞罗不是来自利马的克里奥尔人家庭，他的身上流着秘鲁北部有色人种的血液，因此，他没有获得寡头们的信任。

但桑切斯确实得到了军官们的支持。在秘鲁，领导者失去武装部队的拥护，就意味着失去了最重要的支持力量。当莱吉亚知道自己处于这种境地之时，他选择辞去总统职务，并乘上了一艘本应载他去往巴拿马的军船，企图保护自己免受新政府的迫害。不过桑切斯没有让莱吉亚的计划得逞。得益于最新式的收音机，桑切斯命令船长在即将离开秘鲁水域时掉头，把前总统当作囚犯带回。桑切斯设立了国家制裁法庭，对莱吉亚及其同僚予以起诉，指控他们的腐败和各种行政犯罪。

"暴君"莱吉亚的垮台导致了一场需要数年才能稳定下来的严重政治危机。莱吉亚于1932年在监狱中去世，桑切斯次年在总统任职期间被谋杀。但这场危机并没有因为这些人的离开而结束。自20世纪20年代以来世界局势因帝国主义危机而陷入动荡，爆发了第一次世界大战和布尔什维克革命；在秘鲁国内出现了城市中产阶级。随着公共就业的扩大和自由职业的出现，何塞·卡洛斯·马里亚德奇（José Carlos Mariátegu）（莫克瓜，1894年—利马，1930年）和维克多·劳尔·阿亚·德·拉·多雷（Víctor Raúl Haya de la Torre）（特鲁希略，1895年—利马，1979年）等梅斯蒂索知识分子产生了新的政治观点。

中产阶级是第一次在秘鲁出现的现象。秘鲁的社会结构被19世纪的旅行者们描述为一个只有第一层和最后一层的阶梯社会。在20世纪的前几十年，中产阶级主要由商业雇员和国家在现代化过程中所需要的工作人员构成，如教师、产科医生、邮政人员和电报员工。中产阶级的主要经济收入是工资，所以当食品或服装的价格上涨时，他们的利益与工人的利益趋同。由于中产阶级的城市社会背景，以及对他们劳动专业化的需求，所以这是一个受教育的人群，他们有投票权，他们开始对秘鲁政治产生决定性的影响。

中产阶级集中在沿海城市，迅速扩展到大学，在这之前大学一直是被政治寡头们占据的。为了应对新兴的中产阶级入侵传统的圣马科斯大学以及为了给精英阶层提供成长的空间，1917年天主教大学（la Universidad Católica）（秘鲁第一所私立大学）

在利马成立。也是从这时起,精英阶层离开了作为历史中心的利马,搬到了米拉弗洛雷斯、赫苏斯马里亚(Jesús María)、圣伊斯德罗(San Isidro)等新区,试图在这些地方重建一个更为封闭的聚集地。

在中产阶级出现的同一时期,在奇卡马山谷的糖厂和中部山区的矿区中出现了无产阶级,在那里美国塞罗德帕斯科公司控制了最重要的铜、锡、铅和银等矿产地。工人们聚集在采矿营地等狭窄的空间内,条件恶劣(由于矿区地处偏僻寒冷地区)。在那时,没有保护工人的技术设备,而且资本主义下严格的劳动时间纪律和等级秩序,让这些曾经是农民的工人们极为不习惯。工人们组织起来,提出了改善生活条件的要求。1929年,在莫罗科查(Morococha)发生导致30名工人死亡事故的几个月以后,何塞·卡洛斯·马里亚德奇创立秘鲁社会党(Partido Socialista Peruano),在该党武装分子的建议下,工人开始罢工,成功地获得数千工人的支持,促使公司推动一系列谋求改善工人环境的措施。

自1910年代,马里亚德奇开始投身利马新闻事业。在接下来的十年里,他作为秘鲁政府的代理人被派往欧洲执行一系列任务,比如为秘鲁宣传收复塔克纳省和阿里卡省的权力,为秘鲁吸引欧洲移民。这位年轻的记者先后在意大利和法国游历,萌生了人道共产主义和浪漫主义的想法。他带着这些思想回到了秘鲁，并创办了期刊《阿毛塔》（Amauta）和秘鲁社会党。1928年，他出版了一本名为《关于秘鲁现实之解释的七篇论文》（Siete ensayos de interpretación de la realidad peruana）的书，而这必定也是秘鲁20世纪最受讨论的书籍。在书中他对秘鲁历史进行了解读，认为印加帝国代表了原始共产主义，而西班牙殖民时代则代表了封建主义。然而，西班牙人并没有能够消灭掉原始共产主义，后来统治秘鲁的英国和美国资本主义也无法结束封建主义。因此，秘鲁的现实是结合了所有生产方式的存在，这使得阶级斗争变得更为复杂。因此，秘鲁的社会主义革命必定是不同的。秘鲁革命最重要的元素不像欧洲那样是无产阶级，而是安第斯农民，因为安第斯的社会组织农村氏族公社艾由，不是原始共产主义思想的表达。

马里亚德奇的政治主张在利马吸引了大量的知识分子追随者，但却遭到其他领导人的攻击，后者也对秘鲁的情况不满，例如特鲁希略知识分子阿亚·德拉托雷（Haya de la Torre）。阿亚·德拉托雷来自一个贵族家庭，他的家族因在奇卡马和黑格特贝格山谷地区迅速发展糖业而破产。他于1917年来到利马，参与了为工人争取更好工作条件的斗争，例如呼吁实行8小时的工作日制度。他也参与了1919年从圣马科斯大学发起的大学改革运动。四年后，他成为反对莱吉亚所提倡的将秘鲁奉献给耶稣之心制度的最重要领袖。他还在国外，在墨西哥长期居住过，在那里他受到了1910年革命思想的启发，并与何塞·巴斯贡赛罗斯（José Vasconcelos）等知识分子取得了联系。在墨西哥他创立了美洲革命人民联盟（Alianza Popular Revolucionaria Americana），简称阿普拉党（APRA），被称为20世纪秘鲁最重要的政党。

阿亚·德拉托雷认为拉丁美洲的帝国主义扮演了一个模棱两可的角色：一方面它起到积极作用，因为它促进了殖民封建主义遗痕的消除，从而能完成将秘鲁经济与社会结构现代化的任务；但另一方面它的影响是负面的，因为它掠夺了人民的财富并阻碍了民族资产阶级的崛起。他主张与帝国主义谈判，以便利用其积极影响和尽可能地避免它的负面影响。他不相信马里亚德奇乌托邦式的原始共产主义；相反，他在新生的中产阶级和城市工人中看到了新政治最重要的社会支持力量。1936年，阿亚·德拉托雷在智利出版了《反帝与阿普拉》（*El antiimperialismo y el apra*）一书，并在其中阐述了其学说的主要观点。

1931年，这位美洲革命人民联盟的创始人提出自己具备总统候选资格。这次的选举将选出莱吉亚的继任者。糖业无产阶级和学校教师对他的支持度迅速增长。然而，选举的宠儿是指挥官桑切斯·塞罗,他的主要政治资本是推翻了"暴君"莱吉亚。这是第一次两个没有阶级背景的梅斯蒂索人,为了赢得选举而展开的较量。经过25年的教育推广,扫盲运动取得了一些进展,所以选民人数得以增加,尽管选民还是普遍集中在沿海城市。寡头集团选择支持军队一方。

桑切斯·塞罗赢得了选举,但选举并未得到阿普拉党的承认,激进的反对派在秘鲁各个城市组织了反抗运动,1932年至1935年实际上成为内战时期。总统在1933年被一名叫做阿韦拉多·门多萨·莱瓦(Abelardo Mendoza Leiva)的工人暗杀,美洲革命人民联盟不能澄清自己是否参与其中。除此之外这场内战中最悲惨的事件是阿普拉党占领了特鲁希略市,随后政府军前往镇压,双方发生了冲突。在这场暴乱中,大约有一千人丧生(其中大部分是被政府军枪毙的阿普拉党人,他们的尸体堆放在昌昌故城的土坯墙垣之间),阿普拉党领导人被驱逐或被流放。秘鲁当时最重要的圣马科斯大学,由于阿普拉党思想和共产主义意识形态对其产生了强烈的影响,因此被关闭了三年。

寡头集团利用桑切斯·塞罗之死让贝纳维德斯将军掌权。武装部队是贝纳维德斯具备的优势,由此他信心十足。贝纳维德斯于1933年开始掌握政权,直到完成桑切斯·塞罗任期,1936年的选举中,因为选举获胜人路易斯·艾吉古仑(Luis Eguiguren)

得到了阿普拉党的支持，于是贝纳维德斯颁布新宪法取消选举结果，将贝纳维德斯的任期延长至1939年。1933年宪法宣布禁止自称"国际意识形态"的政党参选，例如共产党（el Partido Comunista）（在马里亚德奇死后，社会党更名为共产党）和阿普拉党，直到1960年代这一规则被否定之前，这些党派都不能参与选举。

贝纳维德斯领导了一个推崇"秩序、和平与劳动"的政府，将镇压与社会援助计划结合起来。利用持续多年的经济大萧条形势，政府设立了很多机构以加强政府对经济的干预力度。因此诞生了秘鲁中央储备银行（Banco Central de Reserva del Perú）［之前，在1922年，有一个类似机构秘鲁储备银行（el Banco de Reserva del Perú）］、银行和保险监管局（la Superintendencia de Banca y Seguros），以及开发银行（la banca de fomento）。这将对所有部门，包括农业、工业和采矿业部门的企业家起到支持作用，为他们提供低利率贷款。事实上，政府进行了补贴，并且接下来的几年里的通货膨胀让贷款成了一个严重的问题，偿还贷款的金额变得离谱。

贝纳维德斯执政期间继续推进"11年政府"开展的公共工程建设计划。泛美公路的修建结束，它的设计与海岸平行，使得在太平洋沿岸航行的通信便利性大大提高。同时也建立了大型医院、学校、机场和部委大楼,以庞大的建筑(就当时而言)和奢侈的风格彰显国家对社会的影响力。秘鲁在19世纪只有5个部委,在1896年设立了第6个(公共工程和发展部),在以后15年里(20世纪30年代中期至40年代末)又增加了4个,即公共卫生部、公共教育部、劳工和土著事务部以及农业部。

为了给建设工作提供资金,国家进行了一项税制改革,从1934年开始征收所得税。在此以前税收收入依赖进口和出口的关税、酒精和烟草等商品的消费税,以及对盐糖等基本物品的税收。公司只有在出口原材料时才缴纳税款,尽管公司也向市政当局缴税,但数量不多。高级行政人员只有在消费进口商品或少量食盐时才缴纳税款,那时候并不存在高额的所得税。

无论如何,所得税的引入只是象征性的,因为在接下来的几十年里,它并没有筹集到大量的税款。出口关税基本上是以公司缴纳税款的方式征收。为地方市场从事生产的公司,除了缴纳税款之外,在必要时还可以通过开发银行获得补贴信贷。

1939年的选举,把国家交到了一个代表现代资产阶级的人手中,他就是曼努埃尔·普拉多·乌加特切(Manuel Prado Ugarteche)(利马,1889年—巴黎,1967年)。他毕业于工程学院,经历了20世纪文官主义党的挫折时代。他是一名优秀的文官主义党人,反对莱吉亚党派。在20世纪30年代他担任中央储备银行行长,并在当时已经相当可观的家庭遗产基础上积累了巨额的财富。像何塞·帕尔多一样,他也是另一位总统的儿子。这也让我们看到了,在秘鲁选民系统内部存在着一定的门第倾向。但他在1939年的竞选活动中(1956年至1962年是他的第二届政府)不得不面对人们对他父亲(并且显然是不公平的)的谴责,人们指责他的父亲马里亚罗·伊格纳西奥·普拉多在硝石战争期间逃离秘鲁,带着人们无私募集的钱去买从未买到手的武器。

然而他是有可能获得胜利的,因为某些激进团体,例如共产党,决定支持他。因为对后者来说,普拉多似乎是一个能促进资本主义发展的工业资产阶级的代表,从这点出发,普拉多是一个比地主阶级更好的选择。普拉多集团的财富来源于对银行的控制、纺织工厂的利润、房地产和建筑业。虽然他的政府通过发展公司(一个在各个城市建立的由名士们组成的委员会,建议政府进行公共投资)推动了工业的发展,但却没能带动制造业的起飞,秘鲁仍然是一个以生产原材料,特别是糖、棉花、铜矿为主的国家。

在贝纳维德斯和普拉多的领导下,寡头集团与军队之间关系和睦,使他们能够镇压20世纪30年代初期出现的社会起义。1941年到1942年与厄瓜多尔的战争加强了二者的关系。与其他邻国不同,秘鲁不曾与厄瓜多尔划定过亚马孙地区的边界。这场争议的根源在于厄瓜多尔希望得到进入亚马孙河的通道，就像哥伦比亚在20世纪20年代做的那样。但对于秘鲁来说，厄瓜多尔的主张意味着秘鲁要放弃太多的领土。1941年的战争以里约热内卢的和平协议（el acuerdo de Paz en Río de Janeiro）的签订宣告结束，以秘鲁的胜利告终；但是边界的划分没有最终确定，为将来新问题的出现埋下了隐患。

秘鲁与厄瓜多尔战争的胜利，改善了军队在人民心中的形象，因为硝石战争的失败使人民对军队产生了负面印象。获胜将军埃罗依·乌雷塔（Eloy Ureta）被提升为元帅，并在之后涉足政坛。适逢第二次世界大战开始，普拉多政府制定的外交政策完全向美国的政策看齐，秘鲁于1945年2月向轴心国宣战。同时，秘鲁政府剥夺了那些被指控为纳粹分子和参与间谍行为的日本人和德国人的财产，并在某些情况下，将其中的数百人驱逐到美国。

现代印第安主义

在1940年的全国人口普查中，秘鲁登记在册的有620万居民，加上遗漏人口，官方估算有将近700万人口。其中2/3的人居住在农村，文盲率达到58%，而且人口基本集中在山区，山区人口占总人口的2/3。1876—1940年的人口增长率为每年1.3%，这意味着"人口爆炸"开始了。人口增长导致了土地稀缺,这也增加了民众无产阶级化的倾向。人们越来越渴望获得一份稳定的工作,而这样的需求却被现实扑灭。

印第安人集中在中部和南部地区,如安卡什、帕斯科、胡宁、万卡维利卡、阿亚库乔、阿普里马克、库斯科和普诺,占这些地区人口总数的4/5。这些地区开始被人们称为"印第安之地"。 对于大部分住在沿海的统治阶级和职业人士来说,这样的居民构成是一个需要解决的"问题"。半个世纪以前希望依靠大量白人移民消除印第安痕迹的愿望早就不复存在了。要解决这样的问题必须通过工作、教育和卫生等方式。在某种程度上,就意味着要对印第安人进行改造,并将他们转变为资本主义社会中有价值的工人。

然而,并非所有人都赞同这种去印第安化的政策。从20世纪20年代开始,当对土著人口展开卡斯蒂利亚化、城市化和文明化的政策时,土著主义文化运动也开始出现。这种运动被概念化,代表了一种理想的城市土著文化。事实上,在安第斯农民的制度和社会实践中,土著主义体现的是一种文化价值,而不仅仅只是落后的标志。印第安的农业社区被认为是一种文化"遗产",在那里占据主导地位的是自然民主以及人与环境的相互关系。印第安人那些受人指责的社会习俗,例如酗酒、偶尔发生的暴力行为，以及受屈服和奴役的倾向，都被归因于他们在白人和混血人主导的社会中受虐待的经历和受剥削的历史。

何塞·萨博卡（José Sabogal）（卡哈班巴，1888—利马，1956）、马里奥·乌尔特阿卡（Mario Urteaga）（卡哈马卡，1875—1957）的绘画中，展现了农村生活的场景、山脉和溪流的景观，描述了印第安人理想化的生活，是印第安主义的一种体现。西罗·阿雷格利亚（Ciro Alegría）（瓦马楚科，1909—利马，1967）和何塞·马里亚·阿尔圭达斯（José María Arguedas）（安达瓦拉斯，1911—利马，1969）的小说《世界是广阔与不同的》（*El mundo es ancho y ajeno*）（1941年）和《亚瓦尔节》（*Yawar fiesta*）（1943年），传递的是一种对野蛮世界的重建，其中描述了邪恶的酋长对无辜的印第安人进行掠夺，或者表达了梅斯蒂索人在对海岸城市世界向往、在对自己祖先的承诺，以及在对自身的安第斯审美之间所陷入的迷茫。还有亚历杭德罗·罗穆拉多（Alejandro Romualdo）（特鲁希略，1926—利马，2008）等诗人，胡里奥·塞萨尔·德约（Julio César Tello）（瓦罗奇里，1880—利马，1947）等考古学家，路易斯·爱德华多·瓦尔卡尔塞尔（Luis Eduardo Valcárcel）（莫克瓜，1891—利马，1987）、卡洛斯·丹尼尔·瓦尔卡尔塞尔（Carlos Daniel Valcárcel）（利马，1911—2007）等历史学家和伊尔德布兰多·卡斯特罗·波佐（Hildebrando Castro Pozo）（阿亚瓦卡，1890—利马，1945）等社会学家。这些学者们在20世纪中叶出版的重要作品中对印第安人领袖们大加赞扬，如何塞·加布里艾尔·孔多尔坎基（图帕克·阿玛鲁二世）[①]。高度评价了艾由农村氏族公社的优势，以及印第安人文化如查文文化和印加文化在技术和政治上的贡献。

印第安主义也在音乐、建筑、医学和教育学领域取得了进展，这让国家发展计划陷入疑问之中，在20世纪中期震撼到了精英阶层。秘鲁是否应该试图让自己成为西方世界的尾巴？秘鲁是迟到的、并且迫于武力融入西方世界的，难道不应该试着追溯自己在欧洲人到达之前就存在的根源吗？或者说应该试图在西方世界和安第斯传统之间，找到一个平衡的中间地带？虽然印第安主义的浪潮在20世纪80年代后有所消退，但它并没有完全消失。

国家政策也表达了印第安主义。自1920年以来，秘鲁通过在土著和土著事务内部提供保护性立法和一定程度的自治权，对印第安人社区给予法律上的承认。在20世纪20年代和60年代间，

[①] 何塞·加夫列尔·孔多尔坎基（José Gabriel Condorcanqui）是西班牙殖民统治秘鲁时期的一位起义军首领。他声称自己是图帕克·阿玛鲁的后裔，在1780年起兵，自称图帕克·阿玛鲁二世（Túpac Amaru II）。起义军势力最强大的时候达到秘鲁、玻利维亚以及阿根廷北部。1781年战败被俘，在库斯科被西班牙殖民者处死。

1500多个土著社区受到了官方的认可，国家对他们的资产，特别是对他们的土地制定了特别的保护法规。1946年，秘鲁土著研究所（Instituto Indigenista Peruano）在路易斯·爱德华多·瓦尔卡尔塞尔的主持下成立，同年他在圣马科斯大学创立了民族学院（la facultad de Etnología）。

获得1945年总统大选的是来自阿雷基帕的律师何塞·路易斯·布斯塔曼特·伊·里韦罗（José Luis Bustamante y Rivero），这表明政治寡头遭遇了维持国家权力的危机。年老的奥斯卡·贝纳维德斯，想起了埃洛伊·乌雷塔这样的军事英雄，不过后者没有受到选民们的青睐。而围绕在布斯塔曼特身边的是阿普拉党和呼吁政治变革的选民。在1930年的那场起义中，他以路易斯·桑切斯·塞罗（Luis Sánchez Cerro）的秘书和顾问的身份开启了自己的政治生涯，但在后来转向了外交和专业领域。布斯塔曼特拥有新颖的政治形象，他来自非传统利马家庭，这为他赢得了民意，击败了那位在厄瓜多尔战争中获胜的军事英雄。

布斯塔曼特取得大选胜利是一件清楚明了的事，但接下来他的政府要面临种种治理难题。在1948年，厄瓜多尔战争的另一位英雄曼努埃尔·奥德里亚（Manuel Odría）将军发动的政变，猝然地结束了布斯塔曼特政府。资产阶级中最为现代化的一部分人认为，将阿普拉党拉入阵营会让反对派消停，并会让国家变得易于治理,但这种情况并没有发生。资产阶级被阿普拉党议员和部长们为了重新分配权力而不断施加的压力激怒了。食品价格和住房价格被冻结,政府宣布中学和大学公共教育免费,承认了师范专业毕业生的职业地位,并颁布法律阻止土地所有者从庄园中解雇工人或改变工人的工作条件。

第二次世界大战结束时的国际形势特点是战后的欧洲各国都需要重建。鉴于和平的欧洲有更好的回报,所以资本不愿意来到拉丁美洲,因此秘鲁的资本也变得稀缺了,政府在过去十年的萧条时期继承了由国家而非市场来决定汇率的方式,政府决定美元的价格。当美元稀缺时,会造成生活成本增加(城市的许多消费食品都是进口的),政府就会延缓货币贬值。但通常来说,由于货币短缺问题无法从根本上解决,货币贬值最终还是会发生。这种模式的重复性,使人们可以对未来货币的贬值做出预判。商人阶层很高兴看到随着货币贬值而来的通货膨胀,因为这使他们对私人银行和国有银行的债务蒸发了。

与墨西哥、巴西、阿根廷和智利等其他拉美国家相比,秘鲁的能源和运输基础设施匮乏,加上因缺乏资本的流入而制定的货币政策,是这些年秘鲁工业发展不足的原因。能源供应严重依赖国际石油公司垄断的石油,而后者因为在国际市场有更好的价格,所以更有兴趣出口石油,而不是将石油运往国内市场。自20

世纪40年代以来，秘鲁与瑞士签订合作协议促进了水利水电的发展，但这些都是昂贵的长期项目。

由于货币短缺而产生的经济问题，加之大量的渴望改善生活条件的工人们引发了社会混乱，人们呼吁将阿普拉党纳入政府，进而形成共同政府。事实上，为了寻求民众的支持，布斯塔曼特曾在其内阁和重要部门如劳工部，把阿普拉党部长和武装分子们纳入其中。但是，要使阿普拉党的主张和政府措施一致并不容易，因为对这些成员来说，和政府指令相比，他们更愿意听从党的指示。《新闻报》（*La Prensa*）董事会主席弗朗西斯科·格雷尼亚·加兰（Francisco Graña Garland）被阿普拉党涉嫌暗杀后，1948年，布斯塔曼特试图对该党进行打击，引发了后者的起义威胁，最终促成了奥德里亚将军的政变。

-20-

寡头的恢复及危机（1948年—1968年）

奥德里亚将军的军事政变，重复了1914年贝纳维德斯针对比林豪斯特发动政变的模式：如果寡头集团受到新的政党或权力机构的威胁，武装部队就会进行干预，这一次的威胁涉及阿普拉党，它在工人阶级甚至在军队下属成员中拥有巨大的影响力。

阿普拉党的武装分子要求采取的经济措施引发了与政府的矛盾并难以维持，例如通过法令增加工资、冻结食品和房租价格、禁止雇主解雇工人，或者在农村终止土地租赁合同。他们指责1945年当选的政府是一个缺乏代表联盟［民主阵线（el Frente Democrático）］掌权的政党。人民中有相当一部分人，不仅是富人，还有穷人和中产阶级，要求将秩序放在第一位，而这是军方所擅长的。接着发生了一场镇压阿普拉党和共产党的运动（非法的），同时政府试图通过积极的社会援助政策来平衡这种迫害。

国家建设

这项政策对那些开始在利马和其他沿海城市出现的贫民窟予以支持。居民的住房建设计划、主要城市大型学校的建设、首都纪念性建筑物的建造，如建设新的国家体育场和一个容纳教育部的大楼，还有粮食援助和健康关注计划，使得奥德里亚政府受到了穷人和城市群体的青睐，使他能够将该政府延长至1956年。1950年秘鲁组织了一次总统选举，但因为奥德里亚对其他候选人展开了攻击，实际上他成了唯一的候选人。

1956年，曼努埃尔·普拉多重新掌权，意味着与20世纪30年代政权的政策保持了连续性，甚至更进一步来说，与20世纪初的文官主义党保持了一致性。普拉多新政府以促进工业发展为特点，如在钦博特（Chimbote）开设钢铁厂，模仿其他拉美国家的工业计划制定工业促进法，为该行业提供支持。在普拉多执政末期，他不得不面对在秘鲁各个地区，特别是在山区持续不断提出的重新划分土地的要求。1960年一支访问秘鲁的美国代表团认为，社会冲突是潜在的，要化解冲突发生的可能就必须进行土地改革。

在社会领域，自20世纪20年代以来开展的道路建设工程，已经将国内主要省份连接起来。但除了普卡尔帕（Pucallpa）（一条公路，于1943年建成），其他位于亚马孙地区的城市全都处在公路网之外，只能通过航空或河流航运与秘鲁其他地区进行交流。道路的修建使得国家的存在力能够更深入地渗透到全国，特别是学校、学院、医疗站、警察局、司法院和军营。

国家存在力增强带来的结果之一是婴儿死亡率的下降，导致了爆炸性的人口增长。在20世纪50年代和60年代，秘鲁人口以每年近3％的速度增长。据1940年至1972年的人口普查，居民登记人数翻了一番，从620万增加到1350万。这种增长扩张了以自给自足的农场和社区为基础的农村组织，农村移民走出农村与山区，向城市和海岸涌去。丛林地区的移民流动在接下来的几十年也极大地改变了秘鲁的人口分布状态。如果在1940年有2/3的人口居住在山区，那么到20世纪末，这一比例将下降到1/3，有超过一半的人口居住在狭窄的太平洋沿海地区。

农业危机

在秘鲁国内，农业的发展仍然停滞不前。只有出口糖和棉花的大庄园才经历了现代化进程。传统庄园的生产面向国内市场，基本上是当地市场。由于运输成本仍然很高,庄园仍继续采用自殖民时代以来就没有任何现代化革新的技术。开垦土地靠耕牛,实现灌溉靠雨水,少数几个在安第斯山脉山谷中的灌溉水渠,也是几个世纪以前修建的,肥料是动物粪便,人们对如何改良种子、实行轮作或者合成肥料全然不知。1947年颁布的法律把劳动力固定在了各自的生产单位内,加剧了这种农场的落后情况。

自20世纪30年代经济危机开始,食品价格就由政府制定。而政府使食品价格保持在较低的水平,是为了获得城市工人阶级的认可。因为与农民不同,城市人口可以凭借手中的选票让政府了解自己的需求,以牺牲农村人口的生活水平为代价来满足城市人口的福祉。公路的修建破坏了当地的工业,一旦卡车将来自利马或国外生产的物品运到当地市场,当地的零食工厂、饮料厂、服装厂和家具厂便会销声匿迹。虽然阿雷基帕和卡哈马卡的一些乳品厂还可以在这种情况下坚持几十年,但总的来说,是公路的发展,导致了国内的去工业化,使得更多的移民涌入沿海城市。1972年的人口普查第一次记录下了秘鲁人口大多数居住在城市和非农村地区。

从20世纪40年代末开始,秘鲁政府根据新的外国投资,重新启动了针对出口部门的政策,改善了国际市场上秘鲁出口商品的价格走势(如糖、棉花和铜)。颁布了旨在促进外国投资的新法案，并为外国投资者提供了广泛的税收支持，使得对采矿和碳氢化合物等领域的投资更具有吸引力。美国公司在多克巴拉（Toquepala）和马尔科纳（Marcona）矿山大型的露天作业，标志着采矿业进入了新的发展阶段，采用了新的现代技术，并且在秘鲁达到了前所未有的规模。因此这样的矿区并没有提供很多就业机会，大量的劳动力仍然留在了传统农业领域。

渔业的繁荣

除了传统的出口商品，在20世纪50年代还出现了一种新的出口商品——鱼粉。由于海岸上丰富的鸟类，秘鲁在19世纪形成了繁荣的鸟粪市场。而造就这一切的是鸟儿们的食物，即生活在富有营养海域里的一种小鱼。在20世纪，秘鲁人发现，人们可以直接使用鸟类的食物，而不再利用鸟类的排泄物。其中最重要的是凤尾鱼（anchoveta），它在磨坊中被粉碎，转化为粉状物，被制成了农场里动物们的饲料。人们也把从凤尾鱼中提取的油脂用于工业和饮食业。随着现代化捕鱼的开展，家庭中的鱼类消费比例也在增长。人们已经习惯的菜肴以意大利面、米饭、土豆为主，人们根据个人经济条件添加牛肉或猪肉作为补充。但随着鱼类消费的发展，秘鲁出现了新的烹饪方式，其中最具代表性的菜肴是赛维切（cebiche）（柠檬汁浸生鱼肉）。

渔业的繁荣改善了秘鲁人的就业环境，政府的税收增加了。中部沿海的小海湾，如钦博特、瓦尔梅（Huarmey）、苏佩（Supe）和皮斯科，突然间成为重要的人口和工业集结地，挤满了被称为"保龄球"的小木船。小说家何塞·马里亚·阿尔圭达斯最后的小说《上面的狐狸和下面的狐狸》（*El zorro de arriba y el zorro de abajo*）就以钦博特为背景，作者捕捉到了现代化在从山区进城的农民身上产生的戏剧性元素。

20世纪50年代和60年代是一个激荡的社会变革时期。印第安人和梅斯蒂索人从中学毕业，向沿海城市迁移，在这期间，他们经历了文化变革的过程。社会学家阿尼巴·基哈洛（Aníbal Quijano）将这一过程称为"乔洛化"（cholification）。该词源于"乔洛"（cholo），指在殖民末期印第安人和西班牙人的混血人。当城镇居民和白种人与印第安人在城市和工厂里接受同等待遇的时候，"乔洛"成了前者对后者的侮辱性称呼，用来指粗鲁的、荒蛮的、爱顶嘴的印第安人。那些说着凯楚阿语、嚼着可卡叶、喝着甘蔗酒、穿着"印第安服装"且大字不识的，打着短工或者做着小生意的农民，开始用最简单的卡斯蒂利亚语来表达自己，他们穿上了工厂的服装、抽上了香烟、喝上了啤酒，开始了自己社会阶层的上升，并开始融入秘鲁社会内部。这也是"乔洛化"的体现。

流行文化

"乔洛化"创造了自己的艺术流派,并创造了自己的文化标志。最明显的现象出现在音乐领域。其中,被精英们称之为"奇恰音乐"(música chicha)的音乐类型出现了,这是一种将现代乐器和热带节奏融为一体的本土音乐流派。战后日本以低价推广的小型晶体管收音机,推动了这类音乐的传播,表演者在周末城市周边的体育馆里表演"奇恰音乐",很受人们的喜爱。

奇恰音乐与沿海城市文化里的传统音乐形成了竞争,后者被称为"克里奥尔音乐"(música criolla),它复制了欧洲的华尔兹舞曲。克里奥尔歌曲将西班牙吉他与木箱鼓融为一体,自20世纪20年代和30年代流行起来,最著名的作曲家费利佩·平洛·阿尔瓦(Felipe Pinglo Alva)(利马,1899—1936)传播了诸如《我的爱人的花园》(El huerto de mi amada)、《农夫的祈祷》(La oración del labriego)等歌曲,其中最著名的《老百姓》(El plebeyo)成为城市工人之歌。在20世纪50年代到70年代之间,查布卡(玛利亚·伊萨贝尔)·格兰达·拉尔戈(Chabuca(María Isabel)Granda Larco)(科塔班巴斯,1920—迈阿密,1989)创作的《肉桂花》(La flor de la cinnamon)、《何塞·安东尼奥和最后的邮票》(José Antonio y Fina estampa),以及奥古斯托·波罗·刚波斯(Augusto Polo Campos)(普基奥,1930—)作曲的《讨厌鬼》(cariño malo)、《利马女人》(Limeña)和《回归》(Regresa)以及其他流行歌曲,让奇恰音乐达到了它最后一个辉煌期。赫苏斯·瓦斯克斯(Jesús Vásquez)、路查·雷耶斯(Lucha Reyes)[①]和莫尔楚科斯三人组(Los Morochucos)是最著名的克里奥尔音乐表演者。

这些作品的歌词体现了生活在秘鲁海岸繁华城市的人们对怀旧思乡之情的寄托或对未来的期望。奇恰音乐表达了对乡村的怀念,及安第斯移民对改善社会和经济的期望;而克里奥尔音乐则重现了对庄严利马的怀旧情怀,表达了城市男女之间的情愫。20世纪80年代以后,一些精英人士主张重拾奇恰文化,称其在绘画中彰显了尖锐的色彩,在音乐中体现了激烈而又充满活力的和弦。奇恰音乐被传播者称为"热带的安第斯",受到了秘鲁民众的欢迎,但却没有得到官方的认可。在每年庆祝7月28日国庆日之际,广播和电视上播放的都是象征克里奥尔文化的内容:华尔兹、水手、过往的马匹。在沿海地区黑人奴隶之间流行的黑人音乐得到了官方的赞扬,但安第斯音乐文化,却被认为是不良的艺

---

① Lucha Reyes,(利马,1936—1973)。真名Lucila Justina Sarcines Reyes de Henry,露西亚·胡斯蒂娜·萨尔西蕾斯·雷耶斯·德·恒利。

术品味。

在绘画领域，印第安主义和风俗派（costumbrismo）在此期间继续发展，代表艺术家有卡米洛·布拉斯（Camilo Blas）、特奥多罗·纽埃斯·乌雷塔（Teodoro Núñez Ureta）和奥斯卡·阿雅因（Óscar Allaín）。在文学和社科领域，受"50年代人"的影响，出现了米格尔·古特雷斯（Miguel Gutiérrez）、马里奥·巴尔加斯·略萨（Mario Vargas Llosa）、胡里奥·拉蒙·里贝罗（Julio Ramón Ribeyro）等知名作家，虽然他们的作品被归为"社会小说"类别，但这些作家都试图打破人们对印第安主义的狭隘认知。他们前往欧洲寻求认同，并在接下来的几年中发表了重要的小说，如《城市与狗》（La ciudad y los perros）（1962）和《圣加布里埃尔编年史》（Crónica de San Gabriel）（1960），他们质疑给秘鲁社会带来压力的家庭教育中的威权主义，以及社会关系中的种族主义。

寡头危机

人们对1962年的选举大为期待，因为这将成为自1931年以来，阿普拉党和共产党第一次在没有中间人的情况下参选。竞选者有奥德里亚将军，他代表保守派的政治寡头和传统派的中产阶级和民众，他们的诉求是安全保障和工作机会；费尔南多·贝朗德·特里（Fernando Belaúnde Terry）（阿雷基帕，1912—利马，2002），是一位曾留学美国的建筑师，他受到最现代的资产阶级和开明的中产阶级的支持，他们认为他是一个独立于传统阶级之外、年轻的专业人士；维克托·劳尔·阿亚·德拉托雷，是传说中的阿普拉党的领导人，受到了最激进的中间阶层以及沿海和北部高原农民的支持。虽然阿普拉党以微弱的优势领先，但武装部队发动的军事政变告诉全国人民，他们是不允许阿普拉党政府出现的，因为他们害怕秘鲁会再次陷入20世纪40年代的混乱。

自1930年以来赢得民众支持的不是共产党，也不是其他政治流派，而是阿普拉党，通过回想这段历史可以剖析出秘鲁社会的特征，首先应该考虑的是，能在选举中投票的选民都是受过文化教育的人，这就将农村人口排除在外。一般来说，一些有文化的选民群体同时也是城市移民，他们强烈地希望通过教育和工作提升自己的社会阶层，例如工人群体，除非脱离现实处境，否则他们是没法获得社会阶层认同的。在博取民众好感方面，阿普拉党更懂得表述和满足人民的愿望，其党派领导人通常是非传统派的上层阶级，他们凭借专业技能或商业上的成功经验实现了社会阶层的跨越，并且知道如何围绕"人民的党"这一话题来传达一种近乎宗教的神秘感，并通过有效的民族主义符号将其加强，例如运用前西班牙时期的土著文化符号、白色方巾，以及不断地提到拉丁美洲或"印第安美洲"。

自曼努埃尔·普拉多在1956年选举中取得胜利后，就获得了部分阿普拉党的支持，而支持的原因是候选人作出了承诺，要停止自1932年以来对阿普拉党施加的"巨大迫害"。普拉多的政权因此形成一种"共存"的局面，它是一种在普拉多政府和阿普拉党之间达成的联盟。维克托·劳尔·阿亚·德拉托雷在他的讲话中减少了反对帝国主义主张的观点，提出要为穷人创造财富，而不是夺走富人的财富。这种转变使党内最激进的人士纷纷退党，他们建立了一个"反叛的阿普拉党"，导致了革命左翼运动[Movimiento de Izquierda Revolucionaria（MIR）]，并在20世纪60年代参与了游击队。

1962年的军事政变是制度性的，武装部队只掌权了一年，在此期间举办了选举，建筑师贝朗德赢得了胜利。然而，因出口领域的疲软状态、人口迅速增长带来的社会压力，以及由于农村缺少土地导致越来越多的农村人涌入城市，贝朗德政府面临重重困难。当然，政府面临的问题还有来自阿普拉党的反对，在国会，阿普拉党与奥德里亚将军（一人）一起，占据了多数席位。

秘鲁索尔新一轮的贬值，导致汇率从1美元兑26索尔跌至1美元兑38索尔，引发了严重的政治危机。由于城市食品是以大量的进口小麦和肉类为基础的，货币贬值便造成了物价的上涨。不过这在所有者阶层看来，却实在是一件好事，因为物价上涨使他们在金融系统和开发银行中的债务变少了。自中央银行成立后，秘鲁从20世纪20年代开始推行纸币，国家依靠这种既有用但又危险的工具实现了长期的经济稳定。1930年秘鲁索尔诞生之时，其汇率是1美元兑2.50索尔，但在不到30年的时间里索尔贬值了，这表明了秘鲁金融的不稳定性，以及寡头集团对本国货币的操控。当财政危机爆发时，政府掌握着印刷钞票的权力，因为中央银行的自主权仅仅只是象征性的而非事实性的。

在20世纪60年代，秘鲁山区爆发了游击队运动，模仿古巴的卡斯特罗主义和切·格瓦拉主义的运动，许多来自上层阶级的利马学生和知识分子，对社会的不平等感到愤怒，并且热忱地追求社会主义思想。他们进入农村，策动了反政府的农民起义。不过这些游击队未能获得农民们的拥护，并且被武装部队迅速地消灭了。但如果统治阶层没有完成发展经济的任务，或者没有改善人民的生活条件，他们还是会发出威胁的警告。

石油危机是造成贝朗德第一届政府陷入混乱和不稳定局面的关键因素。自20世纪初以来，国际石油公司（IPC）一直在开采秘鲁的主要油田。在莱吉亚11年的执政期内，该公司与秘鲁政府在财政问题上发生了纠纷，之后二者的矛盾逐渐加深。问题的根源在于，这家公司倾向于在国外市场销售石油而不是满足秘鲁国内的供应需求。由于秘鲁不断增长的城市化需求以及各地对汽车的需求，秘鲁政府向这家公司施加压力，要求它向秘鲁国内消费市场供应更多的石油。1968年，与IPC的新合同谈判中，双方疑虑重重，矛盾升级到了顶峰，但在随后，协议还是签订下来了，其中包括政府为石油在秘鲁国内市场的消费买单。

"第十一页丑闻[①]"，加之反对派在国会的影响，阿普拉-1联盟（APRA-uno）查出部长内阁们破坏了行政权，导致了政治危机，军方利用这次危机发动了秘鲁在20世纪的第5次政变。1968年10月3日清晨，装甲坦克军队突然出现在政府门前，逮捕了贝朗德总统并将他驱逐到布宜诺斯艾利斯。国家权力落入胡安·韦拉斯科·阿尔瓦拉多（Juan Velasco Alvarado）将军手中，他是当时武装部队联合司令部（Comando Conjunto de la Fuerza Armada）的指挥官。然而这场军事政变与以前的军事政变的性质不再相同。某种程度上，这场政变结束了自1914年开始，由贝纳维德斯上校发动政变而开启的政权时代。武装部队不再扮演政治寡头守护者的角色了。

---

① 与国际石油公司签署的一份新合同中的一页被遗失了，据说这一页上有一项条款涉及把国家财富转移给一家外国公司。

-21-

军事改良主义(1968年—1980年)

有许多人在思考,为什么从20世纪70年代开始,秘鲁军队不再像1914年以来的那样,忠诚于所有者阶层。事实上,在半个世纪之后,军队对政治寡头的支持分崩离析,并且从1968年开始,他们决定领导一个民族主义政府,而这样的政府在外交政策和经济领域注重实现财富的分配。虽然它的一些改革被政治寡头打上了共产主义的烙印,但事实上,它的干预是为了阻止秘鲁共产主义的发展。

统一的民族主义

在整个20世纪,很多从业领域,例如教师、警察和护士在国家的庇护下扩大了，从20世纪中叶开始，军事领域一直被梅斯蒂索人占据。寡头集团可以将印第安人和梅斯蒂索人排除在游泳池、教室和客厅之外，但不能也不应该把他们排除在国家专业的职业之外。阿普拉党的压力和扩张的人口使得公立大学、武装部队军官学校和培养教师的师范学校，首先是容忍梅斯蒂索人，接着这些领域被梅斯蒂索人和来自各个省份的晋升人士占据了。

胡安·韦拉斯科将军本人的经历，就是一个通过军旅生涯而实现社会地位跃升的真实例子。1910年，他出生于皮乌拉的一个中产阶级家庭。他首先在公立学校就读，然后于1928年以普通士兵的身份参军。为此，他以"秘密乘客"的身份登上了一艘开往利马的商船，在派塔港登陆。曾经的从军经历使得他可以进入军校学习。1934年，胡安·韦拉斯科以少尉的身份毕业，从那时起，他便开始了自己成功的军官生涯，并在三十年后，被授予了秘鲁国家武装部队的最高军衔。

社会出身的变化也在改变军人的意识形态。由于职业要求，军人们不得不驻扎在国家的边疆地区，那里的生活条件十分艰苦，军人们深切地体会到了富有和贫穷在秘鲁的鲜明对比。硝石战争的失败告诉他们，在战争时期最大的敌人不是敌方的军队，而是缺乏民族团结，这种不团结是社会不平等的结果，因为社会金字塔尖和塔底群体之间缺少交集。平等社会的国家比不平等社会的国家更有可能赢得战争。

与此同时，与许多秘鲁人一样，军人们也认为秘鲁的经济发展太过于依赖原材料的出口。秘鲁和当时所有的拉丁美洲国家一样，认为乌托邦式的工业化是治愈所有问题的灵丹妙药。一个实现工业化的国家有更稳定的经济状况、更高的工资水平和更平等的社会环境。拉美加勒比经委会的经济思想和依赖理论，渗透到了秘鲁，许多学者都相信，为了实现经济的根本性转变，就应该夺走政治寡头们对最活跃的经济部门的控制权。政治寡头被认为是一群自私自利的小家庭，他们缺乏必要的民族主义情怀来推动国家的工业化和实现社会平等。

1968年至1980年间的军政府较之先前的区别在于，它是总统的个人主义与有组织的军政府之间的结合。它不完全是一个有组织的政府，如果是的话，韦拉斯科·阿尔瓦拉多就应该在服役35年后，在退役之时解除职务。但是它也不算是一个完全的个人主义的政府，因为国家军队由三个军种构成：陆军、海军和空军。它们占据着政府（部委）的某些领域，各军种在这些领域实行自治管理。

1975年，一群军官推翻了韦拉斯科将军，这位失去了一条腿并执政了7年的总统，在两年后去世。新总统是弗朗西斯科·莫拉莱斯－贝穆德斯（Francisco Morales-Bermúdez）将军（1890年至1894年时任总统的孙子），他也来自军队，但他在利马出生，来自一个比韦拉斯科·阿尔瓦拉多社会阶层更高的家庭。

一位革命将军

韦拉斯科·阿尔瓦拉多的"七年①"军政府，采用了最独特的执政方式和最激进的措施。在国际层面，一改对美国政府的顺从政策，在古巴和苏联设立大使馆，并与之展开了一系列的合作项目。利马是"不结盟国家"（即冷战期间独立于对战国的任何一方，并以此确立当时的外交政策）首脑会议的举办地之一。菲德尔·卡斯特罗（Fidel Castro）和智利总统萨尔瓦多·阿连德（Salvador Allende）等社会主义国家领导人访问了利马，打破了秘鲁曾经强调了十年的亲美政策。

在经济领域，"武装力量的革命政府"对财产和收入进行了再分配。一项自1969年开始实施的土地改革法，征用了农业大庄园，剥夺了沿海地区50公顷土地和山区150公顷土地的所有者们的土地所有权，征收土地几乎是无偿的，因为对土地、动物、庄稼、建筑物和机器的价值估算，不是根据市场价格，而是根据官

---

① 韦拉斯科·阿尔瓦拉多总统任期七年（1968—1975）。

方税率。按官方税率的定价不到市场价格的一半，有时候甚至只是象征性的，由此产生的差额大部分用于支付低于通货膨胀利率的债券。

土地一旦被征用，就被分配给在农场劳作的农民，这给土地改革带上了一个维护权益的光环，"耕者有其田"（la tierra para quien la trabaja）是韦拉斯科政府的主张。但是因为不同地方存在不同的劳动制度，所以要确定每个农场的农民是谁并不容易，在农田劳作的农民有的仅是临时工。一旦土地被基本稳定和永久地分配了，临时工农民就没有土地了，他们成了农村最贫困的人群。为了不失去在土地管理中的规模优势，大庄园的土地没有被分割，而是让其成为一种类似农业合作集体的形态，所有者是农民组织（沿海地区）或农民社区（山地地区）。但把管理权交到了由政府任命的经理手上。

秘鲁最重要的矿区，例如塔拉拉（Talara）石油矿区、中部高原地区的卡萨帕尔卡（Casapalca）、莫罗科查、尧利（Yauli）和塞罗德帕斯科矿区，以及南部的马尔科纳矿区，都被美资矿业公司征用。在这种情况下，由于害怕美国政府通过制裁而被迫支付不公平的赔偿，矿产公司把所有权上交国家，秘鲁成立了一批国家控制的公司，如秘鲁石油公司（Petroperú）、秘鲁矿产公司（Mineroperú）和秘鲁铁矿公司（Hierroperú）。一些被视为国家战略性的行业，如水泥、钢铁、造纸、化学和航空，都被纳入国家的控制之下，变成国家工厂或公司，公司领导直接由政府任命。大规模国有化的目的是协调这些公司的投资和生产计划，同时把公司产生的利润用于扩大生产。出发点虽好，但目标难以实现。从某种程度上来说，除了石油领域，国家预先宣布了要将相关行业纳入国家的控制之下。在收归国有之前，所有者们已经不再为改善工厂而进行投资了。只有极少数的生意可以很快获得利润。通常的情况是，为了提高这些行业的生产力，军政府不得不对其注入资金并进行技术上的和行政上的改革，即便知道这要消耗时间和花费金钱。当然，一种选择是在发现端倪时仍继续执行既定的计划，只考虑近期利益而不考虑长期影响。这是一种很普遍的做法，但却是一个注定不能实现的战略计划。

正如预期的那样，国家开始获得领导权，被国家控制的公司的运转也因政治管理变得复杂。例如，在沿海的农业生产合作社中，接收工人人数多过真实需要量，因为合作社不仅是通过农业劳作产生利润，还要解决区域人口的就业问题。政府任命的管理人员缺乏稳定性和积极性，军官们被任命是常见之事，尽管他们具备公务员所欠缺的威严感，但他们不具备相关行业的专业知识。

国民经济变成了一种奇怪的生物，一半是私人的一半是国家的，它既不是资本主义也不是社会主义，虽然市场对一些商品或部门还是起着一定的作用，但国家仍然控制着最重要的领域，掌控着最大的利润。国家控制了商品的出口，掌控了生产进程中重要的物资（电能、燃料、饮用水、碳氢化合物）。政府决定了包括食品、汽油等公共服务和战略性物资的价格，决定了城市和省际间的运输费用以及最低工资，控制了房屋价格和基本药物的费用。

秘鲁军政府在1969年安第斯条约组织①（六个安第斯国家委内瑞拉、哥伦比亚、厄瓜多尔、玻利维亚、智利，以及秘鲁达成协议，目的在于整合区域商品市场）成立之际，推出了一项进口替代工业化计划，建立了组装电器、卡车、汽车和摩托车的工厂。对进口商品征收高关税，以保护组装工业和家庭消费品产业，以保证工人阶级和城市中等群体的就业。正如所有经济现代化的计划一样，为此牺牲最大的是乡村工人，他们生产的商品以非常低的、由政府控制的价格进行销售。

军政府在媒体和教育领域也推进了改革。所有的媒体和教育公司都成为秘鲁国家所有，而且要求这些公司具有社会意识。1974年，军政府下令征收利马报刊业，这是唯一拥有全国发行

---

① 1996年3月9日，易为现名安第斯共同体，简称"安共体"（La Comunidad Andina）。

权的媒介，诸如此类的还有广播站和电视台。新闻界曾一直批评政府的政策缺乏民主性，认为控制媒体的是少数寡头家族，他们不能代表秘鲁大多数人的思想，因此，改革的目的就是将这些公司转移到社会组织部门，交到农民、城市工人或教育工作者的手上，解决的方法则是把新闻公司的领导权交给知识分子，政府认为后者更加认同自己的政策。

在教育领域，政府将凯楚阿语设为国家官方语言，尽管同为官方语言的还有卡斯蒂利亚语，这是大多数秘鲁人在城市中使用和掌握的语言。通过这个措施和限制学校外语教学等其他措施，政府开始着手打击他们认为的，存在于文化中的外国化（la tendencia extranjerizante）趋势。政府要求每个在共和国学校就读的学生，都要穿着具有重要象征性的统一的校服。同样，改革还把兵役范围扩大到中产阶级，在此之前，中产阶级们可以很容易地避免服役。对他们来说，当兵只是印第安人的事儿。

这些措施几乎没有取得实际效果，因为在教学上，基本还是使用的卡斯蒂利亚语，而凯楚阿语也并没有停止其逐渐弱化的趋势；服役的对象仍然是农民和城市穷人，精英学校的学生仍在服役范围之外；不过在文化上产生了重要的影响，反对印第安人的种族主义虽然还存在，但是这已是政治不正确，并且被视为不正常的或不被社会接受的行为。在那些年非常受欢迎的电视剧（在那个时代大为流行）的情节是这样的：马里亚（Maria）和娜塔查（Natacha）带着贫困地方女孩的梦想来到首都，在有钱人家里干活，遭受了雇主的虐待，最后凭借美貌和尊严获得了成功。

在军政府期间，工人和农民组织得到了发展。军政府不断颂扬劳动的美德，谴责政治寡头们在现在和过去滥用权力的行径，例如他们长期在公共和半公共事业中占据职位。军政府鼓励建立工会和工人联合会，比如工人和行业雇员中的秘鲁工人总联会（la Confederación General de Trabajadores del Perú）、教师之间的秘鲁教育工作者联合会（el Sindicato Unitario de Trabajadores de la Educación en el Perú）。工人们的经济需求与要求恢复选举和新闻自由的政治要求不断增长，搞得政府疲惫不堪。

政权从胡安·韦拉斯科将军向弗朗西斯科·莫拉莱斯-贝穆德斯的更迭，更新了秘鲁政府的形象，使之能够相对有序地过渡到民主选举政权。相比之下，新任总统的再分配意识较之前任更弱，他似乎更倾向于寻求共识。他的首要行动之一便是缓和与智利接壤边界的紧张局势；同样地，他决定将文官纳入部长内阁，并逐渐摆脱政府内部最激进的意识形态者——将军们和上校们。

经济危机

企业所有权改革失败后经济增长停止了,尤其是1973年石油危机后世界市场出现的问题,使政府无法继续实施再分配政策。秘鲁在20世纪70年代初期通过外债购买了大量军事武器。石油危机后,这些贷款的利率上升,使秘鲁的国际收支状况变得非常艰难。为了防止外汇流出,国家禁止进口彩电或汽车零部件等商品,但正如人们预料的那样,许多产品还是通过走私交易和滥用外交许可出现在了市场上。

经济问题导致了社会斗争的加剧。1976年至1978年,一种被左派称之为"革命前期"的局面产生了。马克思主义和毛泽东思想在大学和工会中传播开来。大罢工转变成了街头示威活动,引发了社会惶恐,并驱逐了几位反对派领导人。政府于1978年召开了一次制宪会议,起草共和国新宪章,以取代1933年的宪法。获得最多选民的政党是阿普拉党〔费尔南多·贝朗德·特里的人民行动党(Acción Popular)于1968年被推翻,没有参加选举〕,其次是基督教人民党(el Partido Popular Cristiano,20世纪60年代由从民主基督教分裂的右翼创立)和一些左派团体,其中最著名的是由矿区劳工律师赫纳罗·莱德斯马·伊兹盖塔(Genaro

Ledesma Izquieta）和20世纪60年代的前游击队战士乌戈·布兰科（Hugo Blanco）领导的工农学生人民阵线（el Frente Obrero Campesino Estudiantil y Popular）。

制宪会议由阿亚·德拉托雷主持，时年83岁高龄的他最后一次担任公职。新宪法于1979年颁布，表达了当时发展主义的思想，赋予国家在经济和社会组织重要的作用。允许文盲参与投票，就此打开了在20世纪上半叶还非常封闭的选举市场（1956年已经允许女性投票），并试图向民众渗透产权和社会经济活动的社会意识，提倡一切都应"与社会利益相和谐"。虽然这是一个含糊不清的表达，但它却反映了对仅仅以经济增长为基础而制定政策的拒绝。新宪法把总统的任期定为5年，而不是1933年的6年，并建立起了第二轮选举机制，这个机制在没有人于第一轮选举中获得超过一半的有效选票时启动。

在1980年举行的总统选举中，费尔南多·贝朗德·特里取得了胜利。而他正是那位在12年前的清晨，被军队从总统府的床上抓出来并将其推翻撤职的人。结果令人惊讶，预计有更多的左翼投票，军政府12年来的去寡头化以及穷人们意识形态的变化发生了作用，种种迹象就如同人们在呼唤韦拉斯科·阿尔瓦拉多将军一样。有人认为这个结果是那些在韦拉斯科改革下被忽略和被伤害到的农民们和文盲们的投票而产生的。其他人则认为，这表达了民主的情绪，表达了要把曾被军政府中断的选举权归还于民的恢复精神。

在1980年的选举中，在阿亚库乔省的一个偏远的小村庄里，一队武装分子拿走并烧毁了农民在一个多世纪以来第一次放置选票的投票箱。当时的新闻界没有对这个孤立的事件给予过多的关注，但这却是何塞·卡洛斯·马里亚德奇领导的秘鲁共产党组织光辉道路的第一次公开行动，在接下来的几十年中，他们发挥着巨大的影响。

-22-

光辉道路的挑战和发展主义的继承
（1980年—1990年）

20世纪80年代在拉丁美洲历史上被视为失去的十年。当然对秘鲁而言，也是十分艰难的十年。在政治领域，虽然一支左翼力量被纳入了政治体系，但是基于定期选举和权力分立的民主组织还是受到了公开质疑。1979年宪法取消了对共产党的限制。所有左翼政党都能参加选举，并获得了大量选举配额。

政府议员和市长官员队伍中吸纳了一些左派领导人。但对于一些出身更贫穷和地处偏远的左翼团体来说，这种吸纳是对基层阶级利益的背叛，或是右派为化解左翼团体潜在的颠覆力的微妙谋略。于是自20世纪70年代末，在最为极端的左派分子中间出现了一个更为激进的部门，它谴责"资产阶级民主"的局限性，并引发了持续20年的血腥武装斗争。

发展主义的经济失败

费尔南多·贝朗德·特里的人民行动党政府（1980—1985）以及第一次让阿普拉党成为执政党的阿兰·加西亚·佩雷斯（Alan García Pérez）政府（1985—1990）代表了左中翼的利益。从某种意义上说，这些政府试图将所有者阶层的利益同工人们和"非正式"经济中日益增多的人群（街头小贩、工匠、农民、小矿工等，一般而言他们是自由从业者，并且被排除在法律规范之外，工资微薄）的利益相协调，为此，政府对价格进行管制，对私营公司进行监管，将最敏感的领域（能源、空运、海运、大型采矿、基本食品）保留给政府或工人集体公司，例如，在旧时庄园的基础上建立的致力于出口的农业合作社。从这个意义上讲，他们没有打破军政府管控经济政策的模式。

在国际政治方面，秘鲁继续推行军政府制定的路线，在冷战时期的两个阵营之间保持中立的态度。在阿兰·加西亚·佩雷斯政府期间，秘鲁在经济问题上甚至采取对战的立场并单方面行动，仅用该国出口价值10%的金额支付外债（当时的利息支付或债务偿还占出口的25%以上）。这是在告诉那些负债银行所在国政府，如果他们希望秘鲁履行财务承诺，就应该增加对拉丁美洲等债务国产品的采购。

阿兰·加西亚·佩雷斯希望这一决定能得到更多拉美地区政府的响应,但事实并未如其所愿,这些国家更愿意进行单独谈判来改善偿还债务的条件。秘鲁受到了孤立,被认为是一个不负责任的任性政权。秘鲁的出口量没有增长,外国投资也消失了,唯一增长的是债务规模;但债务规模的扩大不是因为有了新的贷款,秘鲁政府的态度不可能吸引更多的贷款,而是由于未还清的利息累加了欠款金额。

由于美元变得极度稀缺,秘鲁进一步加强了对国内产业的保护。政府维持固定的汇率制度,设定外汇价格,控制外汇。实际情况中,国家货币受越来越频繁的"打嗝"(罢工)影响而贬值;在阿兰·加西亚·佩雷斯政府的最后几年,由于普遍存在的恶性通货膨胀,秘鲁索尔贬值的趋势越发明显。在1970年左右,汇率为1美元兑换43秘鲁索尔,到1980年则变成1美元兑换200秘鲁索尔,到1990年,秘鲁索尔的贬值打破了历史纪录,达到令人瞠目结舌的1美元兑换300000索尔。这种巨大的国家货币贬值虽然清除了商业阶层的债务,但代价是对靠政府定价的养老金和以租金为生的固定收入者造成了伤害,并且助长了投资者们的投机行为。

在20世纪80年代,因没有资本的投入,商人们未能改善工厂设备、扩大生产;他们费尽心思地琢磨如何从官方市场购入美元以便在黑市上转手卖出，他们处心积虑地盘算如何得到国家控价的原材料以便在自由市场出售。为此，与政府官员接触成为实现这一切的关键环节；许多商人决定以国会议员或部长的身份涉足政界，以求得和那些批准美元交付或批准补贴价格投入的政府人员打好关系。

确实发生了变化的地方是对民主自由的授予，虽然这在激进的左翼看起来是很形式化的。1980年贝朗德政府的第一项措施是将被收归国有的报纸、广播电台、电视台物归原主。一些创办于20世纪初的媒体如《新闻报》和《纪事日报》（La Crónica），无法在这些变化中幸存下来，几年后停刊消失。但一些传统的报刊，如《秘鲁商报》（El Comercio）和《秘鲁快报》（Expreso）回归到曾经的控制者手中，有的还在超过一个多世纪的时间内一直捍卫着自由主义的原则。还出现了一些左派的报纸，但由于它们的读者很少，这些报纸的存在期就更为短暂。但有些报纸如《共和国报》（La República），受赞同改革思想的商人们的支持得以继续发展。

同样，作为民主回归进程的一部分，恢复了地方上的省长、市长的选举。一般来说地方政府总体缺乏民主性。中央政府占据了最有利可图的税收，把地方政府转变成了经济政治权力相对薄弱的政府，它们的职能只是涉及交通和市容建设，且无法反对来自中央政府的权力。

利马选民的数量（在极少数情况下，某些城市选民数量更多，如阿雷基帕、库斯科和特鲁希略）让利马市长成为一种重要的政治形象。1983年，社会主义者、律师阿方索·巴兰特斯·林恩（Alfonso Barrantes Lingán）当选利马市长，反映了当时左派思想受欢迎的程度，反映了人们对秘鲁曾经选择的道路方向的质疑。在阿普拉党政府结束时，实施了一项权力下放的措施，从地方议会中选举出一位地区总统，但这一措施只持续了很短的时间。

那时的秘鲁开始为20世纪50、60年代高人口增长率带来的结果买单，生产机构因军政府没收而停滞不前，每年都有成千上万的年轻人离开劳动力市场，由此产生的不确定性导致了经济停滞和出口危机。政府的对策是增加公共就业岗位，为发放薪酬而印刷更多的货币，当然这让货币贬值的速度加快。秘鲁通货膨胀进入螺旋式的上涨期，最终摧毁了秘鲁的货币制度，拖垮了整个经济的发展，那时的经济学家埃尔南多·德·索托[1]（Hernando de Soto）将其批评为"重商主义"。

---

[1] 埃尔南多·德·索托（阿雷基帕，1941年6月3日—），秘鲁经济学家，自由与民主研究所（ILD）主席。

为了应对每年超过100％的高通胀现象，职员一旦领取到工资，就把索尔换成美元。秘鲁出现了"美元化"现象。这在形式上是不合法的，因为政府已经禁止用索尔兑换外币，只能用外币兑换索尔。但是由于大众民意所趋，这成了一项不能实际执行的法律：街头货币兑换商出现在城市的每个角落，用秘鲁索尔换取美元，反之亦然。人们的储蓄以美元为单位来计价，而且涉及一个月以上的少量贷款和合同也以美元为单位。

激进左翼的挑战

1980年至1992年的另一个特点，是毛主义游击队光辉道路在秘鲁开展的暴力运动。它是在军政府时期从秘鲁共产党分裂出来的坚持以毛主义为指导思想的组织，由国立大学的教授和学生们组成。光辉道路的领导人是华曼加大学（Universidad de Huamanga）的哲学教授阿比马艾尔·古兹曼·雷诺索（Abimael Guzmán Reynoso），他出生于1934年，并在20世纪60年代到过中国，回到秘鲁时，他坚信秘鲁也应该走上中国这样的道路。

自20世纪中叶以来，土地所有者阶层的衰落以及军政府推行的土地改革，使得那些在内陆城市失去了土地的地主后代们逐渐被边缘化了。这部分人仍然保有来自祖辈们的社会声望，但缺乏他们所处社会阶层以前享有的资产和政治权力。当他们还没有移民到达利马时,曾试图跻身于中产阶级,地方的公共工作成为他们的庇护所,其中最主要的是教师职位。如果可能的话,他们会成为名利双收的大学教授。现代化的推行碾压了他们的社会阶层,他们对其产生了敌意。他们开始重新评价安第斯文化,认为在某种程度上安第斯文化是秘鲁文化的一部分,而且是一种更加充满智慧的、历经千年沉淀的真实文化。

光辉道路从身为大地主后代的外省知识分子和专业人士中招募了第一批领导干部,随后一些工会领导人和社区领导人加入了,他们往往受过高等教育,但因为社会出身和当时盛行的种族主义,这些人作为专业人士的社会身份没有受到承认。20世纪80年代的游击队员不再和20年前一样,是来自利马上层阶级的诗人或社会学家,也不会在公开会议上挥枪示威。因此光辉道路的宣传有更大的影响力,特别是在那些因经济危机而陷入贫困的城市与农村地区。

光辉道路的势力在教育领域的渗透扩大了其影响力。国家的生产量增加,学生的人数更是成倍增加,在某种程度上,这是一种遮掩失业的方法。虽然教育质量很差,但公共教育是免费的,并会为学生提供一系列补贴,其中最大的好处是,可以"半价"支付城市交通费用。最热门的专业是培养律师、教师、会计师和工程师的专业；而最无人问津的专业则是社会学、人类学或历史学。新一代的职业教育与落后的经济社会现实形成了鲜明的对比。历史学家和人类学家正研究着封建主义，但是他们在一个"封建"社会中应该发挥什么样的作用呢？他们的回答是彻底改变它。

光辉道路的暴力活动最初仅局限于阿亚库乔省的村庄，后来逐渐扩展到其他山区。1982年12月，他们在阿亚库乔首府占领了几个政府办公点，释放了囚犯，杀死了几名警察和官员。政府召集武装部队对其进行打击，由此展开了一场导致两万多人丧生的战争。20世纪80年代，光辉道路武装分子袭击乡下村庄，攻击地区和省会城市，杀害地方官员或迫使他们辞职。有时候这些官员会受到"公众的审判"，随后被处决；而有的时候，实施处决的人是他们的孩子、亲戚或邻居。十分引人注意的是，光辉道路的"歼灭行动队"中有大量女性。年轻的阿亚库乔学生伊迪丝·拉戈斯（Edith Lagos）是光辉道路初期的一位女英雄，1982年她在一场与警察的对峙中身亡，随后光辉道路的成员在阿亚库乔为她举办了声势浩大的葬礼。

在整个20世纪80年代，被光辉道路这个组织杀害的人有地方官员、警察、士兵，有被他们指控的与官方部队合作的农民、国际合作者、道路建设从业者、国内矿产从业者，被害者的数量在惊人地增长。被害者在被枪杀之后，尸体会被炸药炸毁，光辉道路组织随后会张贴一些证明他们"消灭"了的标志。

光辉道路在政治活动表现上是如此的凶猛，吸引年轻人参与其中也是如此的容易，该组织覆盖范围又是如此的广阔，几乎扩展到了整个秘鲁山区和大部分沿海地区，这震撼到了利马的知识分子，也使合法左派偏离了轨迹。利马的知识分子们试图通过求助千年的安第斯主义，来理解光辉道路的意识形态和实践，并将光辉道路与柬埔寨的波尔布特[①]等亚洲反西方煽动的运动联系起来。合法左派一分为二，一个派别虽然批评光辉道路的暴力方式，但却对他们抱有认同的态度；而另一派别不仅公开谴责他们不人道的暴力运动，还批判他们是弥赛亚[②]主义和极权主义意识形态。

光辉道路确实是弥赛亚主义运动，并强烈崇拜其领导人的个性。阿比马艾尔·古兹曼被称为"贡萨罗总统"（presidente Gonzalo），组织成员们认为他的思想是伟大的思想，他是和马克思、列宁和毛泽东一样伟大的思想家。对于他的追随者来说，阿比马艾尔·古兹曼是世界共产主义运动的"第四把利剑"，对

[①] 波尔布特（Pol Pot），原名Saloth Sar（1925年5月19日—1998年4月15日），原柬埔寨共产党（红色高棉）总书记。
[②] 弥赛亚（mesiánica），基督教术语，指受上帝指派，拯救世人的救世主。

他无条件的崇拜。1988年，《秘鲁日报》（*El Diario*）对阿比马艾尔·古兹曼进行了长时间的采访，成了该组织的非正式发言人，为研究该组织的意识形态提供了最重要的资料。

在20世纪80年代后期，光辉道路的行动转移到了利马市。首都的周边社区已经发展成为巨大的"锥体"，逐渐远离城市，变得封闭。在利马北部、东部和南部的"锥体"中，有200万人没有饮用水，街道破败，没有警察维护治安。那里的居住者是从农村移民城市的自讨营生之人，或从事低廉技术的工人。光辉道路渗透到了这些社区之后，在首都展开了一系列袭击事件。最令人震惊的两起事件发生在1992年2月和6月，萨尔瓦多镇"年轻村庄"（Belaúnde总统对贫民窟委婉的称呼）的一位年轻领导玛利亚·艾蕾娜·莫亚洛（María Elena Moyano）被杀害；光辉道路武装分子在被认为是利马资产阶级商业中心城市的南部地区和米拉弗洛雷斯社区放置了一辆装满炸药的小卡车，致使25名居民遇难。

在20世纪80年代的后期出现了另一个名为图帕克·阿玛鲁（Túpac Amaru）革命运动的反政府组织，其成员来自左派政党持不同政见的派别，但与毛主义的关联较少。最开始他们的行动是绑架商人，要求他们的家人提供丰厚的赎金。赎金的一部分用于向城市贫困社区分发食物。商人被关押在"人民监狱"，被指控剥削工人。一些绑架事件以绑架者的被杀害告终，无论是被绑架的商人本人，还是他们的司机或是保镖。

反光辉道路战争

在对这些反政府组织和团体打击方面，秘鲁武装部队是少有经验甚至是没有经验的，国家部队的军人们接受的是常规战争的训练，敌对方是穿着军装的职业军人，参与的战争也具有一定的规则性。但是这次他们面对的是伪装在人群之中的敌人，这些人似乎对国家军队抱有历史的积怨，在乡村和落脚的城市虐待农民与城镇居民。当要打击这些暴力团伙时，国家军队显得缺乏训练，缺少武器装备，缺乏心理准备。

发生这种情况是因为本来应该对抗反政府组织和团体的国家武器，比如司法机构和地方当局，在这场斗争中表现出了胆怯情绪，或者在某种程度上表现出了中立的态度。法官们害怕威胁、担心惩罚，在第一时间释放了反政府组织和团体嫌疑人。但是怀着侥幸心理的执法人员，有时会随意拘留无辜的人，或者那些声称没有参加暴力运动的人。

在对光辉道路的战争中采取的最具争议性的措施之一是把枪支交给"巡逻"组织的农民。这是一种农民间的传统组织，用来防范牲畜被小偷盗窃,保护土地不被其他社区侵占。借助这些安第斯社区的民兵队伍,秘鲁军队开展了对光辉道路的行动。从长远来看,这项措施是有效的,因为武装部队无法保护分散的农村社区,直面武装分子的是手无寸铁的社区居民。但这个举措也进一步地使暴力升级。为了回应光辉道路打压农民军的行动,农民组织也作出了不尊重居民和民兵人权的暴力行为。

除了造成人员死亡(官方估计有69000人丧生),多年的暴力事件还带来了如电力塔被摧毁,公共和私人建筑被破坏,对抗游击队造成的经济损失,这加剧了自军政府时期就出现的经济衰退。另一个后果则是引发了移民潮,秘鲁居民不仅从农村移民城市,而且还从本国移民到国外,在接下来的几十年里,移民数量大增。直到20世纪70年代秘鲁都是移民输入国,但自20世纪80年代以来,由于经济衰退、政治暴力等,秘鲁成了一个移民输出国。

光辉道路的暴力运动削弱了国家左派领导人的威望。民众认为他们没有与暴力运动"划定界限",相比之下人民党提出了保障秩序与维持社会安定的专制建议,在受苦受暴力蹂躏的民众间获得了很大的支持。我们可以说政治暴力有助于让利马人,尤其是中产阶级和上层阶级,关注到农民和那些与他们一起生活在城市里的穷人边缘化的、贫困的生活状况。

有头脑的新右派

1987年，阿兰·加西亚·佩雷斯在国庆节的总统讲话中宣布将银行国有化。其目的是给那些正在努力提高销售额、争取国际信贷的公司提供融资服务。这引发了巨大的争议，因为对于许多人来说，包括那些可以从这项规定中受益的商人，银行的国有化意味着军政府政策的回归，会对经济产生糟糕的影响。右派在反对金融体系国有化的斗争中形成了一条政治战线轴心。然而在其中受益并统领这一切的，不是右派传统政治家，而是马里奥·巴尔加斯·略萨（Mario Vargas Llosa），他的小说描述了秘鲁近几十年的社会情况。

巴尔加斯·略萨准备参加1990年的选举，他组建了一个名为"自由党"（Libertad）的政党，其标志由最有经验的造型艺术家费尔南多·德·西斯罗（Fernando de Szyszlo）[①]设计，而经济计划由在瑞士深造过的经济学家埃尔南多·德·索托制定，同时他也是《另一条道路：非正式革命》（*El otro sendero: la*

---

① 费尔南多·德·西斯罗（利马，1925年7月5日—），秘鲁最杰出的前卫艺术家之一，在绘画和雕塑方面取得成就，也是拉丁美洲抽象艺术发展的关键人物。

revolución informal）（1986）一书的作者。他批评了那些依赖政治恩惠的商人，赞扬了在非正规经济中秘鲁商人展现出的商业活力，并指责高成本的手续办理是制约秘鲁经济发展的主要问题。

自由党召集了一群可以使秘鲁摆脱困境的"有头脑的右派"。这个政党聚集了商人、专业人士和自由派知识分子，他们都对市场有信心，相信它是社会的良好调节者，他们信奉弗里德里希·冯·哈耶克[①]（Frederick von Hayek）的经济理论，该理论在第二次世界大战后被玛格丽特·撒切尔（Margaret Thatcher）运用在英国并恢复了该国的经济状况[②]。他们认为秘鲁像许多第三世界的国家一样急需彻底的改变：一场真正的革命，必定要发动自由市场的改革。

在1990年的选举中，自由党、基督教人民党与人民行动党结盟，形成了民主阵线（Frente Democrático，简称 Fredemo），巴尔加斯·略萨成为总统候选人。虽然这个联盟的成立是为了避免候选人分散，呈现具有统一性和号召力的形象，但从长远来看，

---

① 哈耶克（1899年5月8日—1992年3月23日），生于奥地利的英国经济学家、政治哲学家，1974年诺贝尔经济学奖得主，主张自由市场资本主义、自由主义，反对社会主义、集权主义、凯恩斯主义和集体主义，主要代表作包括《通往奴役之路》《致命的自负》。

② 受20世纪70年代石油危机影响，英国两党奉行的"巴茨克尔主义"政策逐渐失灵，主要资本主义国家进入滞涨阶段，凯恩斯主义失效。撒切尔夫人上台后，在经济上减少了国家的干预，增加了市场调节，英国由此走出滞涨阶段，经济得到恢复发展。

这不利于激进自由主义的总统竞选者，因为对于公众舆论而言，一个与传统政治家相结合的候选人形象更占上风，因此选民认为他们打破现状的可信度不高。

在竞选活动开始时，巴尔加斯·略萨似乎可以获胜，因为左派充斥着混乱与不团结。柏林墙的倒塌和光辉道路游击队都使左派政党没有发表任何言论。这位小说家竞选者，轻松地获得了利马中产阶级和沿海城市人口的支持，但是秘鲁内地城市的穷人们并不相信那些打破现状和实施自由市场的计划会给他们带来具体的生活质量的改善。尽管巴尔加斯·略萨有着阿雷基帕籍贯和自由的思想，但他对于人们来说更像是一个欧洲人和外乡人，甚至几乎是一个贵族。

在第一轮投票中人们发现了代表自己的候选人阿贝托·藤森（Alberto Fujimori），他是一位日裔的农学家，曾担任国立农业研究大学校长，并在国家电视台执导了一个政治对话节目。他以"技术、诚实和工作"为口号参加竞选。他的竞选几乎没有引起人们的注意，但是在最后的四周里，阿贝托·藤森的支持率急速上升，几乎与最受欢迎的巴尔加斯·略萨不分伯仲。左派政党和阿普拉党在民主阵线候选人代表的自由主义的冲击下支持了藤森，因此他赢得了第二轮的选举。

-23-

新自由主义与出口繁荣(1990年—2012年)

20世纪90年代,冷战结束后出现的新自由主义被秘鲁采用。藤森政府初期实施了一项稳定的政策,至少部分符合其竞选对手所宣扬的政策。因此,商品的基本价格逐渐实现自由化,价格的浮动以市场需求为依据。大多数国有公司被私有化,国有化的公司只留下石油公司和利马饮用水公司,政府不再控制对外币或本国货币的汇率。政府于1991年发行货币"新索尔"(nuevo sol),以取代已经失去民众信任的"秘鲁印蒂"(inti)[①],用以挽回这种发行只有6年的货币带来的巨大损失,在当时1新索尔等于100万秘鲁印蒂。

---

① 秘鲁在1985年2月1日至1990年12月底使用的货币。

同时秘鲁政府通过谈判恢复偿还外债,并解散了几个部委,以缩小公共就业的规模。在国有企业私有化的同时缩减了官僚机构,至少在短时间内导致了失业率上升。政府放宽了各服务领域的政策,以使失业者能在这些领域找到工作,例如城市交通行业和国内天然气销售行业。

新政策的介绍

20多年的经济危机及10多年的光辉道路的政治暴力,使工会和左翼政党陷入了弱势的境地。这给经济的"结构调整",打败通货膨胀和经济衰退的稳定性计划的展开提供了可能性。

为了巩固新自由主义,1992年4月藤森下令关闭国会、地方政府、公共部,干预司法机构。这是一场具有争议的事件①,虽然它得到了民众的支持,但在政治上却使政府孤立于其他政治力量。虽然在秘鲁历史上有政变和取消宪法的先例,但这次针对民主政权的打击具有独特的特点。实际上这是行政部门对其他权力部门的打击,因为前者指责后者反对改革或推迟改革措施的实施。为此,藤森获得了武装部队的支持,他需要更多的资源来打

---

① 即后文所指的"自我政变"。

击反政府力量。

在1990年选出的国会议员中获得大多数席位的不是政府党派,而是民主阵线①,阿普拉党和左翼党派。虽然前者在理论上应该支持新自由主义计划,但为了达成改革,在选票上做出了让步;阿普拉党和左翼政党的国会议员反对国有公司私有化和市场经济。

秘鲁当时的宪法没有规定行政和立法部门之间的决胜机制,因为从时间上说,下一届的总统选举期还没有到来。国会可以审查内阁部长并改变政策,但是总统无法提前选举立法机构,因为国会议员的选举与政府的选举一样,五年之后才能重新开始。在人民看来国会的"政治阶级"和法官们的信誉已严重下降,以至于这场"自我政变"在合法化方面没有遇到大的阻碍;国际组织也最终也认可了秘鲁政府的执政措施,条件是在最短的时间内成立新国会。

新的国会具有制宪议会的性质,它在1992年底被选出,并且政府党占大多数席位。第二年国会制定了新宪法,一旦通过公投国会便会以更自由的精神管理共和国。新宪法对于国有公司来说并不友好;但相反,有利于私人投资。它允许所谓的"法律

---

① 原文Fredemo,民主阵线的简称。

合同",通过这种合同,外国投资者受到保护,且不受政治的干预,因为财政计划可以长期地、稳定地实施。在以前的立法中,公司解雇劳工代价是极高的,而在新宪法颁布后,解雇变为容易之事。国会被裁减成一个仅仅由120名代表组成的单一议院(不再像是根据1979年"宪法"所规定的由240名议员组成的双议院),在国家内部设立或变更了一些机构,监管承担公共服务的私营公司,如电信私人投资监管局(Osiptel)、能源和采矿投资监管机构(Osinermin)、公共交通基础设施投资监督机构(Ositran)等,监管如全国法官委员会(Consejo Nacional de la Magistratura)等机构。

1992年9月,光辉道路的领导人阿比马艾尔·古兹曼被捕,完全消除了人们对4月份"自我政变""必要性"的疑虑。通过宣誓仪式和党内领导人对他的服从,古兹曼把党内几乎所有的权力集中在了自己身上,强烈地灌输对他的个人崇拜。在古兹曼位于首都南部的资产阶级社区的住所中,秘鲁政府不耗费一颗子弹就将其逮捕了,在这周围还住着他的随行人员,同时这也是他的总参谋部。

古兹曼的被捕入狱对反政府组织造成了毁灭性的打击。两年后光辉道路的活动急剧减少。该运动的领导人穿着条纹囚服在电视屏幕上出现,不久之后,他被保密法庭判处无期徒刑。为了保证法官们的安全，法庭由匿名法官组成，在藤森政权垮台后这一审判程序受到了批评。藤森打压反政府组织的高光时刻是在1997年4月，藤森设法展开军事行动，解救了被图帕克·阿玛鲁革命运动游击队扣押的包括日本驻秘鲁大使在内的多位外交官、军队官员等数百名人质。

新宪法让总统获得连任成了可能。击败反政府组织和恶性通货膨胀之后，藤森在1994年底得到了普遍的支持；他没有浪费这一优势，在1995年参加总统竞选，并获得了过去60年的总统选举中前所未有的胜利。他最强劲的竞争对手是外交官哈维尔·佩雷斯·德·奎利亚尔（Javier Pérez de Cuéllar），他曾是军政府期间第一位秘鲁驻苏联大使，后来担任了联合国秘书长。日裔二代（nisei）[①]领导人（在秘鲁工作的日本移民的后代）先后击败了两位来自秘鲁上层家族的最具名望的秘鲁人，他们是马里奥·巴尔加斯·略萨和哈维尔·佩雷斯·德·奎利亚尔。

藤森在1995年取得的胜利得益于与厄瓜多尔在亚马孙边境无人区域的新战争。虽然没有正式地战争宣言，但两国的军队，尤其是两国的空军在孔多尔山脉地区发生了数周的冲突。双方曾于1942年在美洲各国政府的调解斡旋下，在里约热内卢签订和平协

---

① Ni（日语中"二"的意思），sei（日语中"代"的意思），指在外国出生的日本移民的后代。

定,暂停武装行动。现在,双方于1998年达成了一项新的、明确的边界划定协议。

藤森主义

藤森在秘鲁创造了一种新的政治模式,在一些学者如人类学家卡洛斯·伊万·德格雷戈里(Carlos Iván Degregori)看来,它是具有"反政治"风格的。他不信任政党,而是信任"操作手"们,后者虽然在公众眼中是不透明的,但对藤森而言是可利用且是忠诚的。"操作手"通常是军人或退役军人,或来自该国中产阶级或者是外省的专业人员。他们并不总是遵循法律规定的程序,他们设法与地方领导人达成共识使之同意改革,或削弱顽固的反对派。

这些合作者中最具代表性的是阿雷基帕军队的前任队长弗拉基米罗·蒙特西诺斯(Vladimiro Montesinos)。离开军队后,他毕业成为一名律师。1992年的"自我政变"后,他在总统顾问中的影响力增强了。在藤森的第二届政府期间,他几乎完全控制了武装部队,不过却没有担任任何公职。他只是国家情报局(Servicio de Inteligencia Nacional)中的一名"顾问"。他将用于购买军备或国家控制的资金用来收买反对派议员们手中的选票,或者收买报纸和电视台,宣传自己的政治态度。他的恐吓行为之一就是将把钱交给合作者的一幕记录在录像带中。然而矛盾的是,当一个与顾问团队关系密切的人把这些记录着政治上威逼利诱的录像带上交或者卖给某个反对派的头目时,这也会变成刺向他或者藤森政府的一把利剑。

2000年,藤森第二次连任成功,当时蒙特西诺斯及时联系宪法法院法官对宪法进行了解释,承认了连任事实。虽然藤森的受欢迎程度仍然很高,他的10年政府还是受到了侵蚀政治的指责。1998年的世界经济危机阻碍了1993年至1997年间秘鲁的经济增长。其中最具影响力的反对派领导人不是传统的政治家,而是一位来自外省的著名经济学家亚历杭德罗·托莱多·曼里克(Alejandro Toledo Manrique),他在2000年赢得了第二轮选举,比1995年的佩雷斯·德·奎利亚尔(Pérez de Cuéllar)更具风采。当藤森在共和国议会上公开宣誓,开启第三个任期之际,托莱多组织了一次大规模的抗议游行,以"四个中的一个"来影射印加帝国的各省。这表明藤森的第三个任期存在很多问题。

两个月后一段视频流向公众,在这段视频里人们看到蒙特西诺斯顾问为了收买一名反对派的国会议员,而向其提供了15000美元,而这段视频也成为结束藤森政权的一记耳光。藤森的国会议员团体分裂了,并失去了一些成员。蒙特西诺斯被解雇,总统试图以此来表明自己不曾与他有染，但这个举措也没有让总统逃过一劫，藤森受到了抵制并被要求下台。11月，政府失去了对国会的领导权；藤森在前往亚洲参加国际会议时，在日本宣布辞去总统的职务。

名流的回归

国家权力移交给国会主席，来自库斯科的律师巴伦廷·帕尼亚瓜（Valentín Paniagua）任命在1995年大选中败北的佩雷斯·德·奎利亚尔为总理，并组织了第二年的大选。权力以某种方式回归到了秘鲁社会的传统家族手中，但对于受教育程度较高的派系来说，在寻求维持经济增长的同时，也要尊重民主。在经济领域，新自由主义政策得以维持，但在政治领域，堕落的政治制度遭到了正面袭击，突然间，它被视为秘鲁所有弊病的根源。秘鲁设立了反腐败法庭，起诉藤森的主要合作者。从蒙特西诺斯手中没收的视频，以及招供合伙人可以减轻处罚的规定，让军队掌握了证据，使得涉案的前任部长们和商人们锒铛入狱。2007年，藤森从智利被引渡回秘鲁，因在反恐斗争期间的歼灭命令而受到审判，被判处25年有期徒刑。

亚历杭德罗·托莱多·曼里克率领着他在几年前建立的秘鲁

可能党（Perú Posible），赢得了2001年的选举。在托莱多政府的最初几年，那些试图摧毁20世纪90年代形成的政治局面的人——呼吁取消1993年的"藤森宪法"恢复1979年军政府颁布的旧宪法——和那些赞成部分采纳1993年宪法的人展开了一场政治斗争。后者认为应该取消总统连任，但应该坚持其经济政策和自由主义的原则。最后，胜利站到了后者一方。为此，政权向阿普拉党倾斜变得重要。此时其党派领导人阿兰·加西亚·佩雷斯回国参加了2001年的选举，而他提倡的政治宣言较之20世纪80年代显得更为温和。

托莱多政府启动了一项政府权力下放的措施，成立了25个地区政府，每个地区政府有1名地区领导。由此产生的政权是一个深深扎根于秘鲁社会的历史中心主义政权和一个具备一定政府权力的联邦政权的混合体。教育、卫生和地方生产的部分政策决定权向地区政府转移；但是，中央政府还是掌控了税收和大型采矿业企业。在此十年间，在国际市场金属价格上涨的环境下，秘鲁进入了一个经济快速发展的周期。地方政府的资金仍然依靠中央财政支持，因此，地方自治仅仅是名义上的。

当时拉丁美洲各国都倾向于根除那些因打击20世纪80年代马克思主义游击运动而产生的军事独裁。托莱多政府的另一项重要政治举措是建立一个真相委员会（Comisión de la Verdad）。委员会负责调查1980年至2000年期间打击反政府运动的事情。该委员会由临时总统帕尼亚瓜提出设立，之后得到了托莱多政府的支持。委员会由秘鲁天主教大学的校长萨洛蒙·莱尔勒（Salomón Lerner）主持，其成员主要是大学教授和前国会议员，在某些人看来，大部分是左翼思想分子。

2003年委员会提交了报告，引发了对其调查结果的长期争议。主要涉及武装部队在打击反政府运动时期"系统地"侵犯了平民的人权，也就是说这是部队本身的政策，而不是某些官员或误入歧途的士兵们的孤立行动。根据委员会的报告，几名士兵被起诉并被判刑，在圣何塞美洲人权法院作出判决后，委员会向受害者家属支付了赔偿金，并为他们建立了纪念碑。这引起了武装部队成员们的不满，因为同为被迫害的受害者，他们没有得到类似的补偿待遇。

社会对自由主义的拒绝

托莱多希望恢复藤森政府推行的公司私有化政策，把一些利马以外的电力和饮用水公司转移到私营部门，但却受到了一部分人的强烈抵抗。2002年6月，秘鲁第二大城市阿雷基帕的居民上街游行，反对将当地电力公司移交给一个赢得招标的比利时财团。"阿雷基帕抗议"（arequipazo）拉开了之后几年此类抗议活动的序幕，其中最著名的是2009年6月的"巴瓜省抗议[①]"（baguazo），人们抗议促进亚马孙资源被商业使用的林业法，在这场抗议活动中，包括在亚马孙大区生活的农民和警察在内的30多人死亡。

2006年至2011年，新任总统阿兰·加西亚·佩雷斯（Alan García Pérez）把人们抵制将"他们的"自然资源交给商业开发的现象解释为"看院犬综合症"（el síndrome del perro del hortelano），即自己吃不到的东西也不让别人吃。加西亚的第二届政府在政治上与20年前的第一届政府截然不同。他不再反对国际银行业和保护国家工业的政策，试图通过密集开发自然资源来促进出口的增长。在第一届政府结束时，秘鲁的出口额勉强超过30亿美元，而在2011年则达到了460亿美元。铜矿、黄金和天然气的出口量飞速增长，标志着秘鲁第四轮出口热潮的到来。

在中国市场的需求和黄金价格上涨的推动下，秘鲁农产品的出口并没有随着矿业出口一起快速增长。在1990年至2010年期间，在结束军政府土地改革的法律的推动下，沿海地区土地所有权重新集中。数千公顷的大型庄园分布在曾经的糖厂所在地。跟

---

① 巴瓜省（Provincia de Bagua），位于秘鲁北部亚马孙大区。

过去不同的是，工人们不再像以前那样生活在劳作的农场上，耕种自己的土地；而是居住在周围的城镇，他们是坐公共汽车上下班的工薪阶层。新的大型庄园种植的农作物有芦笋、水稻、辣椒，以及芒果和葡萄等水果，全都面向出口。然而，沿海水资源短缺意味着这种农业扩张很快就会到达自然资源允许的极限。

但不管怎样，近20年来采矿业和农业产业的扩张、农村道路的建设、主要公路的铺设、内陆城镇的电气化以及电话和互联网的传播，改变了秘鲁农村的面貌，受薪就业和与市场的日常接触减少了自给自足的传统农民数量。1981年人口普查中的文盲率达18%，在2007年人口普查中已降至7%。在内陆城市建立的百货商店和来自外国和利马的游客，刺激了地方的消费。

这些变化导致农村家庭儿童数量减少。在20世纪90年代，秘鲁在取得孕妇同意的基础上进行了外科手术干预，实施了激进的农村节育计划。每名妇女的子女数量，特别是城市的儿童数量急剧下降，减缓了人口增长。如果在20世纪70年代人口增长率约为每年3%，那么在21世纪的第1个10年，人口增长率不到之前的一半。向外国移民的现象自20世纪80年代末开始出现，在21世纪的第1个10年这种现象加剧了，也导致人口增长放缓。在1961年和1993年的人口普查中，人口数增加了一倍多，从1000万增加到2200万，但2007年的人口普查显示，人口仅增加到2700万，人口表现出一种更为温和的增长趋势。秘鲁移民的主要目的地国家有美国、阿根廷、智利、西班牙、意大利和日本。2012年，大约有300万秘鲁人侨居国外，占总人口的10%。

移民的最初原因是在秘鲁的很多地方存在恐怖主义和不安全因素，还有其他的因素，例如新自由主义的冲击导致许多人失业，以及最近出现的中产阶级和大众阶层的机会缺失感。秘鲁社会的特点是种族化、等级化，以及社会阶层的固化，导致人们愿意去国外实现个人目标。移民们认为在新兴的社会部门，他们可以实现个人进步，缩小阶级差距。移民导致家庭发展过程中国际化网络模式的形成：子女、兄弟姐妹和父母随着他们的社会工作和生命周期，从一个国家迁移到另一个国家。还出现了从国外汇款到秘鲁的现象，弥补了移民在秘鲁经济中造成的"人力资本"的损失。

20世纪90年代出现的出口繁荣虽然分布不均衡，但却对其他经济体产生了积极的影响。事实上，秘鲁人均产出达到了中等收入国家水平，贫困人口的比例从2000年的50%下降到了2012年的不到30%。但在统计数据之外，在利马和地方省份间出现了机会不平等的情况，而在利马内部，中产阶级与其他人之间也存在这种现象。

社会对不平等的看法是前任将军奥兰塔·乌马拉·塔索

（Ollanta Humala Tasso）在2011年获任总统的原因。在总统选举中他击败了藤森的女儿藤森惠子。乌马拉在竞选中谴责藤森历届政府、托莱多和加西亚·佩雷斯政府推动的经济模式中包含的不公平的财富分配方式；但他在当上总统之后，务实地选择继续前任的模式，并试图通过投入更多社会支出来减轻这种模式的影响。

为了支付这笔增加的投入，就必须促进出口公司增加利润，因而加剧了安第斯地区的采矿冲突。在2011年至2012年，卡哈马卡[①]地区的农民在地区政府的指导下，组织了一场反对跨国公司纽蒙特康加采矿项目的运动，在农民们看来，这个项目威胁到了他们的饮用水安全。

在独立200周年纪念到来之际，新政府和秘鲁面临的挑战是如何协调基于出口的经济增长模式与人民更容易接受的财富再分配方式。2008年开始的国际经济危机，及其对欧洲的影响尚未结束，这有可能降低秘鲁产品的出口价格，从而抑制近期出口增长的动力。

也许对秘鲁的新自由主义作评价还为时过早。由于毛派游击队发动的暴力事件萌生于萧条的经济环境下，它的开端是粗糙

---

① 卡哈马卡，位于秘鲁西北部。

的，通过务实且不民主的方式来解决缺乏政治共识的问题。但是，正如我们在最近几次选举中看到的那样，这种模式可以成功地获得某些政治支持（为了战胜藤森惠子，乌马拉不得不抑制自己的观点，与巴尔加斯·略萨结为朋友，并搁置自己的民族主义经济纲领）。然而最近几任总统的当选是因为他们曾经许下对经济进行再分配的承诺，但他们也只是小心翼翼地开展了改革。这激发了内陆人口对以矿业出口为导向的经济增长模式的不满情绪。对他们来说，出口带来了明显大于益处的害处，如价格上涨、犯罪率上升和环境恶化。